JN034386

eビジネス・DXの教科書

―デジタル経営の今を学ぶ―

幡鎌　博［著］

創成社

はじめに

本書は，2006年初版の「ｅビジネスの教科書」(改訂を重ねて2020年に第八版）をベースに，2021年秋から冬にかけて大幅な改訂・内容入替（特に，DX に関する内容を追加）と再構成を行い，書名の変更も行い，新たな書籍として出版したテキストである。そのような経緯の本であるため，ｅビジネス・DX の動向・戦略・手法だけでなく，これまでのｅビジネスの「歴史」を知るための内容も多く含まれている。

DX（デジタルトランスフォーメーション）に関する内容を加えた理由は，「デジタル経営」についてのテキストにすべきと考えたためである。現在，企業の DX が進み始め，業種によってはネット企業と既存企業の事業の境界が無くなりつつあり，両者が競い合ったり提携するような場面も増えてきたため，ｅビジネスだけの教科書の内容では実用的ではないと思われる状況になってきた。実際，ｅビジネスと DX が関わり合うところは多い。また，「デジタル経営」が書名に入った大学向けのテキストが2021年に出版された。そのため，ネット企業中心のｅビジネスと既存企業の DX の両方を含む「デジタル経営」を理解するための教科書とすることにした。経営のデジタル化により，業界全体に大きな変化がもたらされていることを理解していただけるよう，執筆したつもりである。また，ビジネスモデルの観点はｅビジネスと DX の双方で重要であるため，ビジネスモデルの章を新たに設けて，詳しく解説するようにした。なお，本書の７割以上はｅビジネスに関わる内容であるため，これまで通り，「ｅビジネス」のような科目のテキストとして利用できるはずである。

本書では，ｅビジネスについては，利用者側だけでなくネット事業を行う側の知識も得ることができるように，基礎知識と動向とともに企業戦略や業界の変革についても学ぶ。本書での「ｅビジネス」とは，ネット完結の販売・サービスだけでなく，リアル（実際の店舗や流通網など）とネットとの組合せによる販売・サービスや，企業活動でのネット活用なども含む。そのため，既存企業のDXとの接点も多い。この本では，eビジネスが既存のビジネスをどのように変えつつあり，新たな企業戦略やビジネスモデルが生まれているかを理解すると同時に，eビジネスの裏側での情報システムや新技術の活用の仕方の概要も理解してもらうことを狙っている。

DXについても，利用者側や技術の面だけでなく，企業の戦略策定の狙いの面から理解するための内容にしている。DXの内容については，特にネット販売と深く関わる小売業DXについて詳しく学ぶ。その他，物流，金融，製造，建設，旅行の各業界におけるDXについて本書で取り上げる。

そのようなeビジネス・DXの動向や仕組みを広く理解するために，本書が役立つと信じている。イメージがつかめるように，具体的なサービスやデータはなるべく紹介するようにした（データの多くは，桁や大まかな割合・増減の程度位を理解する程度でいい）。また，eビジネスやDXを理解するために重要と思われる文献や事例は，なるべく紹介するようにした。加えて，本書では，今後期待できるビジネスを考えるための手掛かりになるような内容を含めたつもりである。そのため，基礎と現状を理解した上で，今後のことを考えるための材料として本書を役立てていただければ幸いである。

本書は，主に経営学部などの文系の学生がeビジネスやDXを学ぶための教科書として執筆した。特に，ネット企業・IT企業に就職しようという学生や，企業でDXに関わりたいと考えている学生には，じっくり読んでもらいたい書籍である。また，ネット業界で働き始めた方や，企業でDXプロジェクト（特に，ネット上の販売やサービスに関わるDXや，新しいビジネスモデルを検討するDX）に新たに参画する方が，必要最低限の知識を身につけるために利用できると考えている。ただし，技術面は最低限しか解説していないため，必要に応じてそれぞれの技術に関する文献で学んでいただきたい。

eビジネス・DXの動きは速いため，最新の動きについては，著者のWebサイト（http://www.dxbm.jp/news.html）に，次のような情報を作成しており逐次更新してゆく予定である。

・デジタルトランスフォーメーション（DX）の事例集
・デジタルトランスフォーメーション（DX）のリンク集
・国内の主な仲介型プラットフォームの一覧
・ｅビジネス／ｅコマースの動向と技術
・戦略的な情報システムの事例集
・月刊　最新，ビジネス方法特許の登録状況

なお，本書で取り上げる内容は，国内の動向やグローバル企業を中心にした。必要に応じて，米国や中国の動向も載せている。2020年から2021年にかけて新型コロナウイルスのために一時的に企業が対応したことについては，最低限の記述にとどめた。

法律については，個人情報保護法と特許法だけは概要を紹介しているが，それ以外のインターネット関連の法律については本書では取り上げていない。

著者は，ビジネス方法特許（ビジネスモデル特許）の調査による分析研究を日々行っている。新たなｅビジネスやDXの情報化の仕組みは，多くの場合，ビジネス方法特許として特許出願される。そのため，ビジネス方法特許の調査により，ｅビジネス・DXの裏側の仕組みをうかがい知れることが少なくない。そのため，代表的なｅビジネス・DXのビジネス方法特許も紹介するようにした。

本書の中で紹介しているWeb上の情報のurlはすべて，2021年12月27日に最終確認している。

本書の構成は次の通り。

第１章　デジタル経営の状況　ｅビジネスとDXの進展		
第２章 ネット販売（B to C）・ オムニチャネル・小売業DX	第３章 ネット広告とｅマーケティング	
第４章　ビジネスモデル		
第５章　B to B		
第６章 B to C物流・物流DX, フィンテック・金融DX	第７章 製造業・建設業のDX	第８章 旅行業界の ｅビジネスとDX
第９章　ｅビジネス・DXに関連するビジネス方法特許と特許戦略		
第10章　イノベーションの視点から見たｅビジネス・DX		

第１章ではｅビジネス・DXを含むデジタル経営の状況を学ぶ。第２章は，その中でもネット販売や小売業DXなどの小売関連の動向，第３章は第２章と関わるネット広告・ｅマーケティングに関する内容を学ぶ。第４章はｅビジネス・DXで重要となるビジネスモデルについて学ぶ。第５章は，B to B（企業間）の基本について学ぶ。第６章～第８章は業種ごとのｅビジネス・DXに関わる内容で，物流・金融，製造・建設，旅行業についての概要を学ぶ。第９章はビジネス方法特許の面から，第10章はイノベーションの面から学ぶ。

最後に，本書の出版を快く引き受けていただいた創成社の塚田尚寛代表取締役社長，ならびに，編集の労をとっていただいた西田 徹さんに心から感謝申し上げたい。

2021年12月

幡鎌　博

目　次

第1章 デジタル経営の状況　eビジネスとDXの進展

この章では，現在のデジタル経営の状況をｅビジネスとDXの進展から学ぶ。ｅビジネスとDXで重要となる技術の概要についても学ぶ。

1－1　eビジネスの進展

(1) ビジネスの状況

ｅビジネスとは，ネットを通した販売やサービスの総称である。ネットとリアルを組み合わせる場合も多い。企業活動でネットを利用する場合にも使うことがある。ネットを通した販売に関しては，ｅコマースや電子商取引と呼ばれることも多い。なお，米国では，B to Cのネット販売を行う事業者はe-retailerなどと呼ばれる。

もともとは研究機関のネットワークとして生まれたインターネットが商用化され，1990年代に民間に普及して，インターネットを通した販売やサービスが盛んになった。1997年に楽天市場がサービスを開始し，2000年にはアマゾンジャパンが日本での販売を始めた（アマゾンの米国での創業は1994年)。当初，ネットの入り口は，主にポータルサイトや検索サイトであった。その後，2010年代になり，SNS等のソーシャルメディアが広く普及して，ｅビジネスへの入り口としてソーシャルサービスの位置付けが大きくなった。また，当初はPCからの利用が主であったが，モバイル（スマートフォン等）からの利用の比率が高くなった。図表１－１は，利用者の関心や欲求に基づくネットに対する行動が，どのようにネット内の各種サービスやネットの向こう側の世界とつながっているかの概要を表した図である。

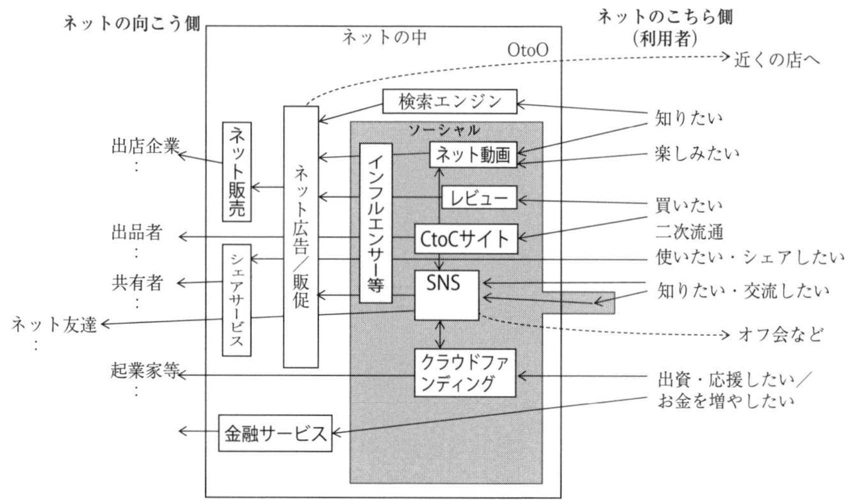

図表１－１　利用者のネットに対する行動とソーシャル・ネット販売等との関連

また，B to Cでは，ネット販売だけでなく，シェアリングエコノミーと呼ばれるように，ネットを通したシェアも盛んになってきた。C to Cでの中古品売買やファッションなどの定額レンタルなども，広い意味ではシェアサービスと見なすことができる（2－5，4－2を参照のこと）。

次に，ｅビジネスの市場規模を見てみる。経済産業省が行った調査［1］では，市場規模はB to BのほうがB to Cよりも10倍以上大きい。

B to Bの市場規模は，図表1－2に示すように2019年まで上昇傾向であったが，2020年には新型コロナウイルスの影響で少し減少して334.9兆円となった。EC化率（すべての商取引における，ECによる取引の割合）は引き続き上昇して33.5%となった。

B to Cの2020年の市場規模は，図表1－3に示すように約19兆円である。2020年は新型コロナウイルスの影響で，サービス系（旅行予約など）が大きく減少したが，物販系が2割以上増加したため，合計ではほぼ前年並みとなった。物販系のEC化率は，2020年には前年と比較して1.3%増の8.08%と大きく

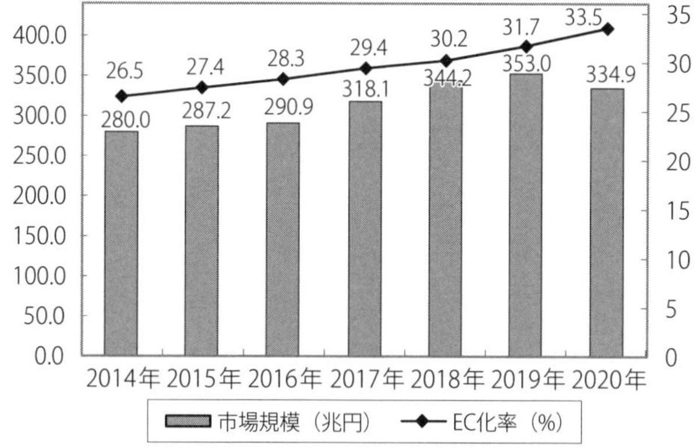

図表1－2　B to Bの市場規模とEC化率
（経済産業省［1］のデータに基づき著者作成）

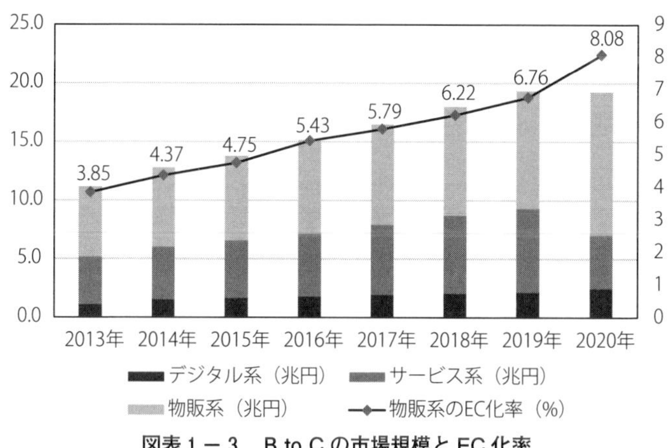

図表1－3　B to Cの市場規模とEC化率
（経済産業省［1］のデータに基づき著者作成）

伸びた。他の調査結果としては，総務省の家計消費状況調査［2］によると，特に2020年春は，新型コロナウイルスの影響で店舗での買い物が十分にできなかったため，ネットショッピング利用世帯の割合が顕著に増加した。

前掲の経済産業省の資料［1］によると，2020年の全世界のB to C-EC市場規模は4.28兆USドル，EC化率は18.0%と推計されている。国別では，中国が2兆2,970億USドルで1位で，米国の7,945億USドル，英国の1,804億USドルと続いている。そのように全世界のオンライン販売の成長率は高く，EC 化率が２割を越える国も出てきているため，世界と比べて日本のＢ to Ｃのネット化の伸びはまだ高いとはいえない。

(2)　eビジネスの手法

ｅビジネスの手法としては，ビジネス面（ビジネスモデル等），技術面（ネットの電子商取引手法やセキュリティ技術など）に分けることができる。

図表１－４に，ビジネス面・技術面などから要素分解したｅビジネスの主な手法を示す。実線の中がｅビジネスの手法であり，さまざまな手法が存在することを知っていただきたい。ビジネス面では，ネットのビジネスモデルが最も重要であり，さまざまなビジネス種別が関わってくる。技術面では，電子商取引の手法やセキュリティ技術が中心で，さまざまな技術が必要に応じて求められる。この図の上下については，下はＢ to Ｃの面，上はＢ to Ｂの面の手法を

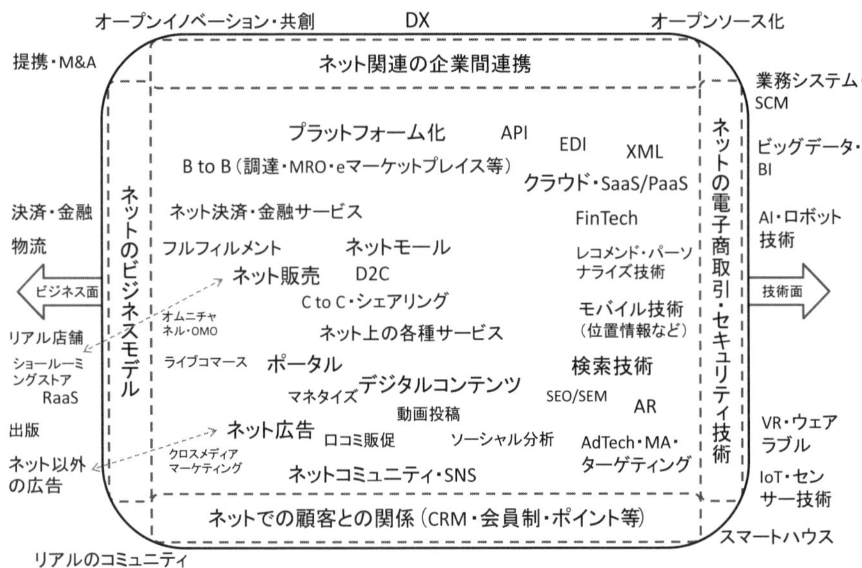

図表１－４　eビジネスの手法

配置している。一番下には，B to Cの面で重要な「ネットでの顧客との関係（CRM・会員制・ポイント制）」を記載し，一番上には，B to Bの面で最も重要な「ネット関連の企業間連携」を記載している。

(3)　eビジネスを展開する企業

ネットの大手企業は，巨大プラットフォームでの取引の透明性や公正性などについての懸念が持たれるようになったことから，2020年に「デジタルプラットフォーマー規制法（特定デジタルプラットフォームの透明性及び公正性の向上に関する法律）」（2021年2月1日施行）が成立した。2021年4月1日，規制対象となる具体的な事業者が発表された。オンラインモールの運営事業者3社（アマゾンジャパン，楽天グループ，ヤフー）と，アプリストアの事業者2社（Apple, Google）の計5社である。

世界的には，IT大手のGAFA（グーグル，アマゾン，フェイスブック，アップル）が，膨大な利用者の個人情報を蓄積・活用して利益をあげていることの問題が指摘されている。また，中国のBAT 3社（バイドゥ，アリババ，テンセント）などの影響力も強まっている。そのように，eビジネスは社会経済に大きな影響を与えだしているため，世界的な大きな流れをつかむのがいいと思われる。

eビジネスを展開する企業は，自らネットでの販売や利用者へのサービスを行う企業と，技術提供企業に分類できる。自ら販売やサービスを行う企業は広告や販売促進を行う必要があるが，技術提供企業は裏方であり「○○エンジン」と呼ばれることもある（検索エンジン，レコメンデーションエンジン等）。なお，Googleも当初は検索エンジンの企業であった。

eビジネス関連のベンチャー企業の集積地としては，渋谷や六本木などが知られる。その街のベンチャー企業の社員が集う交流会などが開かれている。東京駅周辺や五反田駅周辺もスタートアップ企業が集積し始めている。

地方自治体がインキュベーション施設（起業を支援する施設。安価な家賃で入居できることが多い）を用意して，ベンチャー企業を誘致しようとすることも少なくない。また，民間のインキュベーション施設もある。例えば，シリコンバレーでスタートアップを育成している米国 Plug and Play 社と東急不動産が提携して，2017年11月，渋谷にインキュベーション施設「Plug and Play Shibuya　powered by 東急不動産」がオープンした。横浜市は，関内をスタートアップの新たな集積地にしようとしている。

歴史的にみると，米国では1990年代後半から2000年頃にかけて，ネット関連の新ビジネスの起業が相次ぎ，ネットバブルと呼ばれた。その頃の混乱した状況については，e ビジネスの舞台裏を描いたノンフィクション「回転資金」[3] が参考になる。

日本でも，一時はネット企業の株価が高騰するバブル期があった。そのネットバブルの終盤には，ライブドア事件が起こった。ライブドアは，株式分割のようなテクニックで株式時価総額を膨らませることで企業買収を続けて成長したが，実はビジネス基盤は弱く，2006年には粉飾容疑で強制捜査が入った。そして，2011年には堀江元社長の実刑が確定した。なお，この事件は，コリンズ [4] が指摘している典型的な衰退企業の5段階の中の第1～第3段階（第1段階：成功から生まれる傲慢，第2段階：規律なき拡大路線，第3段階：リスクと問題の否認）がよく当てはまる。また，ライブドアの経営陣には倫理面にも問題があった。このような事件が再び起こらないことを祈りたい。

1－2　DX の展開

DX（Digital transformation：デジタルトランスフォーメーション）という用語がよく聞かれるようになってきた。そして，DX の名のついた部署を設けるなど，DX に取り組む企業は増加している。2018年以降，経済産業省は産業界の DX の推進のための施策を次々と打ち出している。

(1) DX とは

経済産業省は，「DX 推進ガイドライン」において DX を次のように定義している。

「企業がビジネス環境の激しい変化に対応し，データとデジタル技術を活用して，顧客や社会のニーズを基に，製品やサービス，ビジネスモデルを変革するとともに，業務そのものや，組織，プロセス，企業文化・風土を変革し，競争上の優位性を確立すること。」

そのために，企業戦略にデジタルデータの活用を組み込み，新事業への展開などを検討する必要がある。まず，自社が持つデジタル情報の価値や顧客の動向などを把握し，新たなビジネス機会（サービスやソリューションの提供など）を検討する必要がある。そして，新たなビジネスモデルの検討が望まれる。

技術的には，自社が持つデジタル情報に加えて，さらに収集する仕組みを構築し，ビッグデータ化する。そして，オープンAPI（Application Programming Interface）を持つプラットフォームなどによるオープンな情報システムを構築することが望ましい。さらに，それらによって，多くの企業が参加するエコシステムを形成することができれば，業界内でのポジションを固めることができ，その後のさらなる展開が期待できる。

DXは，2016年に政府（内閣府）が発表した第5期科学技術基本計画で目標とした「Society 5.0」（サイバー空間とフィジカル空間を高度に融合させたシステムにより，経済発展と社会的課題の解決を両立する，人間中心の社会）と関連付けて語られることも少なくない。

(2) なぜDXか

大手IT企業（GAFA等）は，ディスラプターと呼ばれるように，既存の業界にも進出している。そのため，既存企業はディスラプターに対抗するため，デジタル武装が必要になっている。

また，長期的に生き残るためには改善等の進化だけでなく新事業等の探索が必要であるとする「両利きの経営」[5]の考え方から，企業は新たな事業／サービスを見つけ出して展開することが望まれている。DXで重要になるのは，デジタル化が進んだ未来を想像できるかであり，バックキャスティングやアート思考の考え方や，スタートアップ企業からアイデアを募るような手法などが利用される。

現状の事業や今後進出する事業／サービスのビジネスモデルの検討も重要である。デジタル化によって，新たなビジネスモデルが可能になるためである。

(3) 体制（DXのための役員・組織）・人材育成

DXを実現するためには，新組織を作るなど，組織的な対応を行うべきである。DXの名のついた部署を設ける企業が増加している。DXのための役員としては，企業のデジタル事業の推進役としてCDO（Chief Digital Officer，またはChief Data Officer）という役職を設けるところが多い。

開発組織の面では，従来のシステム部門は「守りの部門」であったが，デジタルビジネスの新事業のための「攻めのシステム部門」を別に設ける企業もある。開発方法として，ITベンダーに任せずに内製化を進める企業も少なくない。その際，開発方法（アジャイル開発等）や外部人材（フリーランス等）活用などがポイントになる。

また，DX人材の育成も必要となっている。全社員に対しての基礎的教育から，DXの専門家（データサイエンティストやデジタル変革人材等）の育成まで，階層型の人材育成を行う企業が少なくない。

(4) 経済産業省による民間DXの推進

経済産業省は，国内企業のDXを強く推進しようとしている。2018年9月，経済産業省は「DXレポート～ITシステム「2025年の崖」克服とDXの本格的な展開～」[6]というレポートを公開して，DXの必要性を唱え，推進を本格的に開始した。その後，2018年12月に，DXの実現やその基盤となるITシステムの構築を行っていく上で経営者が押さえるべき事項を明確にすべく「デジタルトランスフォーメーションを推進するためのガイドライン」を策定し公表した。さらに，2019年7月には，推進に向けて現状や課題に対する認識を共有し，アクションにつなげるための気付きの機会を提供するものとして，「DX推進指標」を公表した。そして，2020年11月には，DXによる企業価値向上に向けて経営者が実践すべき事柄として，デジタルガバナンス・コードを公開した。

経済産業省は，2020年12月の「DXレポート2」[7]の中で，2020年10月時点でのDX推進への取組状況は，9割以上の企業がDXにまったく取り組めていない（DX未着手企業）レベルか，散発的な実施に留まっている（DX途

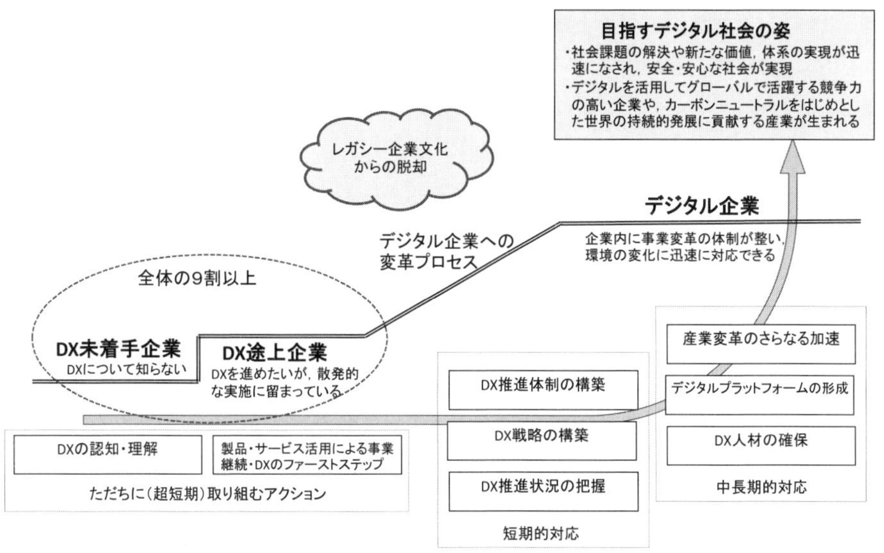

図表1－5　DXにおいて企業が目指すべき方向性

（経済産業省のDXレポート2の説明資料に基づいて著者作成）

上企業）と分析（企業約500社のDX推進指標の自己診断結果を収集して分析）。そして，図表1－5に示すように，迅速性を持って変革し続ける企業こそがデジタル企業として競争優位を獲得できるとし，企業がただちに取り組むべき対応や，DXを進めるための短期的・中長期的な対応をあげるなど，変革の方向性を示した。

他に，経済産業省は2020年に，DX銘柄（東京証券取引所と共同で，デジタル技術を前提としたビジネスモデル・経営変革に取り組む上場会社を選定），DX認定制度（DXに関して優良な取組を行う事業者を申請に基づいて認定する制度）も開始した。将来的には，経済産業省は，DXが進展した企業によって構成される「デジタル産業」の創出を目指している。

また，IPA（情報処理推進機構：経済産業省所管の独立行政法人）は2021年に発表した「DX白書2021」［8］の中で，DXの現状を分析した上で，「DX戦略立案上のポイント」として次の2点をあげている。

①目指すべき方向性を見失わない「経営戦略とDX戦略の整合性の確保」
②絵に描いた餅にならないための「経営のコミットメント」

1－3　eビジネスとDXとの関係

ネットの新ビジネスが，破壊的イノベーションをもたらす場合が多い。それは既存企業には脅威であり，どのように対抗してゆくかが重要である。ウェイド他［9］は，アマゾンなどの破壊者（ディスラプター）は，「コストバリュー」「エクスペリエンスバリュー」「プラットフォームバリュー」を融合させることで新しいビジネスモデルと莫大な利益を生んでいて，既存企業は，対デジタル・ディスラプター戦略として「収穫戦略」「撤退戦略」「破壊戦略」「拠点戦略」を検討する必要があると指摘している。また，フリーミアム，使用時間課金，仲介課金のような新たな収益モデルの検討も必要になる。

従来企業も，ネット企業のように，デジタル情報を活用してネットでのサービスを充実させる戦略を立てるべきである。DXでは，自社が持つデジタル情報の価値や顧客の動向などを把握し，新たなビジネス機会（サービスやソリューションの提供など）を検討する。その際，ネット企業と競合する場合がありえる。また，提携したほうがいい場合もあるだろう。

経済社会でのネットの位置付けが高まってきたことから，流通以外の企業とネット企業との提携も盛んになってきた。例えば，2018年1月，トヨタがアマゾン・ウーバーなどのネット企業と提携することを発表した。ホンダも中国のアリババ集団と提携することを発表した。また，既存企業のDXでのアクセラレータープログラムにおいて，ネット企業などのスタートアップ企業からアイデアの提案を受けることも多くなってきた。そのように，今後，DX化の展開の中で，既存企業がネット企業と提携する場面は増えそうである。

DXでは，ネット企業からの利用を想定したほうがいい場合もあるだろう。例えば，寺田倉庫は，箱単位で預けてネットからの指示により出品などが可能なminikuraという新事業を行っているが，さらにAPIを提供して他社（ネット企業など）と連携することで事業を広げている。そのように，既存企業がDXによってプラットフォームを提供することで，ネット企業からの利用も期待できるようになり，収益の拡大を目指すことができる。

eビジネスでは開発や展開のスピードが重視される。先行者優位を維持するために，スピードが重要であるためである。DXでも，ネット企業のような迅速な開発体制やIT技術の高度な活用が求められる。ネット企業の開発体制や継続的なグロースハック（利用者の反応を見て素早く方向を調整）等の手法を，既存企業は参考にすべきであろう。

1－4 eビジネス・DXで利用される主な技術

eビジネス・DXで共通的に利用される主な技術について概要を学ぶ。ただし，ある業種で特有な技術については，その業種の章で学ぶ。ビジネスモデルに特有な技術については，4章の中で学ぶ。

(1) ASP（Application Service Provider）

ASPとは，次のように定義される。「特定及び不特定ユーザーが必要とするシステム機能を，ネットワークを通じて提供するサービス，あるいは，そうしたサービスを提供するビジネスモデル」（ASP・SaaS・クラウド普及促進協議会による定義）

つまり，アプリケーションを“所有”するのでなく“利用”する，というパラダイムシフトと言われている。Thinクライアントでもアプリケーションの運用の手間（バージョンアップ等）が軽減されるが，ASPでは社内に運用担当者がいなくてすむなど，さらに運用のコスト削減になる。

(2) クラウドコンピューティング

クラウドコンピューティングとは，巨大なデータセンターを活用する利用形態のことであり，それが雲のかなたにあるようなことから「クラウド」と呼ばれる。Amazon，マイクロソフト，Salesforce，Googleといった企業がサービスを提供している。世界中に巨大なデータセンターを配置して，数万以上のマシンを組み合わせて利用している。

ビジネスとして重要なことは，そのような巨大なデータセンターは，「規模の経済」から従来よりもずっと安価にサービスを提供できることである。ニコラス・G・カー［10］は,「規模の経済」から, コンピュータ利用が電力ビジネスのようになる（クラウドコンピューティング利用が一般的になる）と予測している。国内でもクラウドコンピューティングが広く普及してきた。企業が自社の情報システムを新規開発する際, クラウドサービスの導入を第一に考える「クラウドファースト」や, クラウドサービスの利点をフルに活用するという意味の「クラウドネイティブ」の方針を取る企業が増えている。

クラウドコンピューティングは, 一般に, SaaS（Software as a Service）, PaaS（Platform as a Service）, IaaS（Infrastructure as a Service）の3種類に分類される。

SaaSは, アプリケーションとして利用するソフトウェアを, PaaSは, アプリケーションを稼働させるための基盤（プラットフォーム）を, IaaSは, OSレベルのソフトウェアを自分でインストールできるサーバ環境をそれぞれ提供する仕組みである。SaaSは, ASPの一種ともいえる。主なサービスを以下に示す。

・SaaS：SalesForce.com, Google Workspace 等
・PaaS：Force.com, Microsoft Azure 等
・IaaS：AWS（Amazon Web Service, ただし仮想マシンの利用可）, Google Compute Engine 等

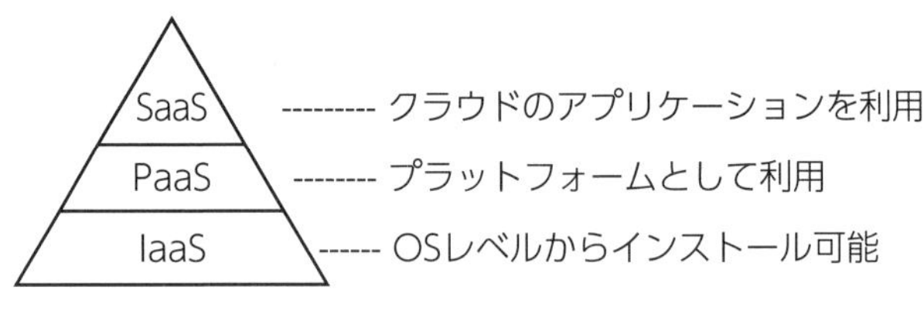

図表1－6　SaaS・PaaS・IaaSの違い

(3) AI（機械学習など）とビッグデータ

AI（Artificial Intelligence：人工知能）とは，推論・演繹，知識ベースの構築，解の探索（ヒューリスティック値の利用など），解の生成（遺伝的アルゴリズムなど），機械学習などの手法の総称ある。近年は，その中の機械学習の仕組みの発展が顕著と言われる。

ネットでWebページの参照情報やクリック情報などさまざまな情報を入手できるようになり，さらには流通のさまざまな情報，センサー情報，位置情報，移動情報など多くの種類の情報の総合的な活用が課題になってきた。さまざまな情報の組合せで，従来わからなかったことが分析可能になってきた。

それらの膨大なデータ（ビッグデータ）から，ビジネスに活用する知見を引き出す中核人材は「データサイエンティスト」と呼ばれている（データサイエンティスト協会より）。データサイエンティストなどによる分析（統計分析など）とともに，機械学習の技術も利用されている。機械学習とは，ある程度の数のサンプルデータ（訓練データ）をコンピュータに入力し，解析を行わせて学習させ，以降の予測などに利用するための技術である。

機械学習の方式として，ニューラルネットワークと呼ばれる手法がある。ニューロン（神経細胞）からなるネットワークに似た仕組みを構築して，脳の情報処理を模倣する手法である。近年このニューラルネットワークの技術の進展により，多層ニューラルネットワーク（4層以上。ディープラーニングと呼ばれる）が実現し，画像認識，音声認識・制御（自動運転など），ビッグデータ分析（製造，マーケティング等），ゲームなどに活用されている。データがより多く集まることで学習の精度が向上するため，学習データの収集も課題である。ただし，人間が細かくプログラミングして教え込んでいるのでなく，コンピュータが自分自身で膨大なデータから学習するため，学習してAIが判断したことについて，どのように判断したかの説明ができないので，注意が必要である。

政府のAI戦略［11］では，教育に関して2025年の実現を念頭にして次の大目標を掲げている。

デジタル社会の基礎知識（いわゆる「読み・書き・そろばん」的な素養）である「数理・データサイエンス・AI」に関する知識・技能，新たな社会の在り方や製品・サービスをデザインするために必要な基礎力など，持続可能な社会の創り手として必要な力を全ての国民が育み，社会のあらゆる分野で人材が活躍することを目指す。

そのため，大学の科目にAIリテラシー教育が導入されつつある。

(4) オープンデータ

行政・自治体が持っているデータをネットで公開することが多くなっていて，それらはオープンデータと呼ばれる。オープンデータを民間や個人に利用してもらい，市民参加型サービス（シビックテック）で情報サービスなどを構築してもらうことで，行政・自治体側の負担を軽くできるためである。

活用できるオープンデータを提供する上で，「利用できる，そしてアクセスできる」「再利用と再配布ができる」「誰でも使える」ことが重要である。

オープンデータの定義（OPEN DATA HANDBOOKのOpen Definitionより)。

・利用できる，そしてアクセスできる

データ全体を丸ごと使えないといけないし，再作成に必要以上のコストがかかってはいけない。望ましいのは，インターネット経由でダウンロードできるようにすることだ。また，データは使いやすく変更可能な形式で存在しなければならない。

・再利用と再配布ができる

データを提供するにあたって，再利用や再配布を許可しなければならない。また，他のデータセットと組み合わせて使うことも許可しなければならない。

・誰でも使える

誰もが利用，再利用，再配布をできなければならない。データの使い道，人種，所属団体などによる差別をしてはいけない。例えば「非営利目的での利用に限る」などという制限をすると，商用での利用を制限してしまうし,「教育目的での利用に限る」などの制限も許されない。

実際,オープンデータを営利目的で利用してもいい場合が多い。そのため,eビジネスのサービスの中で,オープンデータの活用が増えている。公開されているデータに価値を与えるようなアイデアを考えることが重要である[12]。

2017年,官民データ活用推進基本法が成立した。同年5月に閣議決定した「世界最先端IT国家創造宣言・官民データ活用推進基本計画」で,行政と民間のデータを活用することを推進する。これは,オープンデータを民間で活用してビジネス創出をしてもらうことが狙いである。

参考文献

[1] 経済産業省「令和2年度　産業経済研究委託事業（電子商取引に関する市場調査）」,2021年7月.
https://www.meti.go.jp/press/2021/07/20210730010/20210730010.html

[2] 総務省統計局「統計Today No.162　新型コロナウイルス感染症で変わるネットショッピング　家計消費状況調査の結果から」2020年9月.
https://www.stat.go.jp/info/today/162.html

[3] マイケル・ウルフ『回転資金』,徳間書店,1999年.

[4] ジェームズ・C・コリンズ『ビジョナリー・カンパニー3　衰退の五段階』,日経BP社,2010年.

[5] チャールズ・A. オライリー,マイケル・L. タッシュマン『両利きの経営「二兎を追う」戦略が未来を切り拓く』,東洋経済新報社,2019年.

[6] 経済産業省「DXレポート～ITシステム「2025年の崖」克服とDXの本格的な展開～」,2018年9月.
https://www.meti.go.jp/shingikai/mono_info_service/digital_transformation/20180907_report.html

[7] 経済産業省「DXレポート2（デジタルトランスフォーメーションの加速に向けた研究会の中間報告書）」,2020年12月.
https://www.meti.go.jp/press/2020/12/20201228004/20201228004.html

[8] IPA（情報処理推進機構）「DX白書2021」,2021年10月.

https://www.ipa.go.jp/ikc/publish/dx_hakusho.html
[9] マイケル・ウェイド，ジェフ・ルークス『対デジタル・ディスラプター戦略　既存企業の戦い方』，日本経済新聞出版社，2017年.
[10] ニコラス・G・カー『クラウド化する世界』，翔泳社，2008年.
[11] 内閣府「AI 戦略 2021　～人・産業・地域・政府全てに AI ～」，2021年6月.
https://www8.cao.go.jp/cstp/ai/aistrategy2021_honbun.pdf
[12] 東富彦『データ×アイデアで勝負する人々』，日経 BP 社，2014年.

第２章
ネット販売（B to C）・オムニチャネル・小売業DX

この章では，eビジネスにおける消費者向けのB to Cのネット販売と，ネットとリアルを融合したオムニチャネル，店舗などの小売業DXなどに関して，デジタル化の動向や手法などを学ぶ。

この章では，まずB to Cビジネスの動向を確認した後，ショッピングサイトの代表例のAmazon.com，インターネットモール，D2C・アパレル・手作り品のネット販売，C to C，グローバルECについて学ぶ。その上で，リアル店舗との間のマルチチャネル販売・オムニチャネル（OMO）や，店舗内DXなど，小売業DXに関わる内容を学ぶ。

2－1　B to Cビジネスの動向

1990年代後半からのインターネットの急速な普及により，ネットでの商品販売やサービス提供が発展した。まず，米国でAmazon.comのようなオンラインショップが成功した。そして，国内では，楽天がインターネット上のモールビジネスを切り拓くなど，数多くのネット販売企業が生まれた。そして，既存の小売企業やメーカーなどの多くもネット販売へ乗り出している。

多くの企業がB to C（インターネットを通して個人消費者への商品販売やサービス提供）の事業を行っている。インターネットへの出店が始まった90年代後半には，特徴のある一部の店が，ネットでの販売を増やして，ネット専業になっていった時期もあった。その後は，インターネットモールへの出店や，既存の通販会社のネットへの展開，そして，リアル店舗を持つ企業がインターネットでの販売も行っている事例も増えた。また，比較サイトなど，さまざまな形態のB to Cのサービスが利用者を増やした。

経済産業省の調査［1］によると，特に，2020年には低価格・無料のECプラットフォームでの新規のネットショップ開設数が急増した。新型コロナウイルス感染症拡大のため店舗販売に影響が出たことが原因と考えられる。他方，2020年のB to Cの物販系の市場規模のうち，大手ECプラットフォーム（インターネットモール運営会社）が占める比率は，前年より5ポイント程度上昇し，約70%になったと推定される。巣ごもり消費によって，ネットショップ開設数が大幅に増えたが，それよりも大手ECプラットフォーム上での販売額がより大きく増加したと考えられる。

ネットショッピングは，当初はPCからの注文が中心であったが，近年はスマートフォンからの利用が増えている。日本経済新聞社が2020年に行った第9回ネットライフ1万人調査［2］では，ネット経由の消費額は年間18万2,000円と11.6%増加した。その内，スマホ経由の消費額は年間6万4,000円と前年の調査から35.6%も増加した。そのような消費動向について，キャッシュレス決済や通販用アプリの普及を背景にスマホ移行が進んでいる，と日本経済新聞は分析している。

そのように，ネットショッピングでのスマートフォンの利用が拡大しているため，スマートフォン対策が急務になっていて，Webページのスマホ最適化（スマートフォンでも操作しやすいようにボタンを大きくする等）などの対策が必須となった。また，大手のネットショップ／モールは，ブラウザではできなかった商品表示機能や購入以外の付加機能を含む独自のスマホアプリを提供するところが多くなった。スマホでの販売のためには，スマホアプリをダウンロード・利用してもらえるかが重要である。スマホアプリをダウンロードし利用してもらえれば，リーチを広げるだけでなく，リピーターになってもらえる可能性が高くなるためである。

ネットショップについては，まず，代表的なネットショップとして，Amazon.com（アマゾンジャパン）の戦略・手法などを学ぶ。その後，モールやD2Cのためのネット出店のツールなどについて学ぶ。

2－2　Amazon.comとアマゾンジャパンの戦略・手法

(1) Amazon.comの起業と事業の展開

Amazon.com（以降，Amazon）は，ジェフ・ベゾスが1994年にネット書店として創業し，現在は書籍以外にもCD・DVD，電機製品，おもちゃ，家庭用品・化粧品，ファッション，デジタルコンテンツ等のさまざまな商品やサービスを販売している。創業以来売上を伸ばし続け，すでに米国ではネット販売のほぼ半分はAmazon経由と言われている。さらに，国内では2017年に，Amazonビジネスという法人向けの販売（請求書払いや見積書の作成などが可能）と，スーパーと提携して生鮮食品を販売するAmazonフレッシュを開始した。

米国以外でサイトを運営している国は，2020年時点で日本を含め18か国である。日本では2000年に事業を開始して，2020年の日本国内での売上高は2兆円を超えた（前年比27.9%増の約204億ドル）。

スペクター［3］によると，Amazonがネット書店を計画したのは，書籍販売がインターネット上での販売に向いていると分析したためであった。販売されている本の種類はとても多い（300万点以上）ため，書店の店頭には置ききれない。そのため，Amazonは書店から始めた。ベゾスは，Webでの販売に適した商品分野を，最初は，勤めている会社で有望分野の調査を依頼されて調べ始めた。そして，業界構造を深く分析して，書籍販売がインターネット上での販売に向いていると判断した。ベゾスは，書店の実務にはまったくの素人であったが，書店経営に関する数日間の講習を受けている。ネット書店のビジネスモデルは，在庫回転率がとてもよい。また，運転資本回転日数がマイナスであった。ネットでは収穫逓増（経済学用語。販売量が増加するのに応じて販売のためのコストは減少）という信念を持って，ベゾスは事業を興した。

ネット販売では，購入習慣を変えて新しいショッピングの方法を試してもらうために，リアルとは違うサービスで，訪れる人を感動させ，魅力的で楽しい体験ができるような価値を付加していった。初期の頃より，ネット販売独自の積極的なITの活用を行った。HPのデザインではなく，そこでどんな体験がで

サービス名	開始	概要
アソシエイト・プログラム	1997年	一般にはアフィリエイト（3−4−1を参照のこと）と呼ばれる仕組み。個人等のページに商品購入のためのAmazonへのリンクを入れておき，Amazonへ誘導して購入まで至ると報酬。
ワンクリック購入（1-click）	1997年	以前に購入したことのある利用者が，ワンクリックで購入手続きを完了できる機能。特許を取得。
レコメンデーション	1998年	当初は，協調レコメンデーション。AI等を活用したレコメンデーションの仕組みを日々進化させていて，Amazon Personalize（AWS上）を外部提供。
なか見！検索（Search Inside!）	2003年	書誌情報だけで見つからない場合に，検索した用語を中身に含む書籍を検索し，一部を閲覧できる機能。
アマゾンｅ託販売サービス	2005年（国内）	出版社などを対象に，直接仕入れによる委託販売。
電子書籍機能（Kindle端末の販売を含む）	2006年	書籍閲覧用の携帯端末Kindleを発売し，そのためのデジタルでの書籍・雑誌・新聞の配信サービスも提供。2016年からは，電子書籍読み放題サービス「Kindle Unlimited」を開始。
Amazon Web Services（AWS）	2006年	2004年に開始したSimple Queue Serviceが元になり開始されたクラウドコンピューティングサービス。
Amazon Echo	2014年	AIスピーカーに対して音声で質問や注文・予約などが可能。
Amazon Dash Replenishment	2016年	ネットに接続した家電などが自動で必要な消耗品を発注できるサービス。

図表２−１　Amazon の代表的な新サービス

きるかが重要と考えた。また，書籍を通したコミュニティ作りのため，自由に書評（カスタマーレビュー）を書けるようにした（当時としては画期的であった）。書評を通して知的な対話を刺激した。やらせの書評などの問題も生じたが続けた。その後も，図表２−１のようなITを活用した新サービスを追加していった。

Amazonの営業費用の中で「テクノロジーおよびコンテンツ」の費用が約３割を占めていることが特徴的である。その費用の規模は毎年増え続けていて，Amazonが情報システムを駆使している企業であることがわかる。次のような在庫管理能力やレコメンド機能の提供が，高成長を支えている［４］。

・利用者がサイト上で商品を閲覧した際に，その在庫があるかを「インストック率」という指標で絶えずチェックしていて，需給調整をほぼリアルタイムで行うことで，在庫切れによる機会損失を減らしている。

・価格を安くするために，他社の価格情報を収集するシステムも整え，他社より常に5～20%安い値付けをほぼ自動的に行っている。
・レコメンド機能（おすすめ商品の提示）も充実している。マッキンゼー・アンド・カンパニーの分析によれば，2011年売上高の35%は，この「おススメ商品」であったという。

そして，アマゾンジャパンは，2007年4月にAmazon出品サービス（マーチャント@amazon.co.jp）という法人向け出店型サービスを開始し，モール型ビジネスへ展開を始めた。Amazon出品サービスについては，次節で学ぶ。

(2) 顧客志向と会員制度

Amazonは，顧客志向も最重要のテーマとして取り組んできた。そして，「世界で最も顧客の立場に立った会社（Earth's Most Customer-Centric Company)」となることを目指していると述べていて，顧客中心主義を宣言している。「顧客は常に正しい」という考えで，顧客のロイヤルティを獲得し，利用者を増やした。それは，オンラインでのクチコミは大きな影響力を持ち，好意的なクチコミは，広告よりも消費者の認知を獲得したためであった。

Amazonは，Amazon Prime（アマゾンプライム）と呼ぶ年会費制で特典を受けられるプログラムを提供している。日本では，税込の年間プラン4,900円または月間プラン500円（2021年時点）で，無料の配送特典，プライム会員限定先行タイムセール，無料コンテンツ提供などの特典を受けられる。ネットでの購入額の大きい優良顧客を囲い込む狙いと考えられる。

Consumer Intelligence Research Partners社の2014年に行った調査によると，米国ではAmazon Prime会員はAmazonで年間約1,500ドルを消費し，それ以外の一般会員の消費額は約625ドルであった。この調査結果によると，Amazon Prime会員の消費金額は一般の利用者と比べて2倍以上であり，この会員制度は優良顧客を囲い込むために有効に機能していることがわかる。

全世界のAmazon Prime会員数は，2021年に2億人を超えたことが公表されている。国内の会員数は公表されていないが，東洋経済が2017年に国内で行ったアンケート調査によると，Prime 会員は16.6%，年代別では20代が最も多く40代は少なかった［5］。

(3) 販売方法と販売チャネルの拡大

Amazonでは，「ほしい物リスト」というウィッシュリスト機能が実装されている。ウィッシュリストとは，ある人が欲しい商品をネットに登録して関係者に見せる「おねだり」機能である。そのウィッシュリストから購入すれば，同じ商品を重複してプレゼントされることはなくなるという効果もある。

2011年の東日本大震災発生時や2016年の熊本地震の直後には，被災地で必要なものを寄付してもらうためにこの「ほしい物リスト」が利用された。また，定常的な寄付の受付手段としても利用されるようになった（例えば，動物園など）。

利用者が家庭内などで，より簡単に注文できるための仕組みも開発していて，販売チャネルの拡大とみることができる。自動注文サービス用APIを用意することで，ネットに接続した家電などが自動で必要な消耗品を発注するサービス「Amazon Dash Replenishment」をメーカー向けに提供している。さらに，バーチャルダッシュ機能で，以前ダッシュボタンで提供していたように，スマホ上のボタンで簡易に注文できるようにしている。また，音声認識のAlexa技術を利用したAmazon EchoというAIスピーカーを開発した（日本では2017年に発売）。音声で質問や注文・予約などが可能である。Alexa技術は家庭用だけでなく，いくつかの自動車メーカーなどが採用した。

Amazonは，2017年に米国の食品スーパーチェーンWhole Foods Market（ホールフーズ・マーケット）を買収して，リアルの流通チャネルへも進出した。Amazon Goという無人のコンビニも米国で展開している。

(4) サービスの垂直統合というビジネスモデル

Amazonは，Amazon出品サービスやAWSを開始して以降，インフラ企業へと変貌しつつある［6］。日経コンピュータの中田は，「小売りもやるB to B企業」になりつつあると表現している［7］。

Amazonのビジネスモデルとしては，主に3つのサービスを垂直統合して強力な競争優位を築いていると見ることができる［8］。まず，Amazonのサーバシステムは，クラウドコンピューティングへと拡張し，アマゾン・ウェブ・サービス（AWS）を提供してオープン化することで，規模の経済を実現している。なお，電子コンテンツ販売の事業にとっても，クラウドの基盤は大きな強みとなっている。米Amazonが発表した2020年12月期の業績において，AWS事業の売上は全売上高の約12%を占めるほど成長した。

事業拡大に応じて物流倉庫を拡充し続け，フルフィルメント業務（倉庫内の保管と受注・発送業務）にも力を入れて，そのサービスもオープン化している。さらに，Amazonは，2012年にKiva Systems，2019年にCanvas Technologyと，倉庫内の自動化技術の企業を買収した。そのようなことから，フルフィルメント事業にも本気で取り組む意思がうかがえる。配送については，宅配業者任せでなく独自の物流網を構築している。国内では，デリバリープロバイダと呼ばれる地域限定の配送業者と提携している。2019年には，国内でもAmazon Flex（個人事業主に配達業務を委託）が開始された。

つまり，Amazonは，サーバシステム（クラウド）とフルフィルメントを含むサービスを垂直統合化し，さらに，それらのサービスをオープン化して他社にも使ってもらうことで，規模の経済を追求しているのである。Amazonの狙う「規模の経済」は，単なる物理的なスケールメリットだけでなく，収益増に見合った研究開発投資ができることから，それぞれの事業でイノベーションを進めることであり，さらに競争優位を強めようという意図がうかがえる。なお，小売については，マーチャント（出品企業）や個人の出品者からの出品を増やすことで，ロングテールを実現している。なお，マーチャントに対して，Amazon以外の販売チャネルで受注した商品をAmazonが配送するFBAマルチチャネルサービスというフルフィルメントサービスを提供している（Amazonが在庫保管手数料と配送代行手数料を得る仕組み）。

このように，Amazonはサービスの垂直統合により，規模の経済とロングテールを狙っていると考えられる。このような仕組みにより，顧客に対しては，品揃えの多さや低価格というような価値が提供される。さらに，販売方法や販売チャネルを拡充して，強力な基盤を作った。そして，その基盤で集めた

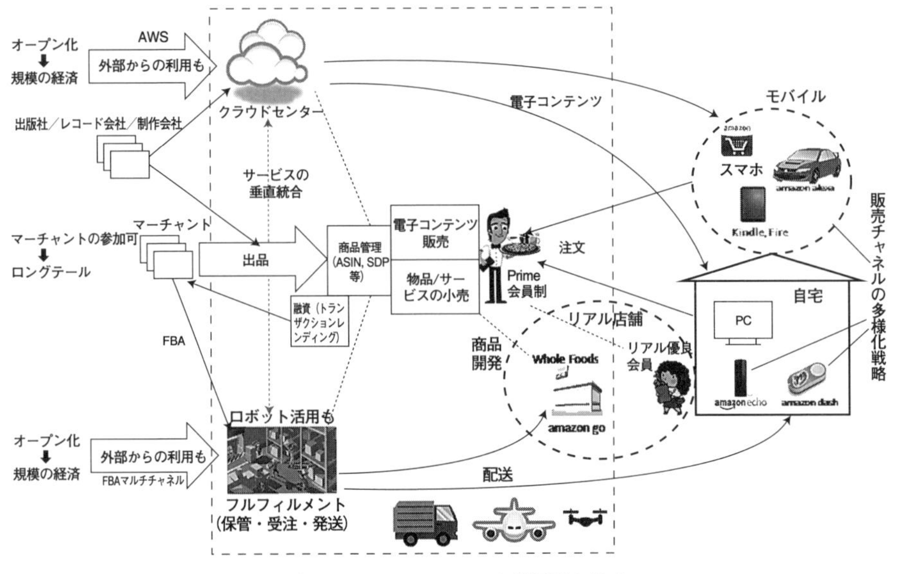

図表２－２　Amazon の事業領域と戦略

利用者の購入情報や利用情報などのビッグデータを分析・活用することで，販売・サービスの質の向上を目指している。立教大学の田中は，「アマゾンの本質はビッグデータ企業」と指摘している［９］。

図表２－２に，Amazon の事業領域と，戦略（販売方法・販売チャネルの多様化，サービスの垂直統合）を示す。なお，Amazon のイノベーション戦略については，10－３で学ぶ。

２－３　インターネットモール

この節では，大手 EC プラットフォームとしてのインターネットモールの全体動向を示した上で，各モールの特徴からビジネスモデルの違いを考える。

(1) インターネットモールの動向

楽天（当初は，エム・ディー・エム）が設立された1997年時点では，他にも，ISP（So-net 等）・IT ベンダー・金融機関などが開設したモールがあった。主力商品だけを売るモール「IPPIN!!」も1997年にオープンしている。こちらは，インターネット上の有名仮想店舗の主力商品だけを集めたサイバーモールである。Yahoo！ショッピングも，当初は，高級品を中心にブランド化を狙ったモールを構築した。

日経ネットビジネス1997年7月号［10］によると，その頃は，商品を探す際の手段として，「ショッピング・モールなどの WWW ページからのリンクでページを探す」と答えた利用者は12.0％しかいなかった。まだインターネットモールで扱う商品数が少なく，モールのブランド化が十分でなかったためと思われる。

近年の国内のインターネットモールは，楽天市場・アマゾン出品サービス・Yahoo！ショッピング（PayPay モールを含む）の3強の時代が続いている。2019年の第8回ネットライフ1万人調査［11］で，インターネット通販でどのサイトを利用しているか（複数回答）を聞いたところ，楽天（64.9％）とアマゾンジャパン（64.8％）が拮抗した。年代別では，楽天は40代と60代以上で利用率が7割を超える一方で，10代後半は低迷した。全世代で60％以上の利用率となったアマゾンに比べて，楽天の中高年層頼みが鮮明となった。3位の Yahoo！ショッピングは利用率が33.1％にとどまる。楽天ほどではないが若者の利用が中高年より鈍い。

公正取引委員会が2019年に発表した調査結果［12］によると，国内のオンラインモールは，3つの主要なオンラインモール（モール名は明示せず）への出店・利用が集中していて，それらのオンラインモールの運営業者は，オンラインモール運営分野において有力な地位を占めており，また，自己の取引上の地位が取引の相手方に対し優越した地位にある場合があると考えられる，と分析している。このような点から，デジタルプラットフォーマー規制法で主要なオンラインモールが規制対象になった。

自社サイトを持っているネットショップでも，販売機会を逃さないために，複数のモールに出店するショップが多い（マルチホーミングと呼ばれる）。モールは，マルチサイド・プラットフォーム型のビジネスを展開しているため，出店企業は複数のモールに参加することで，モール側に主導権を奪われるリスクのヘッジもできる［13］。

販売だけでなく，関連するサービスも提供している。大手モールは，広告事業（モール内の検索結果の上位に載せる広告）でも収益をあげるようになってきた。

また，モールが提供するフルフィルメントサービス（入荷・保管・出荷・物流などの付加サービス）の「フルフィルメント by Amazon」，ZOZO（旧スタートトゥデイ）やマガシークのアパレル企業向けEC支援サービスなどを利用するショップも増えている。

2020年，新型コロナウイルス感染症拡大の状況下において大手ECプラットフォームへの集中度が高まった。その要因として，経済産業省は次の点をあげている［1］。

・休眠顧客の復活購入
・大手ならではの充実したサービスやプロモーションの実施

筆者は，Amazon（国内），楽天市場，Yahoo！ショッピングのビジネスモデルの比較を行った［14］。図表2－3は，その3つのモールのビジネスモデル

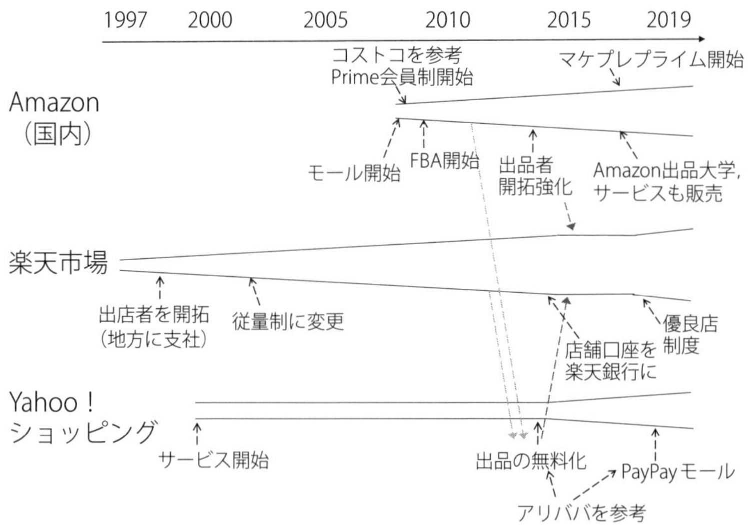

図表2－3　3つのモールのビジネスモデルの動向

の動向を時系列で比較した図である。相互に影響しあっていると考えられる。

(2) 楽天市場

楽天市場は，開設時点（1997年）は，加盟店13店から開始した。当時の課金方法は，月5万円の固定金額であった（2002年4月に従量制へ移行）。

楽天は，RMS（Rakuten Merchant Server）という，ネットへの出店や販売を支援するツールを出店者に提供している。HTMLの知識なしでショップページを作成できるようにしたり，受注管理や顧客との対話やネットでのキャンペーンをやりやすくした。具体的には，店舗構築機能で商品画面を作成する場合，必要事項を入力してゆくだけでショップページが完成する。その際，実際のweb上にどう表示されるのかを確かめながら編集が可能である。RMSでは，ネットショップの開設・集客・運営が一通り行うことのできる機能を店舗に提供している。主な機能は次の4つ。

1）店舗構築機能（R-Storefront）
2）受注管理機能（R-Backoffice）
3）アクセス解析機能（R-Karte）
4）メール配信機能（R-Mail）

その他，画像登録管理機能，動画登録管理機能，CSVデータダウンロードサービス，RMS商品一括登録サービスなどの機能も提供している。

楽天は，「楽天スーパーポイント」をためて利用できるようにして顧客囲い込みをはかっている。ポイント制度は特に主婦層に有効であるといわれる。

当初，中小企業をどうエンパワーするかが楽天の基本コンセプトであった。そのため，単にネットショップを開くだけでなく，ECコンサルタントが加盟店を支援するビジネスモデルである。楽天大学というセミナーで加盟店にネット販売の成功法則（集客 → 参客 → 接客 → 増客）を伝授してきた［15］。

楽天は当初，体育会系的な企業文化を持つと言われる。「ツー・ミニッツ・コール」（Webの資料請求を受け付けてから2分以内に電話をかける）を行うといった営業努力を行って，加盟店を増やした［16］。

楽天市場は2000年頃から出店が急増した。2001年には，5,000店を突破。2004年10月に出店数が１万店を突破し，2007年６月には２万店，2009年９月には３万店を突破した。しかし，その後は出店店舗数の伸びは緩やかになり，2012年に４万店を越えた後，しばらくは，ほぼ横ばいであった。この理由は，大手企業の出店を増やす（後述）など，出店企業の質を重視し始めたためと思われる。2016年頃からは，出店者数を増やす施策を再開し，2020年６月に５万店を突破した。

利用者数は増え続けて，累計の楽天会員数は2019年に１億人を超えた。そのように集客力を強めたため，当初加盟店は中小企業中心であったが，2008年以降，大手 PC メーカー，家電量販店，百貨店や，ファッション・化粧品・スポーツ関連などの有名企業も楽天市場に出店し始めた。それらは，楽天市場内では「有名メガストア」と呼ばれる。

楽天は，「楽天経済圏」という考え方で，モールに関わる信販や証券・通信インフラなどの事業も展開している。流通面だけ見ても，楽天はもはや「流通の巨人」になりつつある。国内の楽天グループ運営サイト（旅行関連の事業を含む）の流通総額は，2020年には４兆円を超えた。また，楽天経済圏を拡大するため，クロスユース率（楽天の複数のサービスを利用）を重視する戦略を取っていて，2019年に70%を超えたことが公表された。

物流にも力を入れている。2008年には，楽天市場の出店者を対象に，入出荷・在庫保管・配送などの物流業務を代行する「楽天物流サービス」を開始した。しかし2014年，楽天は物流支援の拡大戦略を見直し，楽天物流は解散となった。その後，2018年になって，再度，物流に本格的に取り組むように方針転換し，出店者向けに独自の配送ネットワークを構築する「ワンデリバリー」構想を発表した。そして，日本各地に「楽天スーパーロジスティクス」物流センターの新設を始めた。

楽天は，IT 技術の面では，AI（人工知能）技術を活用し，出店者の顧客対応や店舗運営，物流などさまざまな業務の労力を減らし，店舗への送客を支援する。さらに，経営戦略の中心に据える「AI プラットフォーム」を構想している [17]。

ただし，出店者とのトラブルもある。メールマガジンの有償化や，送料にもシステム利用料を課金する制度変更などで，出店者の負担増が問題になった。

2014年には，出店者には楽天銀行の口座を通してすべての代金が振り込まれるように変更になったため，出店者側の反発があった。この制度変更は，不正対策だけでなく，楽天経済圏の収益を最大化する狙いもうかがえる。また，2019年，一定金額以上購入の場合には送料無料化することを出店者に義務化することを発表した。しかし，その要求を公正取引委員会は問題視し，2020年２月に独占禁止法違反（優越的地位の乱用）の疑いがあるとして，一時は東京地方裁判所に「緊急停止命令」の申し立てを行った（楽天が導入を延期したため，翌月に申し立てを取り下げた）。

楽天市場のビジネスモデルは，プロ野球球団を持つことなどでブランドを浸透させ，セールなどで消費者を呼び込み，ポイントでリピーター化し，金融（クレジットカードや銀行など）を含む楽天経済圏全体で収益を最大化する戦略といえる。実際，楽天グループでの金融分野の売上の比率は大きく，2020年度の金融関連事業のFinTechセグメント（2015年まではインターネット金融セグメントと呼んだ）の売上は全売上の約35%であった。

また，2014年には楽天ポイントカード（旧Rポイントカード）が開始され，楽

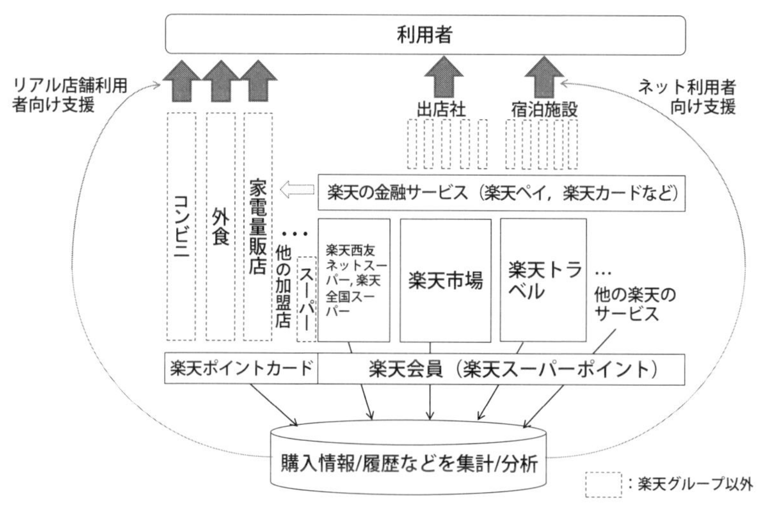

図表２－４　楽天のリアル展開

天スーパーポイントの利用を実店舗にまで広げた。楽天ポイントカードや楽天ペイの仕組みにより，図表２－４に示すように，リアル店舗を持つ加盟店に対しても販売促進などの支援ができるようになったと考えられる。さらには，リアルとネットの両面で利用者の購買行動の分析を行う体制が整った。2021年には，小売・飲食業界向けに消費者ニーズを分析するDXソリューションツール「Marketing View Premium」を販売開始した。

また，楽天は2012年に社内の公用語を英語に切り変えた（Englishnization）。グローバル戦略を進めるため，ネット販売のノウハウを国を越えて横展開する狙いである。

RMSのような支援だけでなく，2017年にはショップアンバサダー制度を開始した。インスタグラムユーザがコーディネート写真を投稿して，ファッションの販売促進につなげる狙いである。

(3) アマゾンジャパンの出品サービス

アマゾンジャパンには，出品サービスという，だれでも（一部の商品カテゴリーには事前審査がある）商品を出品できる仕組みがある。日本では2007年に開始された。事業者向けの出品サービス「プロマーチャントサービス」は，自社の出品商品一覧ページ（簡易ストア）が自動作成されるため，モールに近い形態である。プロマーチャントサービスでは，月額登録料が4,900円で，商品が売れたときに成約手数料が課金される。なお，個人向け出品サービス（旧マーケットプレイス）では，出店に際する契約料等は発生せず，商品売上代金の中から手数料を徴収する。特定の中・大規模事業主を対象に専用ストアを構築できる大口出品サービスもあるが，それはアマゾンジャパンからの招待制となっている。

出品できる商品のジャンルを広げていて，自動車（新車・中古車）の販売も行われている。また，マーチャントからの出品をサービスにまで広げている。アマゾンジャパンは2015年，サービス企業と提携してリフォームサービスやお坊さん便（法事法要手配チケット）などを開始して話題になった（アマゾンジャパンでのお坊さん便は2019年終了）。

モールとしての商品情報管理方法で楽天市場等との大きな違いは，SDP（Single Detail Page）という方針で商品情報を管理していることである。同じ商品が複数企業から出品されても商品のページは1つ，という方針である。そのため，1つの商品が複数ショップから出品されている場合，その商品のページに，ショップごとのショッピングカートが表示される。この場合に，複数ショップのショッピングカートの順位付けは，価格・リードタイム・評価スコアから自動的に決定される（Win Buy Boxと呼ばれる仕組み）。利用者にとって，どの店から購入するかを決めるために便利な機能である。

2017年には，Amazon出品大学（eラーニング）が開始された。出店者としてビジネスを伸ばすためのコツ，さまざまな機能の活用方法，新しいサービスの情報などを学べる。Amazon出品サービスの出品者であれば，すべて無料で利用できる。

(4) Yahoo！ショッピング

2013年10月ヤフージャパンは，Yahoo！ショッピングのストア出店料（月額システム利用料）と売上ロイヤルティの完全無料化を発表した（ただし，ポイントの原資と，アフィリエイトの原資・手数料の負担は従来通り）。また，Yahoo！ショッピング内からの外部リンクを可能にして，出店者の自由度を増した。個人の出店も認めるように変わった。そのため，出店者数は2017年に50万店を超えた。

出店料無料化により，期間限定の短期営業も可能となるため，出荷できる時期が限られる第一次産業の産品（農作物や水産物など）や，期間限定販売のイベントグッズなどの販売などの新たな流通市場となることを狙っている。その結果として，「商品数の多いヤフーのほうから探し始めよう」という利用者が増えてくれば，楽天市場を脅かす存在になるはずである。

なお，ヤフージャパンは出店を無料化する代わりに，出店者向けの広告商品PRオプションを提供している。拡販を望む出店者に広告を出稿してもらう狙いである。つまり，ビジネスモデルは手数料収入から広告ビジネスへ移行した。なお，PRオプション関連の特許として「配信装置，配信方法および配信プログラム」（特許第6009485号）が成立済である。また，その広告を出稿する出店者は，CRMツール「STORE'S R∞」を利用できる。ヤフージャパンは物流機能やO2Oなどの付加機能も充実させて収益を得る方向である。

ヤフージャパンはモール以外にも，日用品・飲料・加工食品などのネット販売「LOHACO」をアスクルと共同で2012年から開始した。なお，アスクルの物流機能をモールでも活用してゆく方針である。

Amazonと同様，会員制度による優良顧客の囲い込みを図っている。「ヤフープレミアム会員」に対しての優遇施策により，「同じ商品を買うならヤフーショッピングで」とプレミアム会員の購入頻度を高めるなど効果を上げた。さらに，プレミアム会員の特典をソフトバンク携帯の利用者にも広げたため，ヤフー株式会社2017年度第3四半期決算説明会の資料によると，プレミアム会員による取扱高比率は75%に拡大した。

2019年にはYahoo！ショッピングの上位モールとしてPayPayモールを開設した。出店条件付きで売上に応じた手数料を徴収するモールであり，2019年に傘下に収めたZOZOも出店した。スマホ決済から利用者を集客する狙いで名付けられたようである。

2－4　D2C，アパレル・手作り品のネット販売

無料または安価でネット販売を始めるためのサービスの利用が増えている。特に，2020年はその傾向が強く，経済産業省［1］は，「2020年に見られた顕著なトレンドとして，低価格・無料のECプラットフォームでの新規のネットショップ開設数が急増した」点を指摘し，それは「中小零細企業によるB to C-EC市場への新規参入が，新型コロナウイルス感染症拡大によって促された」ことによると分析している。

また，実店舗やモールに頼らずに顧客にネットで直接販売しようという販売戦略は，D2C（Direct to Consumers）と呼ばれる。顧客価値の高い商品を，ソーシャルメディアなどで集客して，一般の店舗販売はせずに自社サイト（BASE，Shopify，STORES等で構築）でネット販売する手法である。モールでの従量制の手数料は負担になるが，それらの構築サービスは比較的安価（定額）または無料で利用できる。

BASEは「無料で誰でも最短30秒でネットショップを作ることができます」

というサービスであり，2012年11月にサービスを開始して，2021年9月には累計ネットショップ開設数が160万ショップに達した。基本機能は無料であるが，BASEかんたん決済手数料，売上を引き出す際の手続きの振込手数料・事務手数料などが有料である。デザインテンプレートも基本は無料だが，有料のものがある。有償の不正決済補償機能も利用できる。

また，2012年8月にブラケットが始めたStores.jp（ストアーズ・ドット・ジェーピー）も，月額数千円の有料プランもあるが，決済手数料が高めの簡易機能版での出店は無料である。売れる導線を増やす狙いで，2013年にスタートトゥデイ（現ZOZO）の完全子会社になった［18］。しかし，2016年にMBOにより再び独立した。

Shopifyは，カナダの会社によるネットショップ構築サービスである。ベーシック，スタンダード，プレミアムの3種類の月額定額プランを提供している。2020年に楽天と提携して，日米のShopify出店者が楽天市場でも販売可能にするような連携を始めた。

アパレル分野のネット販売の伸びは大きい。アパレル向けのネット専業ショップとしては，ZOZOTOWN（2019年にYahoo配下へ。PayPayモールへも出店），マガシーク，SHOPLISTなどが代表的なサイトである。2021年3月末時点のZOZOTOWNの販売形態は，買取・製造販売（ZOZOの運営ショップ）が18店（決済された商品代金が売上高），テナント出店の受託販売のショップが1,450店（受託販売手数料相当額が売上高），その他にUSED販売も行っている。

リアル店舗を持つ既存の大手アパレル企業は，モール経由の販売では自社商品のブランド化が十分にはできないため，自社EC比率を高める戦略を取っているところが多い。当初ZOZOTOWN中心で販売していた企業の一部に，2018年終わりぐらいからZOZO離れ現象が起きた。自社ECサイトでは，大手ECモールにはない強みを出して運営することが求められる。月刊ネット販売［19］は，これまで以上に差別化が必要な時代になった，と指摘している。また，百貨店業界も，贈答品だけでなくファッション／アパレル分野のネット販売に積極的になってきた。それらの具体例は，2－8で示す。

書籍や電機製品のような商品であれば，精緻な画像は不要であるが，アパレルやファッショングッズでは，ビジュアルなネットカタログが必要になる。アパレルのネット用のカタログの作成は，これまでのカタログの写真よりも複雑である。例えば，ZOZOTOWN では入荷した商品を自らのスタジオで撮影して，Web ページに載せている。

システム面からいうと，サイズテックと呼ばれる機能が重要である。ネットでは試着できないため，適切なサイズの服の購入を支援する機能が提供されている。VIRTUSIZE 社は，購入したい洋服のサイズを自分の手持ちの服のサイズと画像で比べるサービスを提供している。ZOZOTOWN は，2017年に ZOZOSUIT を発表。全体に施されたドットマーカーをスマートフォンのカメラで360度撮影することで，高精度な計測を可能とした採寸用ボディースーツであったが，すでに配布は終了。その代替として，2020年に3D 計測用ボディースーツ「ZOZOSUIT 2」の提供を開始した。他に，Bodygram 社は，スマートフォンで撮影した2枚の写真で高精度な身体サイズを瞬時に測定する AI 採寸技術を提供している。

また，着こなしをネットで共有できるサイトやアプリの利用も増えている。WEAR は，ZOZOTOWN を運営するスタートトゥディ（現 ZOZO）が2013年に開始した着こなし共有サイトである。ショップ店員や一般利用者などがコーディネート画像を投稿できる。公式ファッショニスタ「WEARISTA（ウェアリスタ）」は，当初は著名人だけであったが，2014年からはフォロワー数の多い一般利用者からも選定するように変更して，質の高いコーディネート画像の増加を図っている。2019年にサービスが開始されたユニクロ・GU の StyleHint（スタイルヒント）というアプリは，似た画像を検索するなどして，世界中の他の利用者の着こなしを参照できる。ネットでのショップ店員のコーディネート提案については，2－8で取り上げる。

ファッション雑誌など，リッチなメディアを使って商品情報を提供し，消費者の購入意欲を増す販売戦略を取るところがある。ファッション雑誌に掲載されている服や小物を，携帯電話から注文できるサイトである。マガシークや kokode.jp など，雑誌掲載商品を携帯電話から簡単に購入できるようにして，モバイルショッピングに誘導している。

なお，ファッションの定額レンタルやシェアリングについては，4－2を参照のこと。

また，BASEなどのサービスを使って，個人間（C to C）で手作り品などを売買することも盛んになりつつある。手作り品をネットで販売する専用のサイトとしては，minne（ミンネ）やiichi（いいち）というようなサイトがある。また，Etsyは全世界的な手作り品売買サイトである。

手作り品の他，動画配信や文章の執筆なども含めて，自分たちのスキルや創作物をシェアしマネタイズ化する経済圏「クリエイターエコノミー」が注目されている。2021年には，業界団体「クリエイターエコノミー協会」が設立された。

2－5　C to Cビジネス

経済産業省［1］によると，2020年のC to C（Consumer to Consumer，主にフリマアプリとネットオークション）の市場規模は1兆9,586億円である。前年比12.5%増であり，それは主にフリマアプリ市場の成長が貢献した，と分析されている。

年代によって，フリマアプリ・ネットオークションの利用方法が異なる。博報堂「消費1万人調査（2019）」［20］では，フリマアプリを利用して買い物している割合は，10代（47.3%），20代（36.3%）が高く，10代～30代ではネットオークションよりも利用率が高い。他方，40代・50代ではネットオークションで買い物している利用者のほうが多い。

(1)　二次流通としてのC to C

C to Cでは中古品の売買が多い。中古品の流通は二次流通と呼ばれる。経済産業省［1］は，一次流通と二次流通が相互補完の関係を築き，双方の市場規模が拡大していくことが期待されている，と述べている。そのような関係性から，メルカリは，フリマアプリ上で集めた商品の二次流通データを企業に開放している。山田進太郎社長は「メルカリが持つ二次流通の強みをいかし，一次流通企業を後押ししていく」と述べている［21］。

慶應義塾大学の山本の研究［22］では，「一次流通市場における選択においては一次流通価格や所有製品とのフィットが依然として重要ではあるものの，二次流通市場において価格が下落しないことは消費者の効用を高め，当該商品が選択される可能性が高まることが明らかになった」と分析している。

MMD 研究所の調査［23］によると，フリマサービス・アプリで購入する際に転売になるかどうか意識する人は50.6％も存在した。また，メルカリの意識調査［24］によると，フリマアプリ利用者において，「新品購入の際リセールバリューを考えるようになった」割合は60.6％（昨年対比9.7％増）。売ることを前提にした買い物意識が拡大。また，新品で購入したものを数回／1回使っただけで売った利用者が増加。若年層で必要な時だけモノを利用し，利用し終わったら売る「ワンショット消費」の傾向が拡大している，と分析している。

(2) フリマアプリ

フリマアプリは，フリーマーケットのように主に個人間（C to C）で物品の売買を行うことのできるスマートフォン用のアプリのことで，メルカリ，ラクマ（旧フリル，2016年に楽天に買収された）などが利用されている。主に中古品売買で利用されていて，消費者同士で売買される。

MMD 研究所の調査［23］によると，フリマアプリでの購入商品のトップは，男性が「本・コミック・マンガ」，女性が「衣服・ファッション」であった。利用者のうち，直近1年間に出品・購入の両方ともしたことがある人が48.8％であった。そのように，一般の利用者でも中古品等の出品がしやすいことが特徴である。日経 MJ の調査［25］によると，スマホアプリやネットサービスで小遣い稼ぎをしている高校生の45.5％が，フリマアプリなどで中古品売買をしているというような状況である。

なお，フリマアプリが購買行動に与えた影響のデータとして，「フリマアプリによって変わった生活習慣」の1位は「不用品をゴミとして捨てることが減った」（42.4％）であった［26］。博報堂生活総合研究所とメルカリ総合研究所による実態調査［27］では，商品カテゴリーの約半数に，上下の年齢間でモノが受け継がれる構造「おさがり文化」が存在することが明らかになった。そのように不用品を引き継ぐために利用されている。

フリマアプリのメルカリは，オールジャンル商品の売買が可能であり，北米にも進出している。メルカリでは，スマホ利用であるため取引はスピーディであり，1時間以内の取引が約20％と言われる。そのような速さがオークションとは異なる。また，メルカリは2018年に「アプリでかんたん本人確認」を始めたり，シニア層を開拓するなど，利用者を増やすことを目指している。2020年には，発送の手間を減らす目的で，無人投函BOX「メルカリポスト」の設置を発表した。2021年には，ものづくりをしている事業者などが出品するための「メルカリShops」も開始した。

(3) 消費者間のオークション

ネットオークションは，ネットで売り手が商品を出品し，買い手が購入希望価格を入札し，期限内に最も高値を提示した入札者が商品を落札する。一般には，入札されるとその価格がネットですぐに公開されるため，人気のある商品は値段が上がってゆく。

C to Cの取引として，米国では1998年にeBayがネットオークションを始めてから大きく広がった。日本では，1999年にサービス開始したYahoo！オークション（その後，ヤフオクに名称変更）が，ネットオークションでは高いシェアを保っている。ヤフージャパンは2013年Yahoo！ショッピングの出店料無料化と同時に，ヤフオクへの出品も無料とした。また，2017年ヤフオクは，フリマアプリ対抗策として，すぐに売買できる「フリマ機能」を導入した。2019年には，フリマアプリ「PayPayフリマ」の提供も開始した。

自治体の公売も，ネットオークションで行われることが多くなった。税金の滞納処分により差し押さえた財産を現金化するため，オークション形式で入札される事例が増えている。ネットオークションを利用することで，従来の競売よりも高く落札されている。

(4) C to Cでの不正出品問題

ネットオークションやフリマアプリでは，偽ブランド品などの詐欺も多く発生している。そのため，詐欺を回避する仕組みも重要である。一般にオークションサイトでは，売り主を信用できる仕組みとして，売り主のこれまでの履歴と評判を参照できるようになっている。また，違法出品や盗品の出品の問題もある。

また，メルカリなどが採用しているエスクローサービスは，買い手と売り手の間にたって取引のトラブルを回避する仕組みである。支払い金を一時的に預かり，買い手が商品を確認した後に支払うことで，詐欺を防ぐことができる。

2017年には，メルカリで現金出品などの違法出品が問題になった。そのため，メルカリは，2017年10月に規約を変更し，初回出品時に本人確認書類（氏名，現住所，生年月日）の提出を義務付けるようにした。なお，登録した氏名は売上金を入金する銀行口座の氏名と一致する必要がある。

組織としては，2005年12月に設立された「インターネット知的財産権侵害品流通防止協議会（CIPP）」は，権利者・権利者団体と大手プラットフォーマー企業が加盟し，権利者（団体）とプラットフォーマーで共通した認識を持つために情報交換，両者が連携し取り得る対策について検討及び実施することを目的としている。

ヤフーとメルカリは2017年９月，EC事業者協議会を設立し，消費者保護のため，共同で違法出品などへの対応を検討する体制を構築した。

2－6　グローバルEC

経済産業省の調査［１］によると，2020年の中国消費者による日本事業者からの越境EC購入額は，１兆9,499億円（前年比17.8％増）まで拡大した。

消費者と当該消費者が居住している国以外に国籍を持つ事業者との電子商取引を越境ECという。B to Cの越境ECの展開には，図表２－５のように複数の事業モデルが考えられる［１］。どのような海外のモール（プラットフォーム），または国内のサイト（プラットフォーム）を利用するかなどの検討が必要である。

例えば，中国には，Tmall（天猫，アリババが運営），JD（京東商城）などのモールがあり，その中で，JDは2015年に「日本館」をオープンしている。他には，アリババのTaobao（淘宝）のようなC to C中心のモールもある。

日本企業の中国向け越境EC市場は，さらなる拡大が期待されている。一時

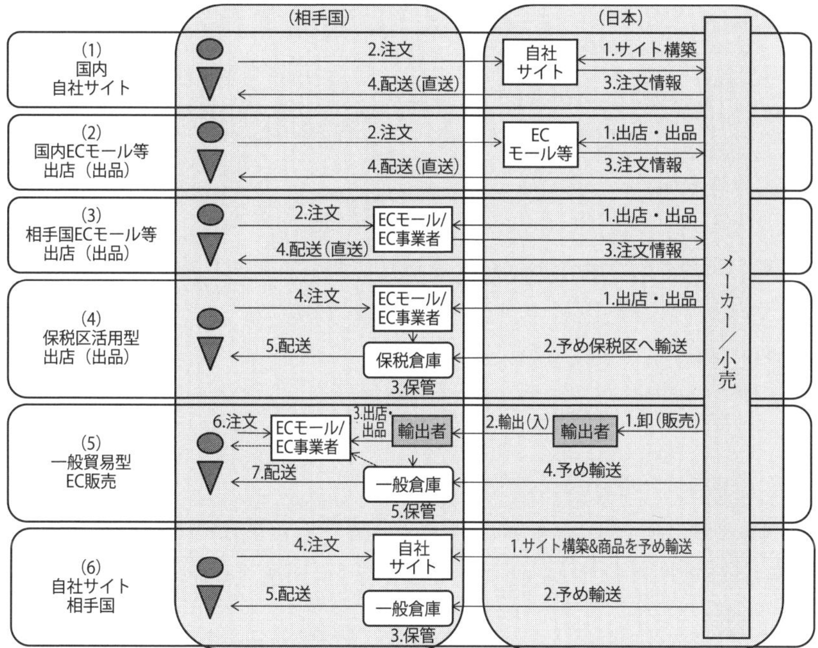

図表2－5　越境 EC の事業モデル（[1] より）

は，訪日中国人が「爆買い」していたが，ネットでの購入に移りつつある。そのため，中国向けのネット販売が重要となっている。ただし中国には保税倉庫など特別な制度があり，税金等の制度も頻繁に変わっているので注意が必要である。

アリババは，Tmall の利用動向データを活用したマーケティングツール「Uni Marketing」を開発し，日本企業に提供している。中国への越境 EC のための情報分析，マーケティング施策の組み立てや，ネット広告の配信までできるツールである [28]。

越境 EC を支援する IT 企業もある。出品代行，決済・物流支援，Web ページの翻訳などのサービスがある。また，インアゴーラは，中国の利用者が日本の商品やサービスを購入するための越境 EC ショッピングアプリ「豌豆公主

(ワンドウ)」を提供して，日本企業からの出品を募っている。

2－7　マルチチャネル販売

マルチチャネル販売とは，1企業が，リアル店舗とネット販売など複数のチャネルで商品を販売する形態のことである。ネット販売が始まった頃は「クリック＆モルタル」(Click & Mortar) とも呼ばれた。インターネット (Click) と現実の店舗／流通機構 (Mortar) を組み合わせたインターネットビジネスのことである。この節では，マルチチャネル販売の概要，リアルとネット販売の組み合わせに関する経営手法，主な事例としてネットスーパー，マルチチャネル販売の組み合わせ方の主な手法について学ぶ。

(1) マルチチャネル販売の概要

日経 MJ が2021年に発表した「20年　日本の小売業調査」[29] のアンケート調査で，約6割の企業がネット通販も行っていると回答した。そのうち，ネット通販で利益が出たと回答した企業は38.7% (増加傾向)，ほぼトントンは14.5% であった。赤字は19.5% であったが，前回調査 (26.0%) から割合は縮小し，利益を出せるように改善が進んでいることがわかる。ただし，ネット通販も行う企業の中で，売上高全体に占めるネット通販の比率が1% 未満の企業は34.4%，1～3% 未満は13.3% であり，まだネット販売の比重が高まっていない企業が多い。なお，アパレル企業の中には，すでに EC 化率が4割を越えていると報じられている企業があり，一部の企業ではネット通販の比率が大きくなっている (アパレル企業のネット対応については，次節で詳しく学ぶ)。

(2) リアルとネット販売の組み合わせに関する経営手法

リアル店舗を持つ企業がネットで販売する場合には，経営上の問題が付きまとう。インターネットでの販売が始まった当初は，店舗を持つ一般の企業は，ネット事業を始めることで，「共食い (カニバリゼーション) 現象」により，ネット事業が既存事業を食いつぶすことを心配していた頃もあった。そのため，ネットに進出することに躊躇していた企業も少なくなかった。他方，ネットの時流をつかんで，店舗をやめてネット専業になった小売店もあった。

そのような心配から，クリック＆モルタルでは，従来のリソース（チャネル等）を有効活用したり変容させて活かし続けるためのネット利用の工夫が見られた。その後，マルチチャネル販売に積極的な企業は，ネット販売で購入する利用者はリアル店舗でも利用することがわかり始めた。例えば，青山商事（洋服の青山）では，「顧客データの分析からオンラインストアをよく利用する顧客ほど，リアル店舗の買い物が多いことが分かった」ことから「オンラインストアの顧客を増やせば店舗の売り上げも増える」[30] と考えてネットとリアルの融合を目指している。

このような理由で，ネット・リアル店舗をそれぞれ片方だけで運営するよりも，マルチチャネル販売を行ったほうがいい場合が多い。さらには，よりコストの安いチャネルに顧客を誘導するべきである。

また現実的な解決手段として，ネット販売により店舗の売上が減らないように，フランチャイズ店を展開している小売店が，ネットで商品を販売する場合，ネットでの売上をその地域の店舗の売上に計上したり手数料を還元する仕組みが，多くのマルチチャネル販売の場で行われている。やはり，店舗の売上が減ってしまうのは大きな問題であるためである。90年代から2000年代初めにかけて，そのように店舗の売上が減らないような仕組みを取り入れる企業が見られるようになった。現在でも，SNSやブログ等で店員の着こなしを参考にしてネット購入した場合など，店員へインセンティブがわたる仕組みを取り入れる企業がある。図表２－６に，マルチチャネル販売で店舗へ手数料または売上の計上が行われる場合の例を示す。

直営店の場合には，無理にリアル店舗で売らないような戦略をとる企業もある。店員は一般に売上目標で管理されるので，必要以上に客に商品をすすめがちである。しかし，店舗で客にとって必要でないものまで無理に売ってしまうと，結果として顧客満足度の低下をもたらす。そのため，ネットで販売しても店舗の売上として計上する仕組みを取り入れたほうがいい場合がある。

その他，店舗の売上を減らさないためのさまざまな工夫がされている。青山商事では，各店舗ではネット販売で使えるクーポン券を従業員が配り，店舗に

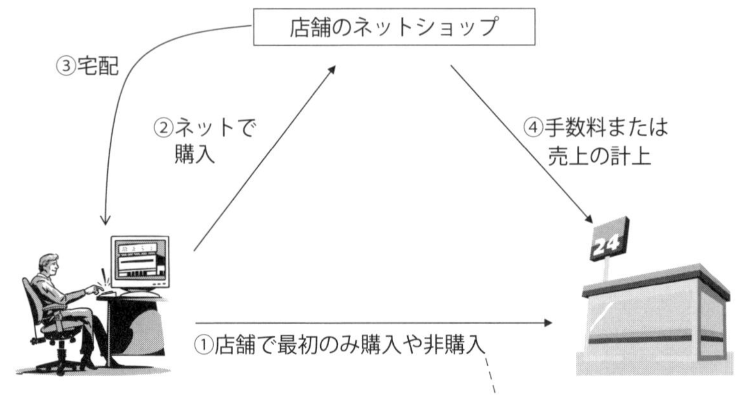

図表２－６　マルチチャネル販売での店舗への手数料または売上の計上

来店した顧客に自社のサイトを紹介している。そのクーポン券を使ってサイトで買い物をした顧客の売上は，配布した従業員の売上に加算され，人事評価の対象となるようにもした［31］。

パルコが2014年から開始したカエルパルコというサイトでは，通販で注文されてもショップの店頭在庫より発送している。売上は同ショップに計上し，店員ブログとも連動している。

ベイクルーズも店舗とネットを連携した施策を取っているが，2017年のインタビュー記事［32］によると，店舗とネットの両チャネルを利用している会員は４割もいた。さらに，両チャネルを利用している会員が店舗で買っている売上は，店舗だけを利用している会員の２倍であることがわかった。そのため，両チャネルを使ってもらった方がいいと判断している。

カメラ販売のキタムラは，ネットへの展開を「店舗とネットを融合する人間力 EC」の考え方で取り組んでいて，同社独自の経営指標として「EC 関与売上」を設けている。EC 関与売上として計上される販売事業は３つ。

①家で注文して宅配で受け取る。

②家で注文して店舗で受け取る。

③店舗で店頭タブレットから注文して店舗で受け取る。

このような指標を設けることで，マルチチャネル戦略の拡大を狙っている[33]。

メガネスーパーも，EC関与売上を経営指標に設定して，2017年第1四半期の連結業績の決算短信からEC関与売上を記載している。

メガネスーパーは，スマホ用「コンタクト簡単注文アプリ」を開発した。このアプリ経由の売上はすべて注文した顧客を持つ店舗の売上となるようにした。店舗側はコンタクトレンズ販売の手間が軽減される上に，売上の向上も見込めるため，スマホアプリでの販売に関して協力を得やすい，とのこと［34］。

オーマイグラスは，当初はメガネのネット販売からビジネスを始めたが，2014年からはリアル店舗も出店している。オーマイグラスの店舗は，最初は来店し，店舗でメガネのフィッティングや度数を合わせて，2本目以降はECで買う，というパターンの顧客を狙っている［35］。

三井不動産は，「ららぽーと」などと連動したオンラインモール「Mitsui Shopping Park & mall（アンドモール）」を2017年11月に立ち上げた。実店舗と連携することで，ショップの売上拡大を図る狙いである。

ストライプデパートメントは，2019年「DaaS（Department EC as a Service）」を開始した。百貨店ECサイトの運営をストライプデパートメントが代行するサービスで，百貨店側は，イニシャルコスト，ランニングコストともに0円。会員獲得や百貨店会員の購入金額に応じて，ストライプデパートメントから百貨店へ手数料が支払われる。実店舗のネット展開の1つの形と考えられる。

(3)　ネットスーパー

マルチチャネル販売の例としてネットスーパーを取り上げる。ネットスーパー（スーパーで売られる商品をネットで注文して宅配するサービス）の形態としては，日本では，2000年から西友のネットスーパーで店頭在庫からピッキングして即日配送する方式が始まった。

しかし，常時ネットスーパーを利用している利用者数は低迷している。2020年には新型コロナウイルスの影響で，ネットスーパーの利用は幾分増えたようであるが，ネットスーパーの利用はまだ1割未満にとどまっている。認知はされているが利用にはいたっていない場合が多い。日本スーパーマーケット協会が発行した「2021年　スーパーマーケット白書」[36] によると，利用しなかった消費者の76.9%は，「ネットスーパーの存在は知っていたが，検討しなかった」と回答している。その白書では，次のように分析している。

日本における食品EC市場は2%台と諸外国に比べても低い。一方で利用の拡大が進んでいるのは，産地直送など旬の食材，水や米などの配送の利便性が高い食品，毎日の献立を考え，その食材を選ぶ手間を省く調理用キットなど，いずれもサービスが付加された食品が中心となっている。

スーパー側でも，ネットスーパーへの対応に消極的なところが多い。全国スーパーマーケット協会の「2021年　スーパーマーケット年次統計調査」[37] によると，スーパー店舗でのネットスーパー実施率は12.1%（一部店舗での実施を含む）にとどまり，前年よりも低下している。移動スーパー実施率の31.4%（増加傾向）に比べてかなり低い数値になっている。今後の実施意向のデータでも，ネットスーパーは移動スーパーよりも低い。撤退した会社も少なくない。サミット（住商ネットスーパー）は2009年にネットスーパーを開始したが2014年に撤退，ユニーは2007年に開始したが2019年に撤退した。「20年　日本の小売業調査」[29] で，ネット通販で利益が出たと回答したスーパーは19.6%と，まだ利益が出にくい状況である。ネットスーパーを運営している各社は，利用者の拡大へ試行錯誤しているが，配送のためのドライバー不足の問題などが課題である [38]。

ここではまず，ネットスーパーを積極的に展開しているイトーヨーカドー・イオン・西友・スーパーサンシ（三重県）を取り上げる。

イトーヨーカドーは，各店舗の近隣エリアへ，店舗インフラ（商品のピッキング等）を活用してネット販売する（配送業務は外部委託）。なお，イトーヨーカドーはネットスーパー事業で利益を出している数少ない企業である [39]。イトーヨーカドーは，2017年にアスクルのLOHACOに出店する形で「IYフレッシュ」を開始したが，2019年11月末日をもってサービスを終了している。流通雑誌の激流［40］によると，コロナの影響で2020年4月以降は新客が増え，冬から2021年にかけてはリピート利用が増えているという。2020年6月には10X社と連携しアプリ版をリリースするなど利便性を高めている。従来ネットスーパーの買い物利用時間は1回に20分ほどだったが，アプリではその半分に短縮されたという。

イオンは，北海道から沖縄までほぼ全国に展開した。宅配企業と提携して広域の全県配送サービスを行っている。これは買い物弱者を狙った取り組みといえる。また，イオンは2019年，将来的には最先端の物流倉庫から発送する方法を目指して，英国でネットスーパーを手がけるオカドグループの子会社と提携して2023年から共同事業を開始する予定である。現状は，激流［41］によると，2021年2月時点でイオンリテールの200店舗で展開し，2020年はネットスーパー業務開始以来，初の黒字になったという。

西友は，一時はDeNAと提携した時期もあったが，2018年に楽天との提携を開始して，西友が運営するネットスーパーと楽天の「楽天マート」を統合し，「楽天西友ネットスーパー」を立ち上げ，2018年に16都道府県でサービスを開始した。また，楽天は2021年，ネットスーパーのプラットフォーム「楽天全国スーパー」の提供を発表し，ベイシアなどの出店が予定されている。

スーパーサンシは三重県内にチェーン展開している食品スーパーであるが，ネットスーパーの利用者に月額利用料を課すサブスクリプション方式の会員制を取り入れて成功している［42］。月額利用料を課すことで，高頻度に利用してもらえ，受注件数の予測も立てやすい。また，配送は自前で行っているが，会員に鍵付きロッカーを貸し出すことで，効率的な配送を可能にしている。加えて，スーパーサンシはそのシステムを他社にソリューション提供している。

ネットスーパーの方式としては，スーパーの店舗の在庫からピッキングする店舗型の方式がまだ主流であるが，ネットスーパー専用の加工・配送センターを利用する倉庫型（センター出荷型，そのような倉庫は「ダークストア」とも呼ばれる）のサービスを開始するところもある。なお，倉庫型は，店舗型とは収益モデルが異なる。倉庫型は，設備投資が大きく償却費など固定費がかさむため，損益分岐点が高く黒字化しにくい。しかし，機械化により変動費の上昇が抑えられるため，売上高が損益分岐点を超えると利益は大きく伸びる［43］。

店舗型と倉庫型の両方を使い分ける事例もある。2015年，イトーヨーカドーは倉庫型のネットスーパー専門店を西日暮里に開設した。経路を自動計算し，受注能力は５倍に高まった。楽天西友ネットスーパーも，店舗型と倉庫型を併用している。

倉庫型の事業として，アマゾンジャパンは2017年４月，東京都内でAmazonフレッシュというプライム会員向けの生鮮食品を含む商品の販売を開始し，ネットスーパーへ参入した。その後，ライフとバローと提携して，店舗からの配送にも展開した。また，ライフとバローは自社のネットスーパーでアマゾンジャパンの物流機能を利用する。

図表２－７に2021年時点での大手スーパーとネット／IT 企業の連携関係を図示する。

ネットスーパーを支援するサービスが物流企業から提供されている。ヤマト運輸は2009年，「ネットスーパーサポートサービス」というネットスーパーの開業支援のサービスを開始した。ネットスーパーの「配送」＋「システム」＋「決済」を支援するサービスである。

ネットスーパーは買い物弱者問題の解の１つとしても注目されている［44］。買い物弱者問題は，生鮮品などの入手に困るという意味で「フードデザート問

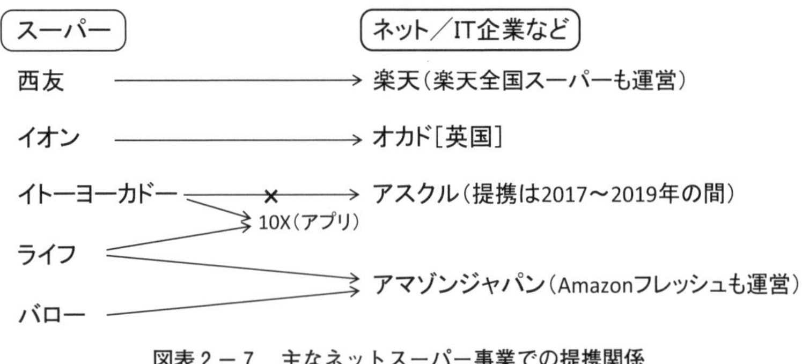

図表２－７　主なネットスーパー事業での提携関係

題」とも呼ばれ，社会的に大きな問題となっている。なお，買い物弱者問題に対しては，ネットスーパー以外に移動スーパーの「とくし丸」のシステム（販売パートナー制，2019年には46都道府県に展開）なども注目されている。

ネットスーパーの今後について，中京大学の中村はアンケート調査の結果に基づいて次のような考察をしている（考察結果の一部のみ）[45]。

・消費者の食品宅配に対するニーズは大きいと考えられるが，現在のところ消費者はネットスーパーを実店舗の「補完」としか見ていないため，利用シーンが広がっていない。
・消費者は品揃えや品質，価格，顧客サービスなど実店舗と同じ条件で買い物できることを望んでいる。
・実店舗か，ネットスーパーかどちらかではなく，両方のチャネルを一体的に運用し，顧客から見てオムニチャネルの買い物の体験を提供することで，生活圏内の顧客の固定化と囲い込みを図ることが競争戦略となる。

また，同志社大学の高橋［46］は，既存スーパーの店舗の問題として，「ネット販売の浸透によって食品スーパーは倉庫になってしまうのか」という問いに対して，「消費者への買い物行動への価値対応ができなければ倉庫になってしまう」と警告している。

(4) マルチチャネル販売の主な手法

当初，次のような考え方でマルチチャネル販売が行われた。ここでは，店舗との連携の方法の違いから，「店舗在庫活用型」「受け取り時店舗活用型」「補完型」に分ける。

① 店舗在庫活用型

(3) で示したネットスーパーのように，ネット販売商品に店舗在庫を利用する場合がある。実店舗を倉庫のように活用する方法を取る企業もある。例えば，大手書店のオンライン書店の中には，倉庫に在庫を持つ仕組みでなく，店舗在庫をネットで公開して，注文を受けると店舗からピッキングして配送や取り置きを行う書店がある。つまり，ネットで店頭在庫の検索ができるようにして，大型の店舗を倉庫のように利用している例である。通販で欠品時には店舗在庫を瞬時に引き当てる仕組みを設けている企業もある。

② 受け取り時店舗活用型

ネットで注文して店舗で受け取ることが多く行われている。消費者にとっては，配送料がかからないというメリットがあるが，店舗を活用することで，従来の商流を継続することができる。

取次が運営しているネット書店，トーハンのe-honや，日本出版販売の「Honya Club（旧　本やタウン）」では，既存の書店のネットワークを通して，購入者に書籍を届ける仕組みを提供している。取次の顧客である既存の書店を守るために，ネット販売であっても既存の書店のネットワークを通して購入者に届ける仕組みにしているのである。取次としては，「自分でECサイトを運営することが困難な小規模書店への支援策」（トーハン）としてのサービス提供である。加えて，Honya Clubでは，メガブックストアについては取次在庫だけでなく店頭在庫の検索も可能にしている。取次が在庫管理のASPを提供しているため，取次のサイトで書店の店頭在庫の検索もできるようにして，既存の書店を囲い込もうとしている。

DPEでは，フィルム写真の現像からデジタルカメラのプリントにビジネスモデルが変わった。特に，ネットでデジタル写真のプリントを依頼して，店舗で受け取ることが多い。富士フイルムのネットからのプリントサービスでは，ネットでデジタル写真のプリントを依頼（受け取る店舗も指定）すると，そのデータがそのまま店舗（ミニラボ）に転送され，店舗でプリントされて，顧客に渡される［47］。これは，富士フイルムが系列の店舗に対して，以前は業務用の写真現像設備を販売していたが，現在は主にデジタル画像現像機を販売するためである。

これらの例は，単純に店舗への来店をうながすだけでなく，従来の店舗のビジネスを活かすために，卸・業務用機器メーカー等がネット販売を企画して，店舗を受け取る場所として位置付けることで，店舗の活性化を図っている事例である。つまり，業者の取引継続や囲い込みを狙っているのである。ネットでリーチを広げることはできるが，顧客との接点となる既存の販売チャネルを活かしてサービス向上を図るシナジー戦略である。

一般に，受け取り時に来店することで，関連商品の購入も期待できる。特に，接客を伴う商品の場合には，受け取る商品の特徴や利用者の属性から，店舗側で特におすすめしたい商品をあらかじめ検討しておくことが有効である。ネットで店舗での試着予約を行う例は，次節で取り上げる。

また，店舗には立ち寄るが，広い店舗内での商品探しの手間やレジ待ちの時間などを節約したい利用者が，商品購入はネットで行い，店舗では商品を受け取るだけ，というBOPIS（Buy Online, Pickup in Store）という利用方法が米国では広まっている。国内でも，一部のスーパーやホームセンターで導入されている。

③　補完型

ネットを補完的に活用する場合もある。最初はネットでのみ販売していた商品が，ネットで好評だった場合には，店舗での販売も始めるような場合がある。

他にも補完型の形態がいくつかある。店に来た顧客が，店内にはなかった商品をすぐに発注できるように，店頭に発注端末（その企業のネットショップを利用できるもの）を置くところも増えている。コメリ，HMV，キタムラなどがそのような発注端末を置いている。

また，店舗のことをよく知っている顧客には，バーチャル店舗（ネット上に売場を模した場を構築）を提供することで，店舗内での買い物と同じような購入などが可能になる。

なお，メーカーの独自ECサイトは，リアルを補完する狙いだけでなく，自社製品のブランディングや特定の顧客を囲い込む目的で開設されることもある[48]。

(5)　O to O，システム機能

O to O（Online to Offline：O2O）とは，オンライン（ネット上）の利用者をオフライン（リアル店舗）へ誘導して購買につなげることを狙ったマーケティング

手法を意味する用語である。ネットで店舗在庫を検索できたり，ネットで予約して店舗に届けてもらい店舗で試着してから購入を決める仕組みなどが該当する。さらには，ネットのクーポンで利用者をリアル店舗へ誘導する仕組みも含む。モバイル利用者を店舗に誘導することも行われている。店舗でのチェックインによるポイント提供や，利用者が店舗に近づいた際にクーポンを配布するなどの手法が利用されている。そのような手法で，マルチチャネル販売の効果を向上させることができる。

O to O では，１回店舗に送客することだけを考えるべきではない。野村総合研究所の石綿他［49］は，O to O では，オンライン化されたオフライン情報をもとに，消費者を商品やサービスに送客し，購買・利用させたうえで，さらにその情報を共有し，リピートにつなげるという新しいマーケティングモデル「ARASL」を提唱している。ARASL は，「Attention－認知」「Reach－送客」「Action－購買・利用」「Share－共有」「Loyal－再利用」から成る。

店舗に来てもらった際のネットとの連携については，次のような機能を必要に応じて組み合わせて，利用者にシームレスなつながりを感じてもらうべきである。

・ジオフェンス（店舗に近づいた際に通知やクーポン配布。GPS やビーコン技術を利用）
・店舗で買い物中にスマホで商品のバーコードをスキャン（精算や帰った後の購入への対応など）
・事前にチェックした商品を店舗に来た際に通知（買い忘れの防止など）

新たなロイヤリティの指標も望まれる。リアルとネットのポイント共通化などを行った場合，店舗だけの顧客分析（RFM 分析やデシル分析等）だけでなく，ネット上の購買分析（ページビュー・コンバージョンレートの分析等）とも合わせて，リアルだけでなくネットの利用を含むロイヤリティの指標を確立することが望まれるであろう。カスタマージャーニー（３－３を参照のこと）のような分析方法で，顧客がどこ（ネット／リアル）で商品を認知して購買にいたるかを可視化することも重要となる。

マルチチャネル販売の情報システムとしては，図表２－８のようにオンライ

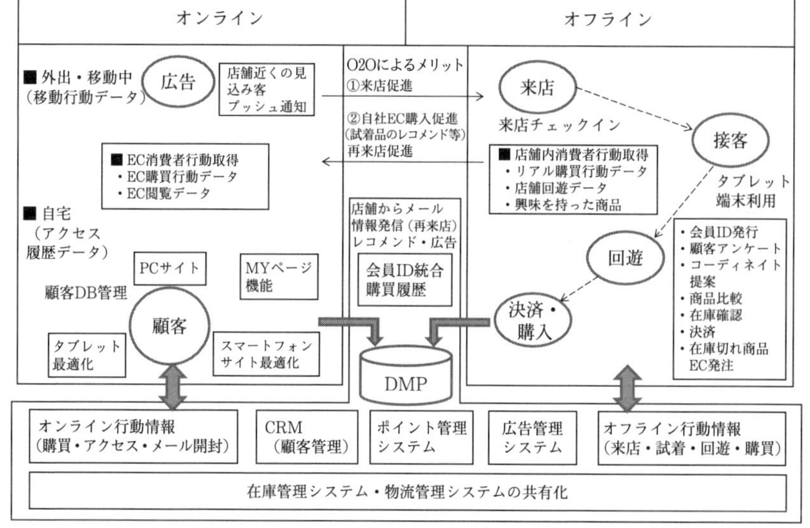

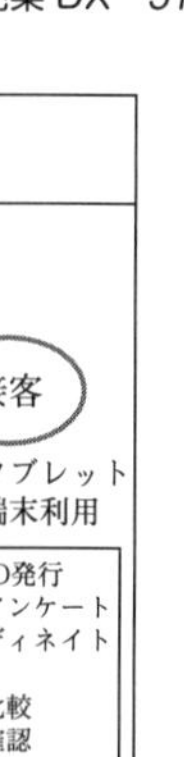

図表２－８　オンラインとオフラインの消費者行動と情報システム（[50] より）

ン向けとオフライン向けのシステムを密に統合する必要がある。両方の消費者行動を蓄積し活用するためには，DMP（３－３を参照）のような仕組みが必要になる。また，両方の利用を促進する施策や，両方合わせてのランクアップ施策が重要になると思われる。

２－８　オムニチャネル・OMO

近年は，単なる複数のチャネルの販売（マルチチャネル販売）の域を超えて，リアル販売とネット販売とをより融合させる傾向が強くなり，「オムニチャネル」と呼ばれる販売形態が多くなった。オンラインとオフラインの融合という意味のOMO（Online Merges with Offline）という用語も頻繁に聞かれるようになり，小売業のDXにとって最重要テーマの１つである。リアル店舗とネットの垣根をなくして，利用者がチャネルの違いを意識せず最適なサービスを受けられるようにすることが求められる。

2011年頃より，「オムニチャネルリテイリング」という用語が国内で使われるようになった。リアルやネットのさまざまなチャネルで顧客と接点を持ち，さらにそれらをシームレスに利用してもらおうという考え方や戦略のことである。リグビー［51］は，「独立した各チャネルを，単一のシームレスなオムニチャネル体験に融合させるような，まったく新しい視点を取り入れない限り，昔気質の小売業者はおそらく，時代の波に押し流されるだろう。」と警告している。なお，米国でのオムニチャネルの展開や現状の課題などについては，近藤・中見の書籍［52］が詳しい。

利用者が買い物する際，リアル店舗とネットの両方を利用していることを示す調査結果がある。野村総合研究所［53］は，オムニチャネル・コマース（この調査では，リアル店舗とネット上の情報を相互に活用しながら購入・利用に至る消費と定義）の市場の規模は，2019年度に55兆円（B to Cの販売だけでは19.5兆円）と集計し，2026年度には80.9兆円にまで拡大すると予測している。そのように，リアル店舗とネットの情報の両方を参照することが一般的になってきた。また，ショールーミング消費（リアル店舗で商品を確認した後，ネットで購入）により，リアル店舗の売上が減少することが問題となっている。

公正取引委員会が2019年に発表した調査結果では，オンラインモールを利用している消費者の中でショールーミング経験者は全体の47％であった［12］。このようにショールーミングのような消費行動が増えてきたため，リアル店舗側でも対応が必要になってきた。

法政大学の矢作［54］は，「オムニチャネル化により流通機能のアンバンドリングとリバンドリング（束の解体／再構築）が起こり，店舗に集約されていた流通機能の束をバラバラに分解し新たな秩序が徐々に形成されつつある」と分析している。

オムニチャネルの具体例として，セブン＆アイは2015年，「オムニセブン」というオムニチャネルを志向したサイトを開設した。セブン＆アイのデパート・スーパー・専門店の商品をネット購入でき，セブンイレブンの店頭でも受け取れるサービスである。

また，ヨドバシカメラは，超速配送，物流拠点の大規模増床などネット対応に積極的であり，大都市駅前の巨艦店をショールームと位置付けるなどリアル

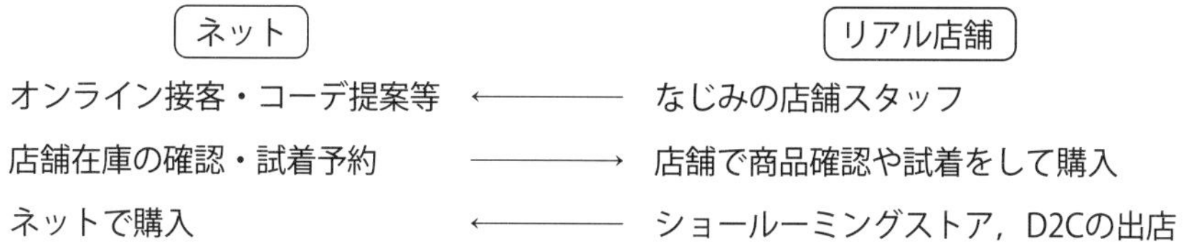

ネット		リアル店舗
オンライン接客・コーデ提案等	←	なじみの店舗スタッフ
店舗在庫の確認・試着予約	→	店舗で商品確認や試着をして購入
ネットで購入	←	ショールーミングストア，D2Cの出店

図表2－9　オムニチャネルの主な手法

とネットの垣根も越えた展開を行っている［55］。

これらの例のように，ネットとリアルを連携させることで，バリューチェーンを構築して，利用者へ付加価値を提供することができる。

この節では，オムニチャネルの最近の主な手法を具体的に学ぶ。

①　オンライン接客・ライブコマース・コーディネート提案

LINEのようなチャットコミュニケーションが普及してきたこともあり，衣料品や化粧品などの業界では，店員とチャットで相談できるところが増えている。ビームスや資生堂などが，ネット上で商品についてチャットで相談する仕組みを導入した［56］。

特に，コロナ禍により店舗を閉めたり来店しにくくなったことから，2020年はネットから店舗のスタッフに相談できる仕組みを提供する小売企業が増えた。

アパレル企業や百貨店のライブコマースも増加した。特に，なじみの店員がライブコマースを行うことで，親近感を生む効果がある。リアルタイムでTwitter等から質問を受け付けライブ中に回答するなど，双方向性を活かした販売方法が行われるようになった。

また，店舗スタッフのオンライン接客スキル向上を目的とした新たな方式の接客ロールプレイングコンテストも行われるようになった。三井不動産商業マネジメントは2020年度，「MEETS SHOPコンテスト＠オンライン」というオンライン接客の技術を競うロールプレイング大会を開催した。

店員がネットでコーディネート提案することも行われるようになった。その際，ネットの売上でも店員が評価される仕組みが導入されている。バニッシュ・スタンダードの「STAFF START」は，販売員が投稿したコーディネートの閲覧者数や，アプリを通じた売上が計測できるツールである。2019年末には導入ブランドが811に達した。販売員のコーディネートを見てからの商品の購入額は2019年に年間で411億円にのぼり，前年の3倍に拡大した［57］。このようなツールを用いてスタッフにオンライン上の売上が還元されることで，モチベーションの向上につながり，店舗スタッフと顧客の良い関係をオンライン上でも構築することを狙うことができる。ZOZOTOWNも2021年，ブランド実店舗をつなぐOMOプラットフォーム「ZOZOMO」の機能として，ショップスタッフの販売サポートツール「FAANS」を発表した。コーディネート投稿機能や成果確認機能を予定している。

②　店舗在庫の確認・試着予約

服の場合には，試着したのち購入したいという要望がある。そのため，ネットで店舗での試着を予約することができることもオムニチャネル販売では有効である。

丸井は，ネットで注文した商品を店舗で試着できる仕組みを設けている。当初は店内にそのための専用スペースを設けたが，顧客から代替商品の提案や専門性の高い接客を望む声が出たため，各売り場で試着できるようにした［58］。

大丸松坂屋のクリック&コレクトや松屋銀座tabモールでも，店舗で試着・受け取りが可能である。青山商事でも購入前に，近くの「洋服の青山」店舗で試着するための予約が可能であり，マイサイズ機能（実店舗で購入した顧客のサイズを登録し在庫を確認可）も提供している。

なお，試着しに店舗に来客した利用者に対して，その服に合いそうな他の服や小物などを事前に用意してコーディネート提案すれば，客単価を引き上げることが可能である。

③　ショールーミングストア

リアル店舗であるが販売用の在庫を持たない「ショールーミングストア」と呼ばれる形態も見られるようになってきた。在庫がないため店舗を広く使うことができ，かつ店員が少なくて済むというメリットがある。試着や商品の質感などの確認はできるため，気に入ればすぐにスマホで購入できる仕組みを構築することで，購入をうながすことが可能となる。

服では，「GU STYLE STUDIO」「オンワード　クローゼットストア」，青山商事「デジタル・ラボ」などがショールーミングストアである。

イケアの都心型店舗では，一部の商品はその場で購入できる。2020年6月出店のIKEA原宿では，展示のみは1,000商品（大型家具は後日配送）で，店内にある900商品はその場で購入可能。

b8taなどのRaaS（Retail as a Service）と呼ばれる店舗もショールーミングストアであるが，販売するよりも利用者の反応を見るための店舗である（3－7で学ぶ）。

④　百貨店へのD2C企業の出店

百貨店業界では，ネットで直販する新興ブランド（D2C）を集め，こだわりが詰まった商品を売場から発信するところが出てきた。実店舗を顧客とECをつなぐ場として提供する［59］。店舗で商品を販売しないところもある。2021年10月に開業した大丸東京店内の「明日見世」はショールーミングストアであり，店では販売せずにECのみの販売としている。

丸井は2019年，「デジタル・ネイティブ・ストア」戦略を発表した。「デジタル・ネイティブ」と呼ばれる現代の若者との接点はリアルとデジタルの主従が逆転しているため，店舗の役割として，リアルでしか実現できない顧客の体験価値やコミュニティの創出を重要視する戦略を選択した。その戦略に沿って，D2Cやシェアリング，サブスクリプションなどを手がけるデジタル・ネイティブなブランドの出店を強化している。さらに，D2C企業やスタートアップ企業などへの「共創投資」を中核とした新たな三位一体のビジネスモデルを目指している［60］。2021年5月に発表した中期経営計画では，「オンラインとオフラインを融合するプラットフォーマー」を目指すという方向性を示している。丸井は，店舗をD2Cブランドの顧客とのエンゲージメント（つながり）を高める場として提供して，実際にリピート率を高めることなどにつながっている［61］。

2－9　店舗内 DX

小売業 DX では，店舗内の IT 活用を進めることが重要となる。AI の活用も広まっている。

アパレル店舗などでは，販売する商品の商品タグに IC タグを貼り付けておくことで，レジで個々の商品をスキャンすることなく，複数の商品を置くだけで IC タグを一括読取りして，瞬時に合計金額を算出する仕組みも利用され始めている。

店内のカメラで客層を分析するシステムは価格が下がり，手軽に導入できるようになった。さらに，店内に多くのカメラを設置し人工知能も活用して，顧客の店内の動線や，どの棚の前で長く立ち止まることが多いか（商品選びに迷うか）というようなデータをとって分析し，店内の商品配置やサイネージ広告を工夫する，というような取り組みもされている。

米国の Amazon Go など，人工知能を活用した「レジなし」店舗も見られるようになった。利用者にとってはセルフレジよりも便利である。

九州発のディスカウントストアのトライアルは，セルフレジ機能付きカートを導入したり，店内にカメラやディスプレイを張り巡らせて効果をあげている [62]。さらに，トライアルは2020年，サントリー，日本アクセス，日本ハムなどとともに，リテール AI プラットフォームプロジェクト「リアイル」の発足を発表した。AI によって得られたデータをうまく活用していくことで，流通業界の構造改革による社会課題の解決，消費者の購買体験の向上など“流通情報革命”を起こすことを共通の目的として発足した。

また，小売の AI 化を進めるための「一般社団法人リテール AI 研究会」が2017年に発足した。AI で流通の自動化を実現するためのレベル（Retail AI レベル。レベル0～5）を定義している [63]。リテール AI 分野のデータサイエンティストの育成を目指すための「リテール AI 検定」も実施している。

2－10　ネット販売と小売業 DX の展開

ネット販売と小売業 DX の今後の展開については，次のような点から考える（または議論する）といいであろう。

(1) ネット販売の伸び（EC化率の上昇）について

まず，ネット販売がどこまで伸びるかの予測がポイントになる。Amazonは，書籍がネットに適する商材であることを確認した上でネット販売の事業を開始した。楽天が旅の窓口を高値で買収したのは，5割の旅行がネット販売されるようになるという予測からであった。また，スマホ利用者向けに簡易な操作で気軽に利用できるようにしたサービスを提供することで，新たな利用者を獲得して，収益を拡大することも期待できる。

ネットの販売の比率が高まるとともに，そのための効率的な仕組みを検討する必要がある。ネットでは，物理的なコストは最低限で，場所・時間を問わず注文を受け付けることができるため，収穫逓増の「規模の経済」が当てはまる場合が多い。これまではアクセス数の激増により応答時間が長くなることで，利用者に逃げられて機会ロスをすることがよくあったが，クラウドを活用することでそれは回避しやすくなった。また，在庫保管のための倉庫といったリアルの設備の関係で，必ずしも収穫逓増が当てはまらない場合もある。場合によって，物流などのプロセスをアウトソーシングすることで，固定費を変動費化するといった方法を取ることができる。

(2) 店舗の役割

購買チャネルがネットにシフトしても，買い物の楽しみという顧客体験を提供する場や，商品との出会いの場，としての店舗の役割は無くならないであろう。そのために，店舗に置く商品の選択方法を考え直す必要があるかもしれない。ただし，2－8で学んだようなオムニチャネルの仕組みを取り入れた店舗のほうが，利用者が時としてネットでも利用できるため，利用者に選ばれるであろう。

また，リアル店舗において顧客データをいかに収集できるかもポイントになる。それをネット販売にもつなげられると効果的であろう。

(3) 連　携

ネット企業と既存小売企業等との連携は，今後も盛んに行われるであろう。

市場のポジショニングをまたがる企画や，互いのリソースを補う共同事業など，さまざまなチャンスが考えられる。そのような連携が長続きするためには，互いが長期的にWinWinの関係になるかどうかであろう。

参考文献

[1] 経済産業省「令和2年度　産業経済研究委託事業（電子商取引に関する市場調査）」，2021年7月.（urlは第1章の参考文献を参照のこと）

[2] 日本経済新聞2020.10.14「スマホ経由の消費，年6.4万円　前回比35.6%増　本社調査」.

[3] ロバート・スペクター『アマゾン・ドット・コム』，日経BP，2000年.

[4] 週刊ダイヤモンド2013年2月16日号「数字で会社を読む　第105回　アマゾン・ドット・コム」.
http://diamond.jp/articles/-/32273

[5] 週刊東洋経済2017年6月24日号「アマゾンはどう使われているのか」（特集　アマゾン膨張より）.

[6] 日経ビジネス2012年7月30日号「アマゾン，インフラ企業に変貌」（英フィナンシャル・タイムズより）.

[7] 日経コンピュータ2021年3月4日号「中田敦のGAFA深読み　アマゾンは「小売りもやるB to B企業」に，CEO交代が象徴する事業の構造変化」.

[8] 幡鎌博「アマゾン・コムの戦略―サービスの垂直統合と顧客中心主義―」，文教大学情報学研究科IT News Letter Vol.8 No.1, 2012年5月.

[9] 田中道昭『アマゾンが描く2022年の世界』，PHPビジネス新書，2017年.

[10] 日経ネットビジネス1997年7月号「第4回インターネット・ユーザー調査」.

[11] 日経MJ 2019.10.16「第8回　ネットライフ1万人調査」.

[12] 公正取引委員会「消費者向けeコマースの取引実態に関する調査報告書（平成31年1月）」，2019年.
https://www.jftc.go.jp/houdou/pressrelease/2019/jan/190129_4houkokusyo.pdf

[13] アンドレイ・ハジウ，デイビッド・B・ヨッフィー「マルチサイド・プラットフォームをいかに活用するか」ハーバード・ビジネス・レビュー 2009年8月号.

[14] 幡鎌博「インターネットモール事業のビジネスモデル比較」，経営情報学会　2017年秋季全国研究発表大会予稿集，2017年.

[15] 楽天大学編『楽天市場公式　ネットショップの教科書』，インプレスR&D，2007年.

[16] 山口敦雄『楽天の研究』，毎日新聞社，2004年.
[17] 日経コンピュータ2019年4月4日号「特集：楽天　テック経営の全貌」.
[18] 月刊ネット販売2013年9月号「ECのあり方や形態を変える　光本勇介　ブラケット代表取締役兼CEO」.
[19] 月刊ネット販売2019年8月号「特集　ファッションECモール，次の一手は　激戦の衣料品ネット販売の行方を探る」.
[20] 博報堂生活総合研究所「消費1万人調査（2019年）」第二弾「サービス利用実態・意向」，2019年.
https://www.hakuhodo.co.jp/news/newsrelease/59121/
[21] 日経産業新聞2020.2.21「メルカリ，流通データを開放　無人ボックス設置へ」.
[22] 山本晶「二次流通市場が一次流通市場における購買に及ぼす影響」，マーケティングジャーナル，40巻2号，2020年.
https://www.jstage.jst.go.jp/article/marketing/40/2/40_2020.046/_html/-char/ja
[23] MMD研究所「2021年 フリマサービス・アプリに関する利用実態調査」，2021年.
https://mmdlabo.jp/investigation/detail_1952.html
[24] メルカリ「2019年度「フリマアプリ利用者と非利用者の消費行動」に関する意識調査」，2019年.
https://about.mercari.com/press/news/articles/20190425_consumersurvey/
[25] 日経MJ 2017.5.31「今どき高校生，スマホで稼ぐ，メルカリで売買」.
[26] 村上智章「フリマアプリが購買行動に与えた影響」，MarkeZine 2019年2月号.
[27] 博報堂生活総合研究所・メルカリ総合研究所「フリマアプリ取引構造の実態分析」，2021年.
https://www.hakuhodo.co.jp/news/newsrelease/84096/
[28] 日経デジタルマーケティング2017年10月号「中国EC攻略の切り札を日本企業にも提供　アリババ集団CMO」.
[29] 日経MJ 2021.7.28「第54回　20年度の小売業調査「ネット通販で黒字」4割に」.
[30] 月刊ロジスティクスビジネス2016年12月号「青山商事　次世代店舗フォーマットで都市部進攻（特集：実践オムニチャネル）」.
[31] 日経MJ 2016.2.17「青山商事，EC刷新の本気度　成果，人事評価に反映」.
[32] 月刊ネット販売2017年12月号「両チャネル購入者が伸びている　村田昭彦　ベイクルーズ上席取締役」.
[33] ロジスティクスビジネス2015年11月号「キタムラ　EC事業でリアル店舗を強くする」.
[34] 日経デジタルマーケティング2017年3月号「特集　オムニチャネルは死なず」.

［35］事業構想2017年７月号「オーマイグラス　EC とリアルの融合，その先へ」.
［36］全国スーパーマーケット協会「2021年版　スーパーマーケット白書」第２章「新しい生活様式とスーパーマーケット」2021年.
http://www.super.or.jp/wp-content/uploads/2020/02/hakusho2021-02.pdf
［37］全国スーパーマーケット協会「2021年　スーパーマーケット年次統計調査」，2021年.
http://www.super.or.jp/wp-content/uploads/2021/10/2021nenji-tokei1.pdf
［38］週刊東洋経済2019年１月26日号「ラストワンマイルをめぐる国内スーパーの熾烈な戦い」.
［39］チェインストアエイジ2013年７月15日号「特集　ネットスーパー儲かる考」.
［40］激流2021年５月号「流通業界　デジタル化の進捗度　イトーヨーカ堂」.
［41］激流2021年６月号「特別レポート　儲からないネットスーパーは儲かるようになったのか」.
［42］日経クロストレンド2021年５月号「ウォルマートに先行　驚異の地方ネットスーパー５つの成功条件」.
［43］日経 MJ 2011.2.9「ネットスーパー第２幕」.
［44］流通ネットワーキング2015年１-２月号「特集　買い物弱者とネットスーパー」.
［45］中村雅章「ネットスーパーの消費者利用行動と今後の事業運営に関する考察」，中京企業研究，41号，2019年12月.
［46］髙橋広行『消費者視点の小売イノベーション　オムニ・チャネル時代の食品スーパー』，有斐閣，2018年.
［47］日経情報ストラテジー2004年７月号「富士写真フィルム　デジカメ需要を取り込め」，pp.166-170.
［48］日経 MJ 2013.1.30「メーカー EC，ブランド創造が最優先」.
［49］石綿昌平他「実現段階に入ったリアルとネットの融合「オンライン２オフライン」によりサービス業が提供すべき新しい価値」知的資産創造2012年２月号.
https://www.nri.com/-/media/Corporate/jp/Files/PDF/knowledge/publication/chitek-ishisan/2012/02/cs201202.pdf
［50］D4DR 株式会社・田所明治・EC 研究会『ネット＆リアルの O2O マーケティング』，マイナビ，2014年.
［51］ダレル・リグビー「無数の顧客接点が融合する　デジタルを取り込むリアル店舗の未来」DIAMOND ハーバード・ビジネス・レビュー2012年７月号.
［52］近藤公彦・中見真也『オムニチャネルと顧客戦略の現在』，千倉書房，2019年.
［53］野村総合研究所『IT ナビゲーター2021年版』，東洋経済新報社，2020年.

[54] 矢作敏行「新・商業社会論（1）—3つの分水嶺」, 経営志林 第55巻 第1号, 2018年.
[55] 日経ビジネス2015年10月5日号「特集　ヨドバシ, アマゾンに勝つ」.
[56] 日経MJ 2015.7.3「オンラインで店員が接客　チャット相談, 導入相次ぐ」.
[57] 日経MJ 2020.3.25「アパレル店員がコーデ発信　通販に身近な魅力, 報酬反映」. https://www.nikkei.com/article/DGXKZO57152390U0A320C2H56A00/
[58] マテリアルフロー2015年5月号「Webと実店舗の在庫一元管理を実現, 欠品を最小化し顧客満足度を最大化　丸井」.
[59] 日経MJ 2021.11.22「シン・百貨店　それはメディア　実店舗, 顧客とECつなぐ場に」.
[60] 販促会議2021年4月号「D2Cブランドを誘致する丸井が目指すビジネスモデル」.
[61] 日経クロストレンド2021年10月号「丸井のOMO革命」.
[62] 日経ビジネス2019年7月1日号「ケーススタディー　九州発のトライアル, カメラ1,500台で小売りを変える」.
[63] 一般社団法人リテールAI研究会『リアル店舗の逆襲　対アマゾンのAI戦略』, 日経BP, 2018年.

第3章
ネット広告とeマーケティング

インターネット人口やインターネット利用時間が増加し，B to Cのネットショッピングの購入額が増すに従い，ネット広告やネットを活用したマーケティング手法の重要性が高くなってきた。

ネット広告とeマーケティングに関する雑誌としては，日経クロストレンド(2018年3月までは日経デジタルマーケティング）やMarkeZineなどの雑誌がある。また，販促会議という雑誌には，既存メディアやリアルの販売促進以外に，ネットを活用した販売促進の手法や事例に関する記事も多く見られるようになった。

学術雑誌としては，日本マーケティング学会が発行するマーケティングジャーナル（季刊誌，オンラインで全文を閲覧可能）に，ネット広告・eマーケティング・オムニチャネル等に関する論文が掲載されるようになった。

ネットのマーケティングの実務的な資格としては，ネットマーケティング検定（2012年開始），IMA（インターネットマーケティングアナリスト）検定（2013年開始）などがある。

この章では，まずネット販売の拡販で重要な点をあげる。そして，ネット広告会社やネットでのマーケティングの動向や考え方を学んだのち，代表的なネット広告の特徴や仕組みを学ぶ。その後，ソーシャルメディアの活用方法，携帯電話・スマホ向けの広告・販売促進，ビッグデータのマーチャンダイジングへの活用・RaaSについて学ぶ。

3－1　ネット販売の拡販で重要な点

ネット販売で重要なポイントは，次のような点である。

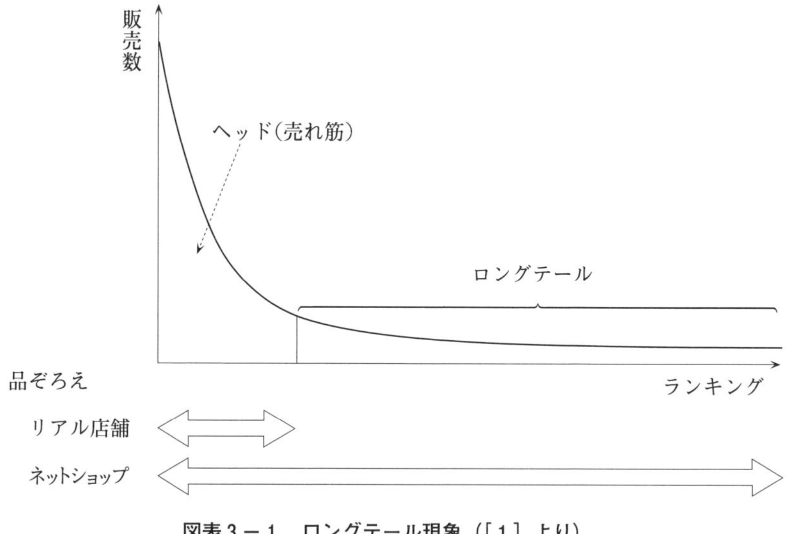

図表3－1　ロングテール現象（[1] より）

(1) 品ぞろえ（ロングテール）

ネットショップでは，そこでしか買えない商品や特別な目玉商品がある場合を除いては，品ぞろえの多さが重要なポイントになる。これは，ロングテール現象から，ネットで購入する商品はリアル店舗で購入する商品よりも品ぞろえが要求されるためである。

ロングテール現象とは，ネット販売では，特定の人気商品だけが集中して売れるのではなく，幅広い商品が少しずつ売れる，といった傾向のことである。そのため，ネット販売ではほとんど売れないニッチ商品の販売額の合計が，売れ筋商品の販売額合計を上回るようになる。米国の雑誌 Wired の編集長のクリス・アンダーソンが提唱した用語［1］で，販売ランキング順に販売額のグラフを描くと，図表3－1のようにニッチ商品が長い尾（テール）のように見えるため，「ロングテール」と呼ばれる。そのため，ネット販売では，売りたい分野の商品の品ぞろえを充実させることが重要である。

ロングテール向けネットショップでは，従来の「80：20の法則」（売上の80%は20% の売れ筋商品が生み出すモデル）に代わって，図表3－2のようにより多

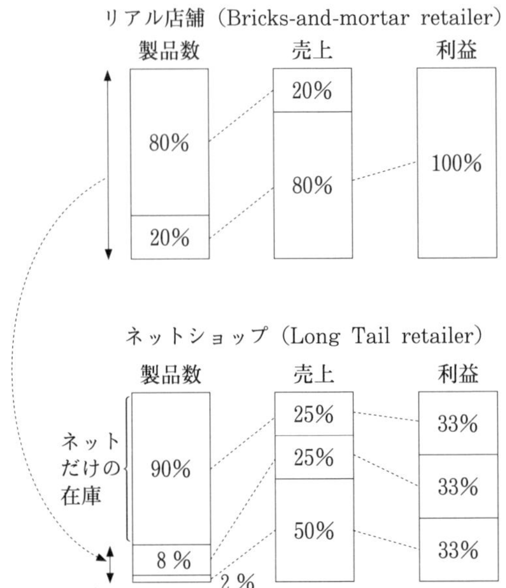

図表３－２　ロングテール市場のビジネスモデル（［１］に基づいて作成）

くの商品から売上や利益を得るビジネスモデルになるべきと，アンダーソンは訴えている。

なお，ネットでの購入傾向だけでなく，検索語についてもロングテール現象が言われていて，Google の検索で上位10位のキーワードで検索されたものは全体の数パーセントしかなく10位以下のものが 90% 以上を占めていると言われる。

そのように，消費者が検索エンジンに対して多様なキーワードで商品を探す行動が増えているため，検索連動型広告が重要になってきている。

ロングテール理論全体としては，ネット販売で幅広い商品が少しずつ売れる，ということだけではない。ネットによって，従来の「不足の経済／市場」から「豊穣の経済／市場」に移りつつあることが指摘されているのである。図表３－３は，［１］の内容に基づき，ロングテール理論の全体像を著者がまとめた図である。

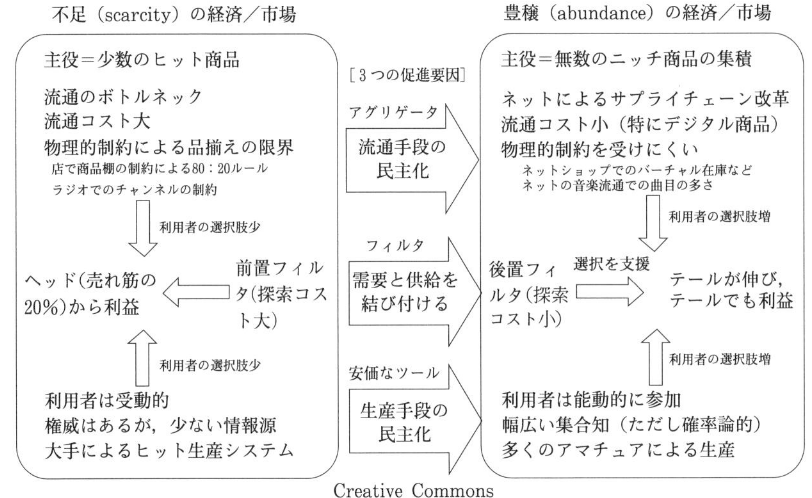

図表3－3　ロングテール理論の全体像

リアル店舗でも，ロングテールの考え方に近い手法で成功している企業がある。例えば，東急ハンズ［2］・ロフト［3］・タワーレコード［4］があげられる。企業向けのカタログ販売でも，アズワン［5］はロングテール戦略を取って成功した。

また，在庫量によってレイアウトを変えているところもある。在庫量の豊富な商品をWeb画面の目立つところに表示し，在庫量の少ない商品は目立たないところに表示することで，販売量をうまく調整することができるためである。

(2) 店を見つけてもらえること

検索して店を見つける割合は少なくない。そのためSEM（Search Engine Marketing）として，検索エンジンを意識したWebページ作りや検索連動型広告を出稿することが効果的である（3－4－4を参照のこと）。

また，プレゼント企画などのプロモーションやクチコミにより集客する方法もある。

(3) リーチを広げる

リーチとは，特定のWebサイトがある期間内にどれだけの人に閲覧されたかを示す値である。PV（ページビュー）とも呼ばれる。まずは，利用者を増やして，リーチを広げることが重要である。なお，リーチの測定方法としては，ブラウザ単位とユーザ単位の2種類ある。

さらに，Google Analyticsのような無料のツールを使うことで，どこから訪れたかや，利用者の検索キーワードなどを調べることができるため，訪問者を増やすための検討が可能になる。

(4) 利用者のサイトでの滞在時間を増やす

ネットショップであっても，商品情報だけでなく，関連した情報や付加機能により，利用者を誘導した後に，そのサイトにとどまってもらうことで，購入の機会を増大させることが重要になる。スティキー（sticky= ねばねばしたという意味）なサイトにして，利用者の滞在時間を増やすことが望まれる。一般に，リアル店舗では利用者の店舗での滞留時間を増やすことで，客単価を引き上げることができる。ネットでも，さまざまなサービスを提供して，利用者の滞在時間を増やすことで，購入額を増やすことが期待できる。

(5) コンバージョンレート（購入率）を高める

ネットショップを訪れてもらっても，購入せずに他に行ってもらっては売上につながらない。毎回でなくとも，サイトで実際に購入してもらえることが重要である。

ホームページに誘導した後，どのくらい購買に結びつくかという指標では，コンバージョンレートという指標がある。コンバージョンレートとは，訪問者数に対する，商品を購入したり会員登録を行ったりした人の割合のことであり，ショッピングサイトの投資対効果で重要な数値である。コンバージョンレートを高めるためには，商品に関する情報やコミュニティ機能を充実させたり，利便性（多様な決済手段の提供や，ポイントなどのサービスなど）や，安心感や割安感（配送料無料といった制度など）を持たせる工夫が望まれる。

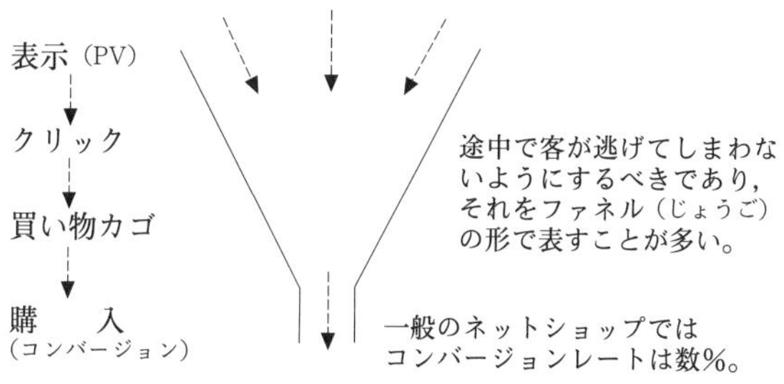

図表３－４　コンバージョンファネル

なお，一度はカートに入れても，カートから削除してしまったり，そのまま購入を中断（カゴ落ち）してしまう利用者は少なくない。そのように，ネットでの購入に迷いを見せている利用者のことを考慮した，サイト設計が必要になる。また，購入を迷っていることを察知したタイミングで利用者にクーポンを提供するようなツールも利用されている。

図表３－４に示すように，コンバージョンレートを高めるための工夫は，コンバージョンファネルと呼ばれる図で表すことができる。

(6) 顧客に利便性をもたらす

パーソナライゼーション（マイページやレコメンデーション，４－４を参照）等で，利用者の関心のある商品情報を提供する。また，商品に関連した情報を多く集めることで，継続的な閲覧をしてもらえるようにする。

(7) 顧客との対話

リピーターになってもらうためには，顧客と継続的な対話を行うことが重要である。特に，ソーシャルメディアの利用が有効である。製品開発や品揃えを検討する上でも，ネットを通した顧客の声が重要である。

３－２　ネット広告企業

ネット広告の販売代行（仲介）を行う企業は図表３－５のように分類され

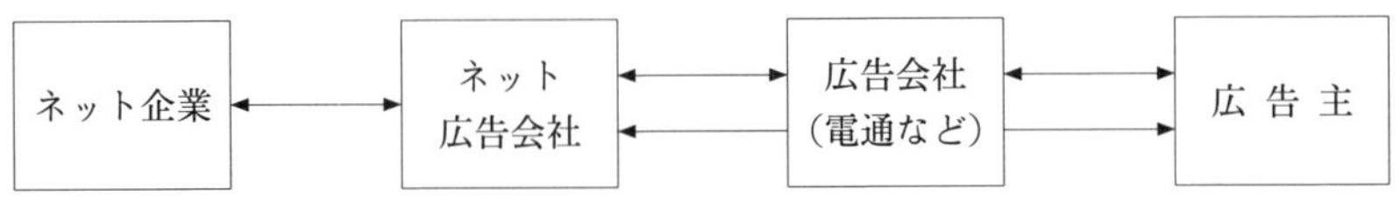

図表３－５　ネット広告企業の位置付け

る。なお，メディアレップとは，ネット企業のページの広告スペースの販売を代行する企業のことを指す。

1）大手広告代理店の系列のメディアレップ
　サイバー・コミュニケーションズ（CCI）
　　（電通とソフトバンクとの合弁で設立。2009年，電通の完全子会社化）
　デジタル・アドバタイジング・コンソーシアム（DAC）
　　（博報堂やアサツーディ・ケイなどが出資して設立。2009年，博報堂DYホールディングスの連結子会社化）
　オプト（当初独立系であったが，2008年に電通の傘下に入った）
2）独立系（インターネット専業広告代理店）
　セプテーニ
　サイバーエージェント（現在は，ソーシャルサービス事業やAbemaTV事業のほうが有名）
3）ターゲットを絞ったメディアレップ
　D2C（ドコモの公式サイト向け。NTTドコモと電通が設立）

また，デジタルマーケティング技術・ソリューションなどを提供する企業としては，電通デジタル，ブレインパッド，マイクロアド，アンダーワークス，イルグルムなどの企業があげられる。

ネット広告に関して次のような団体がある。

・デジタルマーケティング研究機構（旧Web広告研究会）――日本広告主協会により発足
・日本インタラクティブ広告協会（旧インターネット広告推進協議会）――広告

会社や媒体社により発足

3－3　eマーケティングの手法

(1) 消費行動の変化（AISAS/AISCEAS/SIPS/ARASL）

従来のマーケティングでの購買行動のモデルとして，AIDMA がよく知られている。

AIDMA = マーケティングで顧客の購買行動を分析する枠組み

Attention → Interest → Desire → Memory → Action
（注意）　（関心）　（欲する）　（記憶）　（購入）

しかし，利用者のネットでの購買行動を見ると，ネットでは AIDMA の考え方が当てはまらない場合もありそうである。

- ・ネットではすぐに購入可能であるため Memory を介さない場合もある。
- ・買うにしてもどこが一番安いかを考える。
- ・ネットではすぐに購入できるが，購入者は迷いがちである。ショッピングカートに一度入れても捨ててしまう率は高い。
- ・ネットでは，購入後の意見共有も盛んである。

ネットでの購買行動は，AISAS という過程になると言われる。商品に関する情報の検索や，購入後の情報共有の段階を重要視する必要がある。そのため，新たな広告作りが求められる。

AISAS = ネットでの購買行動のモデル

Attention → Interest → Search → Action → Share
（注意）　（関心）　（検索）　（購入）　（共有）

電通ダイレクト・プロジェクトは，AISAS の考え方をベースに，図表3－6のようなマーケティングミックスの統合モデルを提唱している［6］。

AISCEAS というさらに細かな段階分けもされている［7］。ネットで見つ

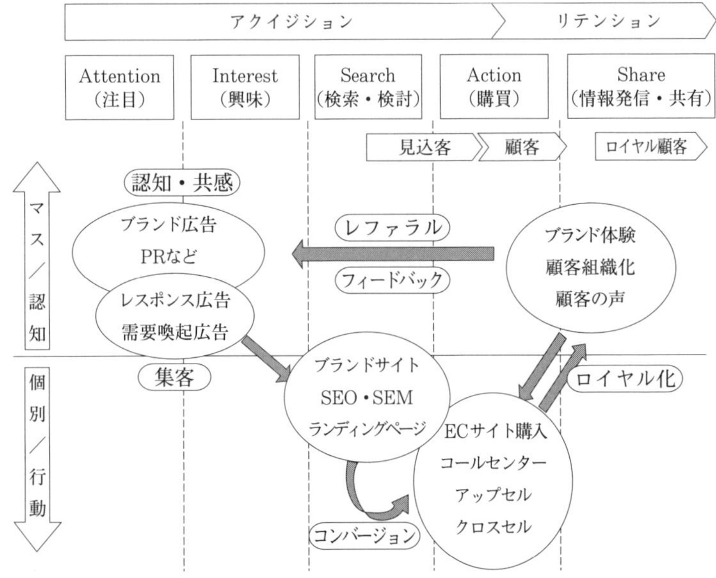

図表3－6　AISASベースの統合モデル（[6] より）

かった商品の価格等の比較や検討を含むモデルである。Search と Action の間に，Comparison（比較）と Examination（検討）が加えられている。

ソーシャルメディアが主流の時代の生活者消費行動モデルとして，電通は2011年に「SIPS」と呼ぶモデルを提案した。共感する（Sympathize）→ 確認する（Identify）→ 参加する（Participate）→ 共有・拡散する（Share & Spread）

また，野村総合研究所は，O2O マーケティングのための消費行動モデルとして「ARASL」を提唱している（2－7を参照のこと）。

Google は，スマートフォンの普及でパルス消費行動が広まっていると分析している（3－6を参照のこと）。

(2) クロスメディアマーケティング

単にネット広告だけを使うのではなく，クロスメディアマーケティングが提唱されている。クロスメディアマーケティングとは，ネット広告を単独で用いるのでなく，他のメディアと組み合わせて効果的な広告を行おうとする考え方である。AISAS/AISCEASのどの段階でどのメディアを活用すればいいか，といったメディアの組み合わせ方がポイントと言われる。例えば，最初のAttentionと呼ばれる認知段階で，こんな新しい商品／サービスがあるよ，ということを気付かせたり，ブランド認知のために，ネットを有効に活用しようとする場合がある。また，商品の評判を伝達するためにShareの段階としてネットのSNS・掲示板・ブログ等を使う場合もある。そのようなクロスメディアマーケティングは，消費者の購買行動をカスタマージャーニーに表して分析することによって設計することができる。カスタマージャーニーとは，消費者が商品やサービスをどこでどのように知り，どこで購入に至り，購入後はどうだったかという一連の流れを，旅に見立ててマップ化する手法である。

クロスメディアマーケティングでの誘導方法としては，雑誌・チラシ・テレビ等からQRコードを利用してネットへ誘導したり，「○○と検索してください」というようにしてネットへの誘導がされている。誘導を促進するため，テレビ等で謎を出しネットで謎解きをするタイプのクロスメディア広告も見られる。そのようにマス媒体などからWebに誘導できれば，利用者のアクセスデータ（どのページが参照されたか等）を入手でき，そのアクセスデータをもとにして（販売データとも突き合わせることで），消費者の関心や嗜好を分析できる。

マルチデバイス（PC，スマートフォン，テレビ等）の利用に関する行動の分析も行われている。例えば，グーグルはマルチデバイス利用のユーザ行動を分析して，年代・性別とは無関係な5グループに利用者を分類した［8］。それぞれのグループの特徴から，次のようなグループ名が付けられた。「キマジメ大食らい」「ハラハチブ自由人」「ヒマツブシ貴族」「探索ナルシスト」「社交的ハンター」。その中で，テレビ番組視聴中のマルチスクリーン行動は，「探索ナルシスト」と「社交的ハンター」で活発であった。

特に，テレビを見ながらソーシャルメディアを利用する「ソーシャル視聴」と呼ばれるメディア行動は，テレビの広告の効果にも大きく影響する。そのため米Nielsenは，テレビを見ながらTwitterを利用する利用者を調査し，テレビに関連したTwitterの影響力全体を測定する「Nielsen Twitter TV Rat-

	Product	Price	Place	Promotion
リアル	売れそうな物をメーカーが企画	店舗ごとに同一	リアル店舗・通販	マス広告
ネット	共創，受注生産	オークション，共同購入	ネットショップ，ネットモール	ネット広告／プロモーション
リアルとネットの組み合せ	ネットの売行きを見て店舗の発注量を決めたり，店舗でも販売	店舗で受け取れば配送料は無料など	クリック＆モルタル（マルチチャネルでの販売）	クロスメディアでの販促。ネットでのクチコミを店舗の POP 広告

図表３－７　4P の比較（リアル，ネット，リアルとネットの組合せ）

ings」というソーシャルテレビ視聴率調査を，米国で2013年から開始した。

そのようなマルチデバイスの同時利用の傾向から，テレビ番組とそれに連動したネット上の参加型イベントを同時に行うといった企画も行われ始めている。

(3)　4Ｐの視点

マーケティング理論で４Ｐとは，マーケティングにおける主要な構成要素のことで，Product（製品），Price（価格），Place（流通），Promotion（販売促進）の４つのＰからなる。どう売るかの販売戦略を考える場合の基本的な考え方である。

図表３－７は，この４Ｐを，リアル，ネット，リアルとネットの組合せ，について比較した表である。リアルとネットの組合せでは，多様な４Ｐ戦略を取れることがわかる。

(4)　DMP（Data Management Platform）

ネット上の利用者の情報を広く集めて統合的に管理・分析する仕組みとして，データマネジメントプラットフォーム（DMP）が利用されている［９］。購入データ（顧客 ID）・図表３－８のように，広告配信クッキー・サイト訪問者データ（会員 ID）・ソーシャルメディア ID などを統合管理し，ネット上の利

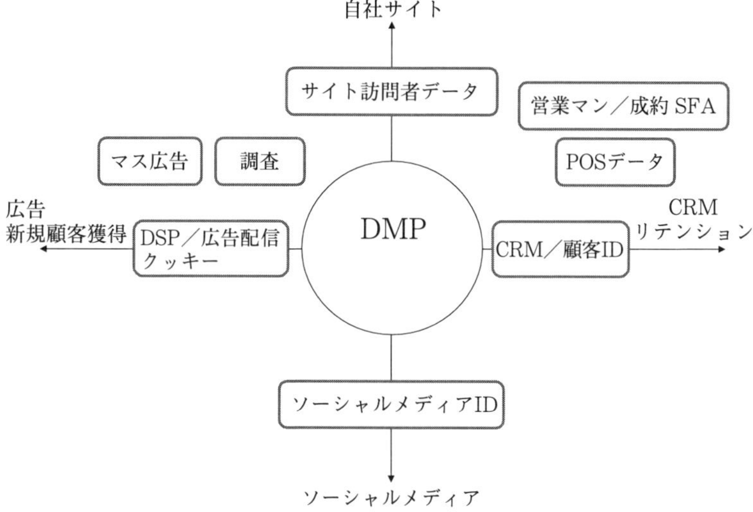

図表3－8　DMPの狙いと管理する利用者情報（[9] より）

用者の行動を分析することで，既存顧客の維持（リテンション）と将来顧客の獲得の効率の両方を最大化するためのネット上のマーケティング活動を検討できるようになる。リアル店舗購買行動の情報などを加えることができればさらに効果的な分析が可能となる。

また，テレビ等の他のメディアの影響力を測ることで，広告費の配分も検討できる。

(5) 自社メディア化

企業が商品に関連する情報を集めるなどの方法で，自社サイトを「オウンドメディア（自社で保有するメディア）」にしてしまう戦略を取る場合もある。花王「マイカジスタイル」，資生堂「ワタシプラス」，ライオン「Lidea」などである。CLUB Panasonic（パナソニック），Me and Honda（本田技研工業），サントリータウンなどもオウンドメディアの戦略をとるホームページである。自らメディアパワーを持つことにより，他社との強い連携や集客力を手にできる [10]。オウンドメディアでは，テーマをどう選ぶかがポイントとなる。

しかし，2007年に開設されたコカ・コーラのオウンドメディア「コカ・コーラパーク」は，2016年に終了した［11］。パソコンからの利用者が激減したなど，利用者の行動が変化したことが大きな原因であった。日本ハムが2015年に開設した「バーベキュー」をテーマとしたオウンドメディア「BBQ GO！」［12］も2020年に終了した。そのようにオウンドメディアの運営は難しい。

オウンドメディア（owned media）の他に，アーンドメディア（earned media：ソーシャルメディアなど）とペイドメディア（paid media：マス広告やネット広告など）を加えた3つのマーケティングチャネルを「トリプルメディア」と呼ぶ。この3つのマーケティングチャネルをいかに有効に組み合わせるかがポイントである。

3－4　ネット広告

ネット広告はこれまでのマスメディアの広告とは大きく異なる。ネット広告の長所として，次の点をあげることができる。

・利用者が情報を欲した時や関心を持った時に，関連する広告を表示することが可能。
・さまざまなターゲティングがリアルタイムで可能（属性，時間，場所，利用場面など）。
・広告効果をデータで検証でき，素早く広告の変更などが可能。
・ソーシャルメディアを活用することで拡散が期待可。

また，ネット企業が広告収入を得るだけでなく，広く個人がホームページ，ブログ，動画投稿，メールマガジン等で広告収入を得ることができるのも，これまでのマス広告にはなかったネット広告の特徴である。

最初のネット広告は，1994年10月27日のHotWired（雑誌Wiredのオンライン版）に14社分のバナー広告が掲載されたのがはじまりとされている［13］。ネットでの広告としては，当初はホームページのバナー広告やメール広告が広く使われてきた。その後は，図表3－9で示すようにさまざまな種類のネット広告が生まれている。技術的には，AdTech（アドテック）と呼ばれるデジタル広告

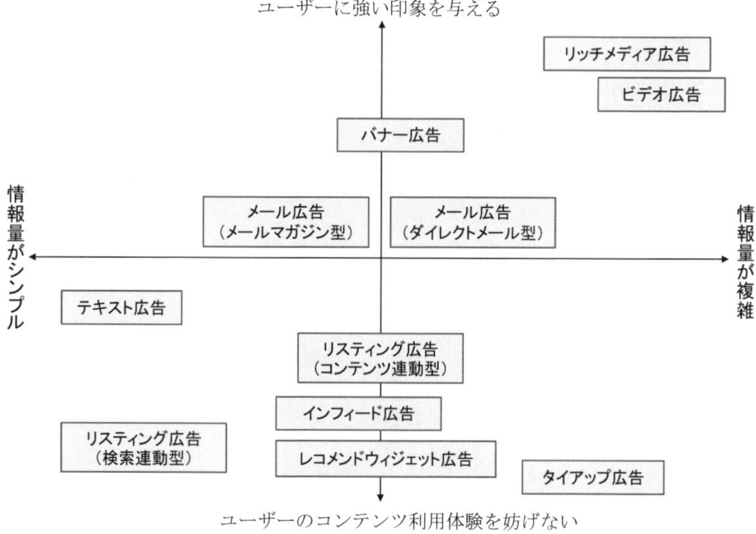

図表３－９　ネット広告の種類と選定方法（[13] より）

技術の開発が盛んである。デジタルマーケティング技術を活用して，B to B などのマーケティング業務を（半）自動化する「マーケティングオートメーション」と呼ばれる仕組みも利用されている。

電通が2021年２月に発表した広告費の調査結果［14］によると，ネット広告（媒体費）は，2020年には２兆2,290億円（前年比5.9%増）に達した。成長率は減少したが，引き続き増加した。ネット広告は，他のメディアの広告費が減少傾向にある中で増え続け，2004年にラジオ広告費，2007年に雑誌の広告費，2009年には新聞の広告費，2019年にはテレビの広告費を上回った。そして，2020年には「マスコミ四媒体広告費」に匹敵する規模となった。テレビCMをやめて，その分の費用でネットの広告や販売促進を増やす企業もある。

徳久・永松［15］は，ネット広告の商品体系を次のように分類している。

・ディスプレイ広告

テキスト広告（文字のみ），バナー広告（画像を利用），リッチメディア広

告（ユーザのアクションによって広告サイズや画像が変化する広告）

・ビデオ広告

インストリーム（動画コンテンツの前後に挿入），アウトストリーム（動画コンテンツ以外のスペースに表示）

・リスティング広告

検索連動型，ネットワーク型（ニュースサイトやブログ等に広告を表示）。

・ネイティブ広告

インフィード広告（ニュース記事等の一覧上に表示），レコメンドウィジェット広告（記事・コンテンツページ内に「レコメンド枠」として表示される広告）。

・メール広告

メールマガジン型，ターゲティングメール（オプトインメール）。

これらのネット広告の使用方法については，情報量とインパクトによって，一般に図表３－９のような使い分け方がされている［13］。この図の縦の軸の，「強い印象を与える」広告は主にブランド認知等の目的で利用される。「コンテンツ利用体験」については，利用者がコンテンツを利用するタイミング・文脈で広告を表示できるため，購入につながりやすい。図中，タイアップ広告とは記事調に制作編集された広告コンテンツのことである。

ネット広告には，アドフラウド問題（不正広告・広告詐欺）やブランド毀損（不適切なサイトへのネット広告表示によるブランドイメージの毀損）の問題が生じている。NHK 取材班［16］は，不適切なアフィリエイト広告，海賊版漫画サイトでのネット広告費の流れ，ボット等によるアクセス数の水増し問題などについて取材した上で問題提起している。

アドフラウド問題やブランド毀損の対策として，不適切な Web サイトへの自社広告の表示を防ぐためのアドベリフィケーションに取り組む企業が増えている［17］。

３－４－１　アフィリエイト

ネットでは，独特の販売促進方法もある。アフィリエイトとは，ネットにおいて顧客を販売サイトへ誘導することでマージンを得る成果報酬型の広告である。Amazon.comが始めた手法であるが，アフィリエイト仲介業者によって気軽にアフィリエイトが始められるようになっている。個人がいろいろな広告主と広告契約を結ぶのは，とても手間がかかるが，アフィリエイト仲介業者（リンクシェア，ファンコミュニケーションズ，バリューコマース等）のサービスを利用すれば，容易に自分のページに載せる広告と広告素材（GIFバナー，FLASHバナー，テキスト広告など）を選ぶことができる。

アフィリエイトでは，単に自分のページに広告を貼るのでなく，自分のページの内容にあった商品を選び，さらに紹介記事を書いた上で広告を貼ることが成功しやすいと言われる。そのような場合，広告というよりも，商品をお勧めする営業活動の報酬と見ることもできる。

アフィリエイト仲介業者が，コンテンツの中身に応じて自動的に載せる広告を選ぶものは，コンテンツ連動型広告と呼ばれる。Googleの「コンテンツ向けGoogle AdSense」などは，検索技術を利用して自動的に広告を選んでいる。コンテンツ連動型広告については，3－4－4で学ぶ。

ただし，アフィリエイトサイトでの不適切な表示の問題から，2019年5月ヤフージャパンはアフィリエイトサイトのネット広告の掲載を原則禁止することを発表した。

3－4－2　バナー広告（ディスプレイ広告）

Webでの最初の広告形態である。バナー（当初は，ファイルサイズが小さくアニメーションも可能なGif画像が主に使われた）をクリックすると広告が表示されるものである。一般にバナー広告は，クリックされた回数に応じて広告料が支払われる契約や，契約や購入といった成果に応じて広告料の支払いがされる契約のうちのいずれかである。テキストや動画を画面に貼る場合もあるため，ディスプレイ広告とも呼ばれる。

インターネット利用の最初の頃（1990年代後半）は，インプレッション（広告の表示回数）に応じた広告費の課金がよく利用された。しかし，それでは効果がわかりにくいことから，クリックに応じた課金や成果報酬型の課金も利用されている。

＜効果の測り方＞

インプレッション（ページビュー）

ブラウザにページが表示された回数。

クリックスルー数

バナー広告がクリックされ，指定のサイトにジャンプした回数。

取引形態は，主に次のようなタイプがある。

1）インプレッション保証型

表示する回数を広告主が指定できるもの。

2）掲載期間保証型

特定された掲載面の広告スペースで，一定期間，常に掲載状態を保つもの。

3）クリック保証型

広告を表示して，ユーザがその広告をクリックする回数を保証するもの。1クリック当たりの単価を設定して，総クリック数を保証して契約する。

訪問者がページに訪れる　⇒　広告の表示　⇒（表示に対する報酬のある会社では報酬）⇒　広告をクリックする　⇒　クリック1回分の報酬

4）成果報酬型

広告をクリックして企業のマーケティングサイトを訪問したユーザの一定のアクションに対して，広告の対価を支払う形態。

訪問者がページに訪れる　⇒　広告の表示　⇒　広告をクリックする

→　そのページで商品を購入　→　報酬が入る

→　何も買わずに立ち去る　→　報酬無し

初期のバナー広告では，主にWebページの中に固定の画像を入れるもの（ベタ張り）であったが，図表3－10のように動的に画像を選ぶものが主流になった。例えば，同じページでも，表示更新するごとにローテーションして広告が変わるものが多い。

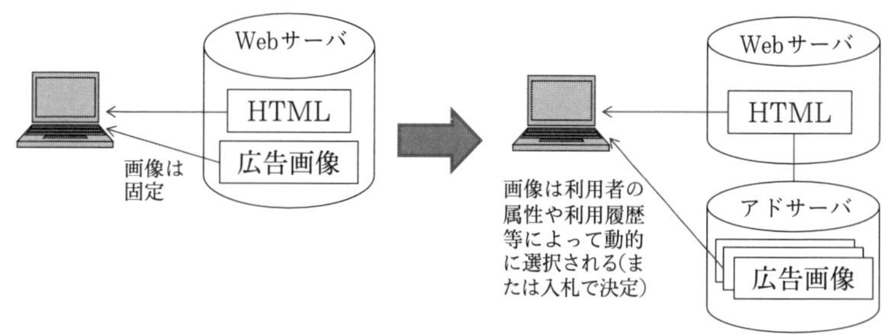

図表3－10　バナー広告の仕組み

ターゲティングのための手法として，クッキー（参照したWebサイトがブラウザに保存する情報）が利用されることが多いが，プライバシー保護の問題からクッキー規制が予定されているため，ネット広告企業等は対応が必要になっている［18］。

次のようなターゲティング技術が利用されている。

・リターゲティング広告
・行動ターゲティング広告
・RTB（Real-time bidding）

(1) リターゲティング広告

ある広告主のサイトを過去に訪問したことのある利用者に対して，他のサイトの広告枠上でその広告主の広告を掲載して再度の訪問を促す手法である。関心を持っている可能性の高い利用者をターゲットできるため，効率的な広告手法である。Googleはリマーケティング広告，ヤフージャパンはサイトリターゲティング広告と呼んでいる。

(2) 行動ターゲティング広告

行動ターゲティング広告とは，Webサイト内やそのネットワーク内での利用者の行動履歴を元に，利用者をセグメント化することで，それぞれの利用者

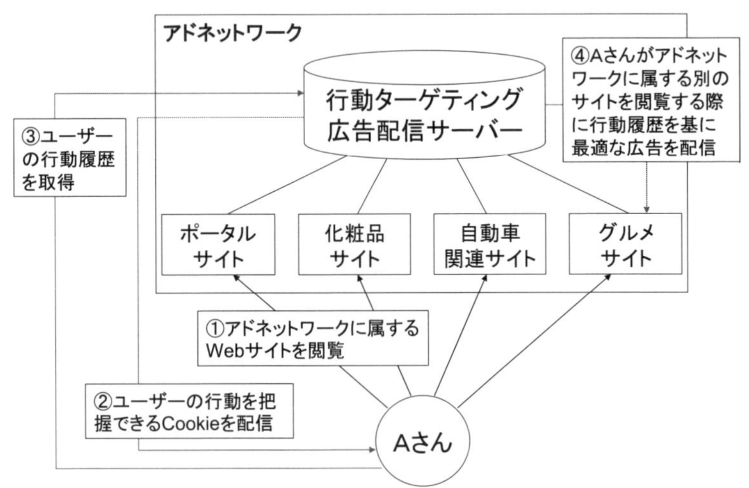

図表３－11　行動ターゲティング広告の仕組み（[19] より）

の関心や嗜好に沿った広告を表示させる広告手法である。単一のサイトだけでなく，複数のサイトにまたがる利用者の行動履歴を収集できたほうが有効であるため，例えば，ヤフージャパン等では，アドネットワークを組織してネットワーク配信している。アドネットワークを使った行動ターゲティング広告の仕組みを図表３－11に示す。

行動ターゲティング広告は，単なるバナー広告と比較して，クリック率が２～３倍にもなると言われる。ヤフージャパンは，行動履歴だけでなく，利用者の属性や地域を組み合わせた条件設定も可能にすることで，さらにクリック率を高めて，広告商品としての価値を向上させようとしている。

さらに，ヤフージャパンの「Yahoo！ディスプレイアドネットワーク（YDN）」は，多彩なターゲティング方法で配信先となるインターネットユーザを絞り込んで広告を配信することが可能である。

(3) RTB

SSP（Supply Side Platform）と呼ばれる媒体側のツールが示した広告枠に対し

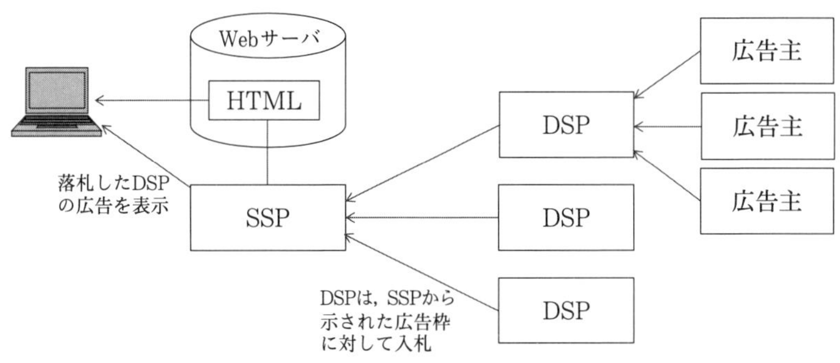

図表3－12　RTBの仕組み

て，DSP（Demand Side Platform）と呼ばれる広告主を支援するツールからリアルタイムで広告を入札するRTB（Real-time bidding）と呼ばれる仕組みも普及しつつある［20］。その仕組みを図表3－12に示す。利用状況（利用者のIPアドレス・OS等）ごとの広告枠に対して入札ができるため，適した広告の配信が可能となり，広告主の広告配信効果を最適化できる。同時に，媒体社の広告収益を最大化できる。なお，不適切なサイトへのネット広告の掲載の問題を避けるなどの理由で，広告の従来のオープン・オークション（買い手・売り手が限定されないオープンな自動広告取引市場）ではなく，限定された売り手と買い手が自動広告取引に参加する取引形態であるプライベート・マーケットプレイス（PMP）の利用が増加している。

なお，自分のブラウザ利用の履歴をネット広告などに使わせたくない場合は，ブラウザの「追跡防止」機能を使い，個人用追跡防止リスト上でコンテンツプロバイダーごとにブロックの設定が可能である。また，ブラウザでDo Not Trackを有効にしておくと，追跡を拒否する意志がサイトに通知される。

3－4－3　メール広告

まず，メールマガジンの巻頭・途中・巻末に入れる広告は，CPM（Cost Per Mil）と呼ばれる課金方法が取られることが多い。広告の到達者1,000人当たりに対しての料金を設定するものである。例えばCPMが2,000円で読者数が1万人であれば２万円となる。リンク（url）を使っている場合は，クリックを測る方法もある。

パーミション・マーケティングは，消費者の許可を得てマーケティングを行うことで，選択された分野の広告だけをｅメールで配信する。メールを見て回答した人へのポイントサービスなどで，メールを見るインセンティブを与えることもされている。

なお，オプトインメールとは，アンケートや懸賞に応募する際に，「以降，案内のメールの受け取りを了承する」といった内容の選択肢を用意し，これを選んだ利用者のみに，メールを送付することをいう。

3－4－4　SEM／検索連動型広告／コンテンツ連動型広告

他のメディアと違って，ネットでは利用者が能動的に商品を探すことができる。利用者は直接ネットショップやモールで商品を見つけようとする前に，まず商品の情報を検索しようとすることが多いため，検索エンジンでサイトを見つけてもらうことが重要となる。

検索エンジンで顧客に見つけてもらいやすくする（つまり顧客を誘導する）方法として，２種類の方法がある。

- SEO（サーチエンジン最適化）――ホームページの作り方を最適化。
- 検索連動型広告（ペイドリスティング）――有料で上位に（ヤフージャパンとGoogle）

検索連動型広告とは，Google 等の検索エンジンの検索結果で，「スポンサーリンク」として一般の検索結果より優先的に検索結果に載せてもらうもので，単語ごとに入札で単価（クリックされた場合に支払う金額）を決めている。

検索連動型広告では，広告主は，クリック数に応じた課金であり，あらかじめ支払う上限を決めておく（上限に達すると広告は表示されない）こともできるため，気軽に出稿してみることができる。ネットショップでは，人気の高いキーワードよりも，自分の得意とする分野の特殊な単語を登録する傾向である。検索連動型広告の市場が拡大したのは，人気の高いキーワードの価格上昇というよりも，これまで値が付かなかった単語にも広く値がつき始めたためと言われる。検索連動型広告によって，単語の相場が生まれている。日経ビジネスの記事［21］に，検索連動型広告での「言葉の相場」の例が載っている。1クリック何千円という単語まである。また，単価の低い単語「スモールキーワード」に多く出稿する方法もある。その商品そのもののキーワードだけでなく，限定した利用場面や特定の利用者を意識したキーワードに多く出稿する場合もある。検索結果に商品の名称・画像・価格などを表示する「商品リスト広告」も2012年に日本で開始された［22］。

検索連動型広告やRTBを利用した広告などは，総称して運用型広告（プログラマティック広告）と呼ばれ，ネット広告の中で位置付けが大きくなっている。電通の「2020年 日本の広告費」［14］によると，運用型広告費は1兆4,558億円でネット広告媒体費全体の8割強を占めている。

検索連動型広告を利用する上では，LPO（Landing Page Optimization）という手法が重要である。この手法は，飛び先ページ（Landing Page）は，できるだけ利用者が求める情報があるページにして，コンバージョンレート（購入や会員登録などの率）をあげることである。同じ商品／サービスのページを表示する場合でも，検索語によって，飛び先ページを微妙に変える場合もある。例えば，英会話のGabaでは，「英会話　安い」よりも「英会話　上達」といった複数キーワードで検索する見込み客を重視し，「英会話　上達」で検索して来た人には「無料体験レッスン」を強調して表示して，資料請求（無料体験）の申し込み率を向上させることに効果があった［23］。

検索連動型広告において，「品質」の考え方が広まってきた。広告料金を払う「顧客」は広告主の企業であるが，検索の利用者という「顧客」にとっての利便性を「品質」として重視する動きである。Googleは，2005年8月に「品質スコア」（飛び先ページの品質やクリック率などから評価）の仕組みを導入した。オーバーチュア（2009年にヤフージャパンが吸収）でも，2007年に「品質インデックス」という5段階の指標を取り入れた。こちらも，飛び先ページ（ランディングページ）の品質などを評価した指標である。そのような指標を使うことで，入札価格の高低だけでなく，品質の高低も考慮して，検索結果の順位付けを行うようになった。

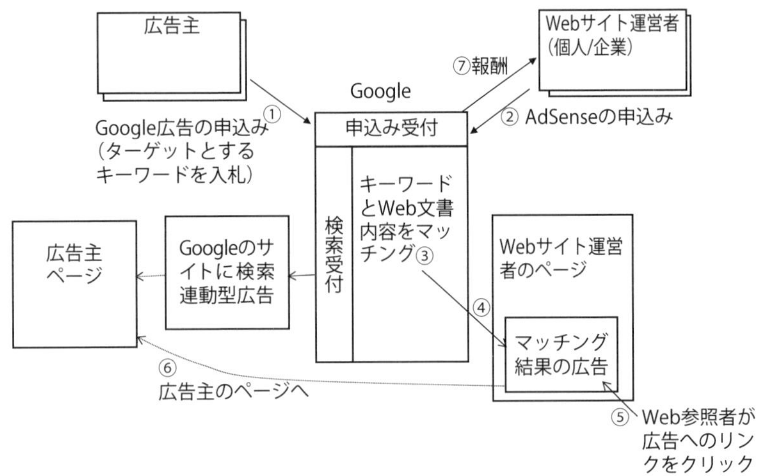

図表３－13　Google 広告と AdSense（コンテンツ連動型）の関連

AdSense は，Google 広告（旧 AdWords）に出稿した広告主の広告を各利用者のホームページに載せる仕組みである。Web ページの内容と広告主のキーワードとをマッチングして，ふさわしい広告を自動的に選択するため「コンテンツ連動型広告」と呼ばれる。また，各利用者のホームページに検索機能を付けて，その結果に Google 広告の広告を載せることもできる。

図表３－13は，次のような流れとなる。

①②で，Google に対して，広告主は Google 広告を，Web 運営者は AdSense を申し込む（順番は逆でもいい）。

③AdSense を申し込んだ Web 運営者のページ内容と，Google 広告を申し込んだ広告主のキーワードをマッチング。

④マッチング結果の広告主のリンクを，Web 運営者のページの広告スペースに埋め込む。

⑤Web 参照者が，Web 運営者のページの広告スペースの広告のリンクをクリック。

⑥Web 参照者の画面が広告主のページへ移る。
⑦AdSense を申し込んだ Web 運営者に報酬（広告料）が支払われる。

なお，不適切な広告が表示されないように，マッチングにより自動的に選ばれた広告に対して，次のようなチューニングが可能である（Google のホームページの内容より抜粋）。

・競合広告フィルタ――競合する広告や，サイトに掲載したくない広告がある場合は，特定の URL を指定することで，自動的にブロック。
・広告の審査――サイトに広告が掲載される前に，専門スタッフによる確認と自動処理の確認の組み合わせによる広告審査が行われる。
・コンテンツに応じた広告のフィルタ――広告の中には，ページによっては掲載に適さないものがある。たとえば，大惨事を報じるニュースのページに対して不適切な広告を表示しないように自動的に除外。
・独自に選択したデフォルトの広告――ごくまれに Google で利用者のページにターゲットを絞った広告を掲載できないことがある。その場合には，利用者が自分で選択したデフォルトの広告を表示することができる。

当初，ヤフージャパンの子会社として，検索連動型広告・コンテンツ連動型広告の事業を行ってきたオーバーチュアという会社は，2009年10月にヤフージャパンに吸収合併された。その吸収合併以前より，コンテンツ連動型広告と行動ターゲティング広告（3－4－2を参照）との連携により広告効果の向上を図っていて，2008年には両者を組み合わせた「インタレストマッチ」（興味関心連動型広告）を提供した。従来のコンテンツ連動型広告のコンテンツマッチでは「そのページが何に関するページか」に応じて広告を表示しているだけだったのに対し，インタレストマッチでは「その訪問者がどんなことに興味をもっているか」も考慮して広告を表示する。その後，インタレストマッチは，「Yahoo！ディスプレイアドネットワーク（YDN）」に取り込まれた。

また，ショップ・モールが提供しているコンテンツ連動型広告としては，「Amazon おまかせリンク」などがある。

3－5　ソーシャルメディアのマーケティングでの利用

クチコミサイト，SNS，ツイッター，インスタグラムなどソーシャルメディアがマーケティングに活用されている。

ネットでのクチコミの影響の大きさは，いろいろな調査からわかっている。例えば，平成29年版消費者白書における「若者の情報の活用や向き合い方」に関する調査［24］で，「SNSで情報を見たことがきっかけで商品購入・サービス利用をした」経験について尋ねたところ，10歳代後半の女性を中心に，20歳代までの若者において，経験があるという回答の割合が高くなっている。「友達がアップやシェアをした情報」や「芸能人や有名人がアップやシェアをした情報」がきっかけで商品購入・サービス利用をしたという回答については，10歳代後半と20歳代で「友達」が3割，「芸能人や有名人」が2割となり，それぞれの全体平均を大きく上回った。また，年齢層を問わず，「友達がアップやシェアをした情報」がきっかけで購入・利用をしたという女性の割合は，おおむね男性における割合を上回っている。

企業のソーシャルメディア活用が盛んになっていることを示す調査データもある。平成30年通信利用動向調査［25］の結果によると，企業のソーシャルメディアサービスの活用は全体では36.7％（前年比＋7.8%），産業別にみると，「不動産業」が58.7%，「金融・保険業」が51.7％と5割を越えている。次いで「卸売・小売業」(46.9％)，「情報通信業」(46.4%)，「サービス業・その他」(43.4％)となっている。ソーシャルメディアの活用目的・用途別にみると，「商品や催物の紹介，宣伝」が68.7％と最も高くなっており，次いで「定期的な情報の提供」(53.6％)，「会社案内・人材募集」(40.6％）となっている。

コミュニティをマーケティングに組み入れる考え方としては，コトラー他が「マーケティング3.0」の考え方を提唱している［26］。ブランドは今や消費者のものであり，消費者に製品開発や販売などへ参加してもらい，価値を共創してゆく必要性を提唱している。

ソーシャルメディアを駆使した販売促進は大きな効果をもたらす場合もあるが，やらせ投稿が「ステルスマーケティング（ステマ)」として問題になることがあり，クチコミを不正に操作しようとすると逆効果になる危険性もある。

(1)　クチコミの発生のさせかた

企業がソーシャルメディアにクチコミを発生させる仕掛け方はいろいろある。

・商品やサービスにクチコミの「ネタ」を仕込む――利用者がクチコミしたくなるような話題を提供する。例えば，マクドナルドは新商品発売前に話のネタになるような企画として「突っ込み所のあるキャンペーン」を実施して，バズ（プレバズ）を起こすように仕掛けている [27]。そして，バズを起こせたかなどをデータで検証している（2017年の日経デジタルマーケティング「デジタルマーケティング100」で2位と効果大）。
・SNS映えを狙う――SNS（Instagramなど）に投稿してもらえたり，「いいね」で拡散してもらえるような外見の商品やネットの画像などを提供する方法。
・クチコミ発生のための特別な企画を行う――ダンス動画コンテスト，診断ツール提供などの企画でクチコミの発生を狙う方法。

(2)　クチコミの広め方

クチコミを広めるための方法として，インフルエンサーを活用する方法がある。

SNS（Instagram/Twitter/フェイスブックなど）で，フォロワー数が多いなど影響力のある利用者は「インフルエンサー」と呼ばれる。企業がインフルエンサーを募って，商品やサービスを紹介してもらう例が多くなっている。製品／試供品を提供したりイベントに来てもらうなどして投稿してもらい，フォロワーへの拡散を狙う方法である。なお，SNSが普及する以前には，カリスマブロガー／アルファブロガーと呼ばれるような人気ブロガーに依頼することがあった。

インフルエンサーの活用では，質と量の問題がある。SNSを使ったマーケティングを支援するアライドアーキテクツの金濱 [28] は，フォロワー数の「量」と，受け手から引き出す「質」（共感，信頼，憧れ）の両面からとらえることを提唱している。そして，フォロワー数がとても多い有名人・トップインフ

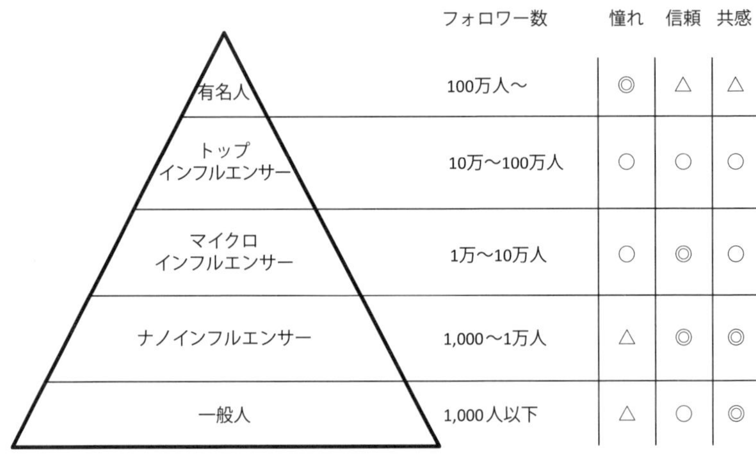

図表３－14　Instagramにおけるインフルエンサーの階層イメージ（[28] より）

ルエンサーだけでなく，フォロワー数が１万～10万人程度のマイクロインフルエンサーの活用がポイントになると指摘している。図表３－14にインフルエンサーの階層を示す。

インフルエンサーのビジネスでの活用方法は広がっている。インフルエンサーがファッションブランドを手掛ける事例や，インフルエンサーがライブ動画で商品を紹介する事例なども出てきている。

なお，中国でも，ネットのインフルエンサー（「KOL」や「網紅（ワンホン）」と呼ばれる）を活用したマーケティングが盛んである。アリババのモールにおけるマーケティング手法でも，20代から30代前半の女性をターゲットとした場合，中国人のインフルエンサーを使いイベントやライブ配信を行うといったものが常道になっている［29］。

企業が，Instagramの利用者の投稿写真を収集して記事や広告で利用することで効果をもたらした例もある［30］。

(3) SNSでの企業の広告・販売促進

SNSをマーケティングに利用する方法として，フェイスブックで企業向けのページを作成して，利用者にファンになってもらったり，企業や商品に関して「いいね」と言ってもらうことを狙ったプロモーションが行われている。そのような行為がクチコミとして友人に伝わるため，プロモーション効果が大きいためである。

フェイスブックやTwitterなどではインフィード広告が効果的である。タイムラインの間に表示されるため，利用者が自然と目を通すというメリットがある。動画が利用されることも多くなっている。

また，フェイスブックが提供する広告手法「カスタムオーディエンス」は，フェイスブックと企業の個人情報を組み合わせて照合し，属性に応じて個別に広告を打てるサービスである。オイシックスは，カスタムオーディエンスを活用し，会員の30%がマッチングでき，売上増につなげた［31］。

SNS上ではキャラクターと「友だち」になってもらうことで，企業やブランドに好感を感じてもらうこともできる。例えば，伊藤ハムの「ハム係長」というキャラクターが2011年に話題となった。サンリオも，SNSでキャラクターを活用してファン層の拡大や商品開発に活かしている［32］。また，サンリオは2015年，「ちゃんりおメーカー」というサンリオキャラクターが作れるサイトを提供した。サンリオのテーマパーク「ピューロランド」の来場動機を促す企画として始まり，SNSでの拡散が盛んに行われて，来場者数の底上げにつながった［33］。「外食戦隊ニクレンジャー」は，2018年にTwitterから生まれた外食企業のコラボ企画であり，大いに話題になった。吉野家がまずTwitterで提唱したところ，ガスト・ケンタッキーフライドチキン・モスバーガー・松屋フーズが賛同し，各社が考案したオリジナルの戦士，計5人のイラストで構成されたニクレンジャーが生まれた。

(4) LINE

LINEもマーケティングに利用されている。LINE for Businessは，広告や販売促進（LINEで応募，LINEチラシ，LINEポイントAD，LINE POP Media）の機能を企業に提供する。

実店舗を持つ中小企業向けには，友だちの数に上限はあるが，月5千円程度からLINE利用者とコミュニケーションできるサービスとしてLINE公式アカウント（旧：LINE＠）が提供されている。無料プラン（フリー）も提供されているが，投稿数がかなり制限されている。

2014年に開始されたLINEビジネスコネクトは高度な機能を提供する。LINEが提供するAPIを利用して，企業が利用者と1 to 1や双方向のコミュニケーションを可能にする仕組みである。

(5) Twitterの活用方法

Twitterは，まず「ソーシャルリスニング」の用途で活用する場合が多い。ソーシャルリスニングとは，ソーシャルメディア上の利用者の声を収集して，調査や分析を行うマーケティング手法である。特に，Twitterは利用者の生の声をリアルタイムで聞けるメディアとして利用できる。

Twitterを企業からの発信ツールとして利用したり，利用者へのサポート手段として用いることが一般的になった。さらには，アクティブサポート（愚痴や不満レベルのつぶやきに対して企業側から話しかけるもの）を行う企業もある。顧客の声をいち早く拾い，疑問や不満を先回りして直接解消するためである。また，フォロワー専用のクーポンなどにより，店舗への誘導を狙った利用も行われている。

公式Twitter担当者（俗に「中の人」と呼ばれる）による書籍が出版されていて，ツイートの内容のバランスに気を配っていることが語られている。キングジムでは，硬め（企業・商品の情報伝達）が3割：柔らかめ（日常の出来事・リプライへの対応やほかの企業アカウントとのやり取り）が7割［34］。東急ハンズでは，会社や商品に関する宣伝が2割：会話が8割［35］。このように，情報伝達や宣伝よりも，利用者やほかの企業アカウントとの対話の量のほうを多くしていることがわかる。

Twitterを介して利用者に表示する広告商品としては，利用者のツイート内容などに応じたリアルタイムなターゲティング広告が提供されている。キーワードターゲティング，性別ターゲティング，地域ターゲティング，興味関心ターゲティング，テレビターゲティング，イベントターゲティングなどである。2021年からは，電通・電通デジタルによる「リアルタイムキーワードターゲティング」の提供が開始された。10秒以内にツイートしたユーザをキャッチして，最短数十分以内での広告配信が可能。トライアルとして，Wi-Fi のアクセスポイントを探すツイートを行ったユーザに対し，Wi-Fi が設置されている近隣店舗への送客を促す大手飲食店の広告を配信したところ，広告効果が向上した，とのこと。

(6) 自社コミュニティサイトなどを活用した利用者との共創

自社コミュニティサイトや SNS 上で利用者から提案をもらい商品開発に活かす事例も増えている。例えば，小林製薬が「ホットクレンジングジェル」の商品開発で SNS を利用した。サッポロビールも，新商品の開発段階においてフェイスブックを通じて一般消費者にも参加してもらう方法を取ったが，その際，迅速な対応を行うために，生産から流通，そして EC サイト担当者まで巻き込んだ組織横断のプロジェクトチームを結成した［36］。

日経デジタルマーケティング［37］は，2010年以降を第３次共創ブームと分析し，これまでの事例から「共創プロジェクトを成功に導く３条件」として次の３つの条件をあげている。

1）商品をこよなく愛するコアなファンを呼び込んで組織化
2）運営側が議論を適切にリードしてコミュニティを活性化
3）共創商品単品で採算を見るのでなく，調査パネルや良質な発信源としての価値を見いだす

SNS 上で消費者と交流するのでは，投稿への反響や交流の情報を分析しづらい。そのため，消費者と対話する場を，SNS から自社コミュニティサイトへと切り換える企業が増えている［38］。

また，日経クロストレンド［39］は，SNS 時代に企業がファン・コミュニティ・サイトに取り組む理由として，「安心感」「本音」「共創」の３つのポイントをあげている。

(7) バズマーケティングの手法

クチコミを発生させて広めるバズマーケティングの手法として，電通による「3D コミュニケーション」[40] などがある。媒体の情報の差を使ってクチコミを発生させやすくする広告のテクニックである。

ブログ広告では，シーディングと呼ばれる手法で，情報発信に関するアーリーアダプターとフォロワーを分けた打ち出し方を行い，少ない出稿先から広くクチコミを広げようとするテクニックが以前使われていた。

(8) テキストの分析

ソーシャルメディアの中のテキストを分析して，傾向や商品の評価を求めている企業もある。化粧品のクチコミサイト「アットコスメ」を運営するアイスタイルは，掲示板のクチコミの評価を集計し，テキストマイニングツールなどで分析し，化粧品メーカーなどに販売するビジネスを行っている。

ソーシャルメディアの検索では，単なる検索だけでなく，最近話題になっているかや評判を知るための機能が提供されている。例えば，ヤフージャパンのリアルタイム検索では，Twitter の投稿の検索結果から，注目度の推移を時系列で示す機能と，感情分析（好意的な発言とそうでない発言の割合を円グラフで表示する機能）の結果を表示する機能を提供している。なお，ブログが人気だった頃は，同様な機能を持つブログ検索サービスが存在した。

企業のマーケティング担当者が，自社の商品やサービスなどについて，何が話題になっているかや評判をチェックするため，ソーシャルメディアを検索・分析することが一般的になった。従来はそのようなことを調べるためにはアンケート調査などが必要だったが，ソーシャルメディアの分析で代用できる場合もある。ブログが流行した時期には，大塚製薬では，SOYJOY の CM の効果測定にブログ検索・分析を活用した [41]。

そのように企業でマーケティング調査に利用するための有料のソーシャルメディア分析サービスは利用が増えていて，Twitter の投稿分析などが行われている [42]。

(9) 動画投稿サイトの活用

自社ホームページ上だけでなく，動画投稿サイトを利用した宣伝も行われ始めている。つまり，YouTube のような動画投稿サイト上に自社をアピールする動画を載せることで，安価に広く宣伝を行うことを狙う取り組みである。例えば，製造業の企業が，新規の顧客企業を開拓するために，自社の製造技術をアピールするために利用することがある。

一般消費者向けには，社員ユーチューバーによる動画も投稿されている [43]。また，ライブ動画（YouTube ライブ配信，インスタライブなど）で顧客との関係を強化する企業もある。ライブコマースも増えている（2－8を参照のこと）。

クチコミを広げる狙いで動画投稿サイトを利用する場合もある。クチコミが広がる可能性は，テレビにはない特性である。例えば，2013年に話題になったAKB48の振りマネ動画は，AKB 以外の公式の動画で3,500万回以上の再生回数となった [44]。2017年には，ソフトバンクが「学割ってるダンス」の投稿コンテストを開催して話題作りを行った。

消費者を巻き込んで販促を行うことができる。niconico（ニコニコ動画）では，視聴者が動画に次々とコメントをかぶせてゆくので，視聴者の反応を即座に直接つかむことができるというメリットもある [45]。また，企業が依頼して利用者から動画を投稿してもらう方法も取られている。利用者の視点が共感を呼ぶことを狙った企画である [46]。

動画投稿で有名になったクリエーター（ユーチューバー）が企業とタイアップすることも増えてきた。そのため，UUUM（ユーチューバーだけが所属する事務所）などが，ユーチューバーの広告活動の支援や，新たなクリエイター育成を行っている [47]。2017年，UUUM はクリエイター育成のために UUUM アカデミーを開講した。また，松竹芸能とオンラインタレント育成で業務提携した。

なお，YouTube の「コンテンツ ID 技術」は不正動画を効率的に見つける技術として導入されたが，その技術を基にオリジナルの権利者が非公式の動画で稼ぐ仕組みも提供されている。例えば，2016年に話題となったピコ太郎の PPAP の動画は，非公式動画からも収益をあげている [48]。

TikTok も販売促進に利用されるようになり，2021年の日本経済新聞による日経 MJ ヒット商品番付の前頭に「TikTok 売れ」が選ばれた。TikTok は，TikTok For Business というマーケティングソリューションのためのプラットフォームを提供していて，若年層へのブランド認知を高める目的などで利用され始めている。ネットショップ作成サービスが TikTok との提携を発表している（2020年10月に Shopify，2021年 9 月に BASE）。それらの加盟店は，管理画面から直接 TikTok 広告を出稿できるようになった。

3－6　携帯電話・スマートフォン向け広告・販売促進

携帯電話は，マーケティング媒体として見ると，パソコンやダイレクトメールと比較して，即時性や位置情報を活かしたマーケティングが可能となる点が大きい。

特に，即時性が高いため，タイミングよく販促することで，販売につなげる率を大きく向上できる。携帯での購買行動モデルでは，PC での購買行動とはかなり違っていると言われる。特に携帯電話の主流がスマートフォンに移行した後は，モバイルでのネットショッピングが増えた。

Google は，大規模な調査からスマートフォン上での「パルス型消費行動（パルス消費）」を見い出した。この消費行動は，「空き時間にスマホを操作しながら瞬間的に買いたい気持ちになり，買いたいと思う商品を発見し，その瞬間に買い物を終わらせるという消費行動」のことである。従来のような，ある程度時間をかけて買いたい気持ちを醸成させる「ジャーニー型消費行動」とは区別し，日常的に消費する商品に対して行われている点で従来型の「衝動買い」とも一線を画した消費行動，と分析している［49］。

スマートフォンの普及により，マーケティング媒体としての位置づけはより重要になってきた。例えば，ジーユーは，スマホアプリを活用した広告・販促を行うことで，紙のチラシを大幅に削減した。

食品スーパーや商店街などが，利用者の携帯電話へ特売チラシのメールを配信したり，LINE で情報提供することも行われている。当日朝に市場で仕入れることができた安い生鮮品を，その日の午後に特売するという情報は，紙のチラシでは伝えられないが，このように携帯電話へ配信することで利用者に伝達することができるためである。凸版印刷によるチラシサイトのシュフーも，2012年にタイムセールの配信を開始した。

3－7　ビッグデータのマーチャンダイジング活用，RaaS

この節では，まずインターネット販売やモールのビッグデータが，流通におけるマーチャンダイジング（商品政策）へ活用されていることを学ぶ。

これまでは，食品スーパーやコンビニが，販売情報に基づきメーカーと共同で商品開発することがよく行われていた（プライベートブランド商品など）が，ネット企業のビッグデータを活用した商品開発が盛んになってきた。

Amazonは，全世界的に「Amazonベーシック」というプライベートブランド商品を提供している。国内では，「Amazon.co.jp限定商品ストア」を開設している。

アスクルは，「LOHACO EC マーケティングラボ」を設立して，LOHACO専用品などをメーカーと共同で検討する体制を作っている。自らを「メーカーとともにユーザーの欲する商品を開発し，そのプロモーションにも注力するマーケティングプラットフォーム」と位置付けていて，メーカーと共同で商品開発することに積極的である。個人情報を除いた顧客属性データや購買データ，サイトに投稿されたレビューデータといったビッグデータを，ラボに参加するパートナー企業にすべて開放。LOHACOとメーカーの担当者が，これらのデータを自由に活用して新しいマーケティング手法の研究や実践に取り組んでいる［50］。

アリババは2016年，Japan MD centerを開設し，中国EC市場に関するビッグデータや知見を日本企業と共有できるようにした。また，China EC workshopという研究会を開催し始めた。そのような仕組みを利用して，アリババの販売データを活用する日本企業がでてきた。ライオン，カルビー，美容機器メーカーなどがアリババと提携して中国市場向けの商品開発を始めている。

ZOZO（旧スタートトゥデイ）が運営するZOZOTOWNでも，プライベートブランド商品の販売を2018年から開始した。出店するアパレルブランドとの競合を懸念する声もあがる中，デザインや価格で競合しないように配慮。「ゾゾで売れているアイテムをコピーして売るようなことはしない」とし，今までのアパレルにはない考え方，技術でファッション産業に貢献したいという［51］。また，プライベートブランドの海外展開も開始したが，2019年に海外からは撤退した。

「売らない店」のRaaS（Retail as a Service）によって，商品に対する消費者の反応を見ることも始まっている。2015年に米国で起業したb8taは，2020年からRaaS事業を国内で展開していて，店舗内の区画を商品の出品者に定額で貸し出すビジネスをしている。そのb8taの店舗には数十台のカメラを設置しており，来店者の動きなどを検出して，来店者の商品に対する反応をダッシュボード化（グラフやデータ化）して，出品者が分析できるようにしている。接客スタッフが商品体験などによって来店者の声を集めることもしており，商品に対するユニークな声を集めることができる［52］。

参考文献

［1］クリス・アンダーソン『ロングテール［アップデート版］―売れない商品を宝の山に変える新戦略』，早川書房，2009年.

［2］和田けんじ『元祖ロングテール　東急ハンズの秘密』，日経BP社，2009年.

［3］日経情報ストラテジー2008年9月号「ロフト　売れ筋に絞らない単品管理で復活」.

［4］日経ビジネス2006年12月11日号「タワーレコード　店もネットも売りは「死に筋」」.

［5］日経情報ストラテジー2006年8月号「アズワン　カタログ販売の元祖は“反効率”，ロングテール戦略で堅実成長」.

［6］電通ダイレクト・プロジェクト『先頭集団のダイレクトマーケティング』，朝日新聞出版，2011年.

［7］宣伝会議2005.5.1号「新人担当者必見！　インターネット広告入門」.

［8］グーグル　Inside AdWords 2013/12/16「調査から明らかになったマルチスクリーンユーザー解体新書」.
https://groups.google.com/g/inside-adwords-ja/c/CfG85LCPrzs

［9］横山隆治・菅原健一・草野隆史『顧客を知るためのデータマネジメントプラット

フォーム　DMP入門』，インプレスR&D，2013年.
[10] 日経MJ 2012.12.19「自前メディアは力なり　強み持てば交渉力強まる　ウェブ担当者座談会」.
[11] 日経デジタルマーケティング2016年12月号「特集　コカ・コーラパーク終了の必然」.
[12] 日経デジタルマーケティング2016年9月号「モノ（自社の肉製品）よりコト（BBQ）を売る，日本ハムのバーベキュー情報サイトBBQ GO！」.
[13] 日本インタラクティブ広告協会『必携　インターネット広告』，インプレス，2019年.
[14] 電通「2020年の日本の広告費」，2021年.
https://www.dentsu.co.jp/news/release/2021/0225-010340.html
[15] 徳久昭彦・永松範之『改訂2版　ネット広告ハンドブック』，日本能率協会マネジメントセンター，2016年.
[16] NHK取材班『暴走するネット広告　1兆8000億円市場の落とし穴』，NHK出版，2019年.
[17] MarkeZine 2018年12月号「特集　アドベリフィケーション最前線」.
[18] 日経コンピュータ2021年6月24日号「特集　残り1年，人ごとではない「脱クッキー」」.
[19] 日経ネットマーケティング2008年1月号「特集　ネットマーケティング大予測」.
[20] 横山隆治他『DSP/RTBオーディエンスターゲティング入門』，インプレスR&D，2012年.
[21] 日経ビジネス2005年10月31日号「言葉の市場が出現」.
[22] 菅原健一・有園雄一・岡田吉弘・杉原剛『ザ・アドテクノロジー　データマーケティングの基礎からアトリビューションの概念まで』，翔泳社，2014年.
[23] 日経情報ストラテジー2008年6月号「Gaba　検索キーワードで学習意欲判別“着陸ページ”最適化で生徒の獲得単価削減」.
[24] 消費者庁「平成29年版　消費者白書」第1部 第3章 第1節（4）若者の情報の活用や向き合い方.
[25] 総務省「平成30年　通信利用動向調査」.
[26] フィリップ・コトラー，ヘルマワン・カルタジャヤ，イワン・セティアワン『コトラーのマーケティング3.0　ソーシャルメディア時代の新法則』，朝日新聞出版，2010年.
[27] Web担当者フォーラム2017/10/6「「プレバズのKPI化」「話題化を軸にした商品設計」マクドナルド足立氏が明かすマーケティングのツボ」.
https://webtan.impress.co.jp/e/2017/10/06/26935
[28] 金濱壮史「Introduction　SNS時代の販売促進はインフルエンサーが鍵を握る（売上

につながる!?　インフルエンサーの影響力)」，100万社のマーケティング2016年12月号（宣伝会議の別冊）.

[29] 月刊ネット販売2017年11月号「アリババ「独身の日」成功すれば見返りも大（特集　中国越境 EC の成功のポイントは？)」.

[30] 日経デジタルマーケティング2016年 6 月号「特集　インスタ投稿写真という金鉱脈」.

[31] 日経 MJ 2013.10. 9「フェイスブック，日本戦略本格始動　スマホで刺さる広告を」.

[32] 日経 MJ 2013.1.30「人気キャラが情報発信　サンリオ，SNS でファン獲得」.

[33] Web Designing 2015年11月号「テーマパークの来場者数増加を呼んだ，サンリオキャラクターが作れるサイト」.
https://book.mynavi.jp/wdonline/detail_summary/id=43844

[34] キングジム公式ツイッター担当者『寄り添うツイッター　わたしがキングジムで10年運営してわかった「つながる作法」』，KADOKAWA，2020年.

[35] 東急ハンズ公式ツイッター担当者『共感で広がる公式ツイッターの世界　東急ハンズ流企業アカウントの育てかた』，三笠書房，2021年.

[36] 日経デジタルマーケティング2013年 4 月号「組織改革との両輪で専門スキルは生きる，サッポロビール」.

[37] 日経デジタルマーケティング2015年 5 月号「特集　共創を成功に導く 3 条件」.

[38] 日経デジタルマーケティング2015年12月号「特集　知られざるデータ・ドリブン・コミュニティ」.

[39] 日経クロストレンド2022年 1 月号「ファンコミュニティーサイトの理想型」.

[40] 日経産業新聞2007.9.19「広告内容，媒体別に差　3D コミュニケーション　口コミ効果，最大限に」.

[41] 日経 MJ 2007.5.14「ブログ分析　本音の森，手探り」.

[42] 日経産業新聞2013.2.4「ソーシャル分析深く広く　企業の需要旺盛，市場 4 割成長」.

[43] 東洋経済2020年11月14日号「第 1 特集　YouTube の極意　社員ユーチューバーの挑戦」.

[44] 日経デジタルマーケティング 2014年 1 月号「“ネット動画元年” は本当か」.

[45] 日経 MJ 2013.2.10「動画投稿　一歩先へ　ニコニコやユーチューブに企業投稿　消費者巻き込み拡散」.

[46] 日経 MJ 2012.8.22「新商品・サービスの使い方　消費者にお任せ　動画で PR」.

[47] 日経 MJ 2015.5.1「動画投稿者ユーチューバーでネット世代つかめ」.

[48] 日経産業新聞2016.11.9「コンテンツ新潮流（上）無許可動画で稼げ――ユーチューブ，削除要請，今は昔，広告収入，著作権者が総取り可能」.

[49] 小林伸一郎（Googleコンシューマーマーケットインサイトチーム）「データから見えた「パルス型」消費行動」，Think with Google 2019年6月.
https://www.thinkwithgoogle.com/intl/ja-jp/marketing-strategies/app-and-mobile/shoppersurvey2019-2/
[50] 日経デジタルマーケティング2017年12月号「特集　LOHACOの正しい使い方」.
[51] 通販新聞2017年11月9日号「スタートトゥデイ　PBを年内にスタート」.
[52] 販促会議2021年4月号「ベータ・ジャパン　店で売れなくても収益が上がる「体験」を提供するビジネス」.

第 4 章
ビジネスモデル

e ビジネス・DX では，IT 技術を活用したビジネスモデルが，大きな競争力をもたらす場合が少なくない。成功するために最重要であると言える。そのため，ビジネスモデルについて詳しく理解する必要がある。

本章では，まずビジネスモデルの定義などを学ぶ。その後，代表的なビジネスモデルとして，シェアリング・サブスクリプション，ポータル，パーソナライゼーション・レコメンデーション，個人情報サービス，コミュニティ・ソーシャルメディア，プラットフォームを取り上げる。加えて，ビジネスモデルでの価格戦略と，行政の支援についても学ぶ。

4－1　ビジネスモデルとは

まず，ビジネスモデルの定義について着目してみる。

ビジネスモデルとは，簡単に言えば「顧客に価値を提供して利益を出す仕組み」と表現することができる。どのように価値を提供して利益を出せるかを検討する上で，細かな定義を示したい。一般に，事業戦略は一面的である（薄利多売・ニッチ・コストリーダーシップ・差別化など）。ビジネスモデルの検討では，それよりも総合的な視点が必要となる。

例えば，今枝［1］は，競争優位の源泉は，戦略ではなく，戦略を支える仕組みを包含するビジネスモデルにあると指摘し，ビジネスモデルを次のように定義している。

> *戦略とともにビジネス機能やプロセス，それを支える経営資源の種類や使い方などの社内の仕組み，チャネルや提携先などの自社の仕組みの延長*

のあり方を組み合わせたもので，それらの間の整合性や因果，さらには仕組みを生み出す顧客や競合など外部への作用をも包括する概念。

また，経済産業省はDX認定制度の資料の中で，ビジネスモデルを次のように定義している。

企業が事業を行うことで，顧客や社会に価値を提供し，それを持続的な企業価値向上につなげていく仕組みのこと。具体的に，有形・無形の経営資源を投入して製品やサービスをつくり，その付加価値に見合った価格で顧客に提供する，「一連の流れ」を指す。

ビジネスモデルの設計方法としては，オスターワルダーとピニュールは，ビジネスモデルの要素を9つのブロックで表現するビジネスモデルキャンバスを提案している［2］。このツールは全世界的に広く利用されている。著者は，DXでのビジネスモデル発想・設計のための方法論として，4つの視点から設計する手法を提案している［3］。

4－2　シェアリング，サブスクリプション

(1)　シェアリングエコノミー

定額レンタルや，場所・乗り物・人・スキルの共有なども含めて，シェアリ

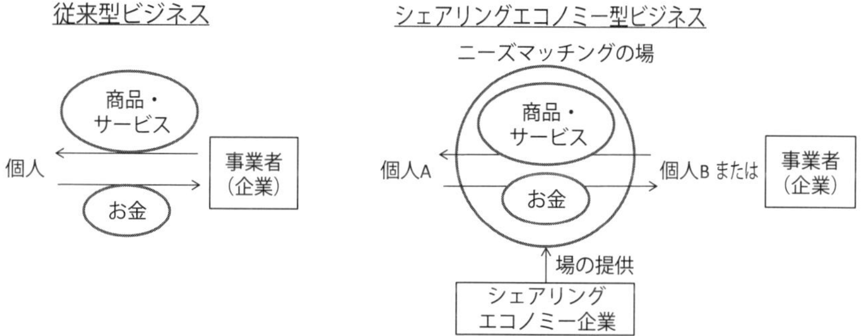

図表4－1　従来型ビジネスとシェアリングエコノミー型ビジネスの違い（［4］より）

ングエコノミー型ビジネスとみなす。図表４－１に，従来型ビジネスとシェアリングエコノミー型ビジネスの違いを示す。

シェアリングエコノミーについての定義として，シェアリングエコノミー協会の定義とスンドララジャンによる定義をあげておく。

シェアリングエコノミー協会の定義。

インターネット上のプラットフォームを介して個人間でシェア（賃借や売買や提供）をしていく新しい経済の動きです。シェアリングエコノミーは，おもに，場所・乗り物・モノ・スキル・お金の５つに分類されます。

経済学者のスンドララジャン［５］は，シェアリングエコノミーを，次の５つの特徴を備えた経済システムと定義している。

1. *おおむね市場に基づく――財の交換が行われ新しいサービスが生まれる市場が形成され，より潜在力の高い経済活動が実現する。*
2. *資本の影響力が大きい――資産やスキル，時間，金銭など，あらゆるものが最大限活用される新しい機会が生まれる。*
3. *中央集権的組織や「ヒエラルキー」よりも大衆の「ネットワーク」が力を持つ――資本と労働力を供給するのは，企業や政府ではなく分散化された個人となる。ゆくゆくは取引を仲介するのも，中央集権的な第三者ではなくクラウドベースの分散型市場となる可能性がある。*
4. *パーソナルとプロフェッショナルの線引きが曖昧――車での送迎や金銭の貸し借りといった，従来「私的」とされてきた個人間の行為が労働とサービスの供給源となり，しばしば商業化・大規模化する。*
5. *フルタイム労働と臨時労働，自営と雇用，仕事と余暇の線引きが曖昧――伝統的にフルタイムとなっている仕事の多くは，案件ごとに拘束時間や稼働率，従属度，独自性のレベルが異なる請負仕事に取って代わられる。*

スンドララジャンはまた，シェアリングエコノミーを，商業価値の源泉がシェア行為で利益をだそうとする一般大衆に移るという意味で「クラウドベース資本主義」（筆者注：大衆の間での資本主義というような意味）と表現している。

スンドララジャンは，シェアリングエコノミーによる主要な経済的影響として，資本の「影響力」の変化，規模の経済とローカルな「ネットワーク効果」，多様性の向上は消費の増加をもたらす，機会の民主化，の4つをあげている。

また，ボッツマン＆ロジャース［6］は，コラボライフスタイルが普及してきたため，コラボ消費が台頭してきていると指摘している。そして，どんな種類のモノやサービスもシェアできるような総合的なエコシステムができるだろう，と予測している。

ミレニアム世代は，「必要な時に必要なモノやサービスがあればいい」というオンデマンド型ライフスタイルを求めていると言われる［7］。共有志向が強くなっているのである。そのため，シェアに抵抗がなくなってきた。ビジネス的には，リカーリング（必ずしも定額というわけではなく，消費した分のみというように継続的に料金を支払う方式）が注目されるようになった。図表4－2に，シェアリングエコノミーが進展している理由を示す。

政府は，社会的課題の解決手段としてシェアリングサービスに期待している。そのため，平成28年7月よりシェアリングエコノミー検討会議を開催。平

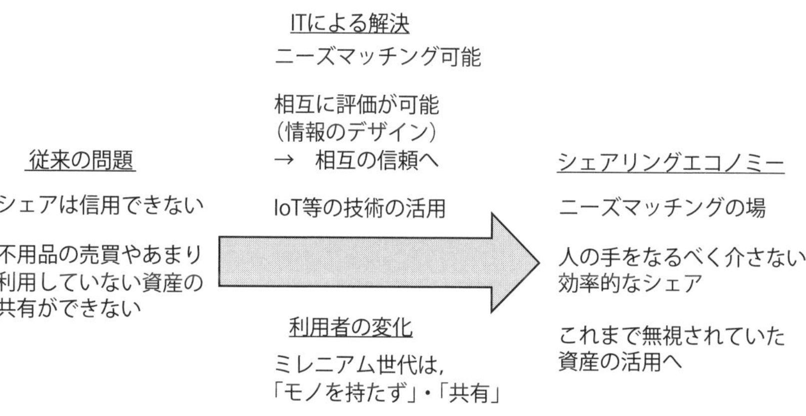

図表4－2　シェアリングエコノミーが進展している理由

成28年11月にシェアリングエコノミー推進プログラム（中間報告書）を公表した［8］。その資料の中で，シェアリングエコノミー推進プログラムの基本方針を次のように述べている。

シェアリングエコノミーは，既存リソースの効率的な活用や，個人による多種多様なサービスの提供・享受を可能とし，社会課題の解決が期待。シェアリングエコノミーの健全な発展を通じて，一億総活躍社会の実現，経済成長，資源の有効活用，地域創成・地域共助，イノベーション創出，国際動向と調和した我が国の持続的発展に寄与することを目指す。

なお，同資料では，シェアリングエコノミーの登場の背景を次のように分析している。

- *スマートフォンの普及などにより，これまで見えなかった個人の資産や能力の活用可能な時間帯等の情報を，インターネットを通じて，リアルタイムに不特定多数の個人の間で共有することが可能となった。*
- *ソーシャル・ネットワーキング・サービス（SNS）の普及に伴って，信用度を推し量りにくかったインターネットの向こう側の個人について，一定の信用度が可視化されるようになった。*
- *上記のことから，本業として資本を投下することなく，比較的迅速に市場に参入できるようになった。*

そして，平成29年1月には，シェアリングエコノミー促進室（政府相談窓口）が開設された。その組織の活動として，平成30年3月，「シェア・ニッポン100～未来へつなぐ地域の活力～　シェアリングエコノミー活用事例集　平成29年版」［9］を公開した（その後も毎年更新）。

シェアリングサービスは，図表4－3のような社会的課題の解決策として期待されている。

(2) 定額レンタルサービス

定額レンタルサービスは，サブスクリプションサービスの一種で，毎月定額

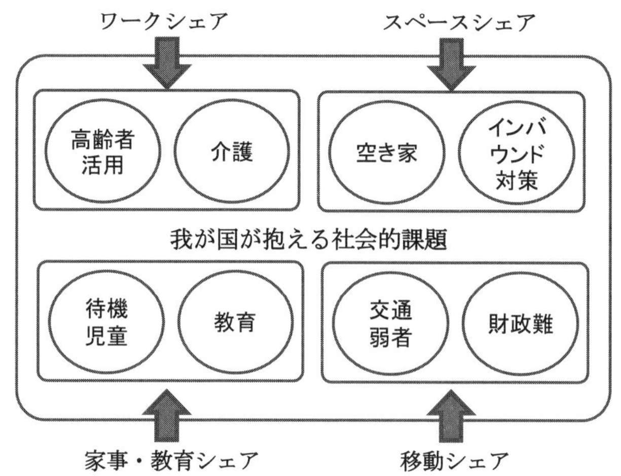

図表4－3 社会的課題の解決手段としてのシェアリングエコノミー（[4] より）

料金を支払うことで，借り放題になるサービスである（ただし，同時にレンタルできる品数に制限があったり，新たに借りる場合には以前に借りた品を返却する必要がある等の条件が付く）。定額レンタルは，企業が中心となっているシェアの仕組みとみなすことができる。以前より，DVD の定額レンタルはあったが，2015年頃より服などにも広がった。例えば，ストライプインターナショナルの服借り放題の「メチャカリ」，IDOM のクルマ乗り換え放題サービス「ノレル」などのサービスが提供されている。

定額レンタルサービスには，レンタル品を自分で選ぶサービスと，スタイリストなどが選定してくれるサービスがある。スタイリストなどが選定してくれるサービスでは，限られたレンタル品の在庫の中で，個々の利用者に合ったレンタル品の選定や質の高いコーディネイトの提供が求められるであろう。また，メチャカリのように新品を自分で選ぶことができれば強みとなる。なお，メチャカリのサービスから返却された商品は，ストライプクラブの OFFICIAL USED SHOP（ブランド公式古着通販）で販売される。図表4－4に，2021年11月時点でサービスされている主な定額レンタルサービスを示す。

なお，小売業が始めた定額レンタル事業の中には，店舗の販売事業への影響

サービス名	運営会社	レンタル品	選定方法
メチャカリ	ストライプインターナショナル	服【新品】	自分（コーデ提案有）
エアークローゼット	エアークローゼット	服（女性）	スタイリストが選定
Rcawaii	グラングレス	服（女性）	スタイリストが選定
EDIST. CLOSET	アドベンチャー	服（女性）	コーデセットと カスタムセット
Leeap	キーザンキーザン	服（男性）	スタイリストが選定
ラクサス	ラクサス・テクノロジーズ	バッグ	自分
KASHI KARI	カシカリ	ネクタイ	自分
KARITOKE	ななし	腕時計	自分
トイサブ	トラーナ	玩具	ベビートイインスト ラクターが選定
ノレル	IDOM	自動車	自分
KINTO	トヨタ自動車	自動車	自分

図表４－４　主な定額レンタルサービス

などにより，すでに終了したサービスが少なくない。既存の販売事業とのすみ分けが難しい事業である。

図表４－４のサービスの中で，個人の品物を預かりレンタルするサービス（ラクサスは Laxus X，KARITOKE は KASHITOKE）も行われている。

エアークローゼットは，スタイリストが服を選定する定額レンタルの他に，「エアクロモール」というメーカー公認月額制レンタルモールを2020年に開始した。購入前にじっくり体験できるというサービスである。

その他のサブスクリプション事業としては，ネットのコンテンツの定額制（動画，音楽など），飲食店での一定期間の飲食の定額制，保育園向けのおむつのサブスクリプションなどもある。

サブスクリプションサービスの経営管理では，将来にわたり毎年繰り返し発生する収益 ARR（Annual Recurring Revenue）という指標が重要になる。そのためには，利用者と長期的な関係を築き，解約を防ぐことが大切になる［10］。

(3) その他のシェアリングサービス

シェアビジネスが進んでいる。部屋，駐車場，自動車，自転車などである。個人が所有する資産の共有，企業が保有する資産の共有，に大きく分類できる。近年開始されたシェアリングサービスの例をあげる。

・個人が所有する資産の共有。
　自動車の運転——米国の UBER，中国の滴滴出行など。
　個人の乗用車のシェア——エニカなど。
　個人の駐車場へ駐車——アキッパ，軒先など。
　個人宅への宿泊（民泊）——Airbnb，Vrbo（旧 HomeAway）など。
・企業が保有する資産の共有。
　カーシェアリング——タイムズカープラスなど。
　自転車のシェア——ドコモ・バイクシェアなど。

シェアサービスでは，モラルハザード（倫理観の問題）が生じやすい。自分の所有物ではないため，利用者が丁寧に使わないことが多い。そのため，シェアビジネスでは，モラルハザードが生じにくい制度を工夫している。例えば，Airbnb は，部屋を貸すホスト，借りるゲストの両方を評価するシステムを組み入れている。

野村総合研究所［11］は，シェアリングサービスの取引総額（利用者視点）の国内市場規模は，2020年には6,749億円で，2026年には1兆4,519億円へ拡大すると予測している。

4－3　ポータル

ポータルとは「玄関」「入り口」という意味であり，さまざまなサービスを利用者に提供している入り口のサイトのことを指す。ここでは，代表的なポータルビジネスとして，Yahoo（ヤフージャパン）・Google を取り上げる。ニールセンの2021年7月の Monthly Total レポートによると，PC とモバイルの重複を除いたトータルデジタルで，最も視聴者数が多かったのはヤフージャパンで，8,592万人が月に1人平均303回利用。次いで，Google は，8,218万人に月平均242回利用されていた［12］。そのように多くの利用者を継続的に集めることで，両社は広告事業やさまざまなサービスビジネスにつなげることができる。また，スマートフォンでは，「スーパーアプリ」（日常の多くの場面で活用できる統合アプリ）化とその普及がポイントになっている。

なお，一般企業がオウンドメディアを創り出すための戦略（自社メディア化）で，ポータル機能を持つこともある。

(1) Yahoo！・ヤフージャパン

Yahoo！は，1994年に米スタンフォード大学のジェリー・ヤン氏とデビッド・ファイロ氏の２人が始めたインターネットの分類・検索サービスから始まった。Yahooという名前は，ガリバー旅行記での乱暴者の野獣の名前であるが，正式には“Yet Another Hierarchical Officious Oracle”（もう１つの階層的な気が利くデータベース）であった。1995年に商用化する際には，「インターネット版TVガイド」を目指した。そして，1996年にIPOする際には「メディア企業」（そこに行けば，誰でも，どんなものにでもアクセスできる）としてアピールした。また同年，ソフトバンクと米Yahoo！の合弁で日本法人のヤフー株式会社（以降，Yahoo！と区別するため，ヤフージャパンと記す）が設立された。

日本のヤフージャパンは，1996年にサービス開始して以来，コンテンツ・サービスへの投資を続けて，国内でポータルとしての強さを保っている。国内では「先行者の優位性」のトップシェアを，ブランド戦略とコンテンツへの投資で保ってきたと言える。しかし，米国ではそのような地位を保つことはできなかった。

なお，2010年，ヤフージャパンは検索エンジンを自前のものからグーグルのものに代えた。ただし，検索連動型広告のビジネスは引き続き自前で行っている。

ヤフージャパンは，ポータルの強みを活かして2013年には「Yahoo！予約」（当初は飲食店の予約から開始）のサービスを開始した。さらに，2014年には「Yahoo！トラベル」を宿泊施設との直接契約に変更して無料化し，2015年には高級ホテル・レストラン等の予約サイトの一休の買収を発表した。一休の買収を契機にネット予約事業を強化する戦略であり，宮坂社長は「ゴールはあらゆるものをヤフーで予約できること」と語っている［13］。

ヤフージャパンはポータルの利用状況が安定しているため，広告事業は順調である。2019年からは，収集したデータを活用したデータソリューションサービスも開始した。さらに，2019年にはLINEとの経営統合を発表し，2021年に経営統合が完了した。「より豊かで便利な生活を創造・提供」する狙いをあげているため，両社のサービス・プラットフォームが利用者に便宜を与える形で統合されることが期待できる。

(2) Google（グーグル）

Googleはスタンフォード大学の大学院生だったラリー・ペイジとセルゲイ・ブリンが1998年に創業。ウェブページの重要性の評価方法として，リンクされていることは投票されている，と見なすページランクのアルゴリズムの検索技術を採用したことで，利用者に支持されて，検索エンジンとして成功した。

創業した直後は，他のポータルの裏方としての検索エンジンとして成長し，一時はヤフーの検索エンジンとしても使われた。だが，その後さまざまなサービスを提供し始め，検索ポータルとしての地位を築いた。Googleは，検索技術を活用した広告事業で主な収益をあげている（Googleの広告ビジネスについては3－4－4参照）。つまり，Googleは，情報を必要としている利用者からは対価を取らずに，そうした利用者に情報を届けたいと望む側から対価を取っているのである。

Googleの事業分野は，検索エンジンに限らない。Googleは自社の使命を「世界中の情報を体系化して，アクセス可能で有益なものにすること」としている。そのため，文書の検索だけでなく，Google News（ニュースソース信頼性指標としてアルゴリズムで自動編集），Gmail，Google Maps，Google Earthなどへも事業展開している。その後は，クラウドコンピューティング，自動運転，宇宙開発などの先進分野の研究にも積極的である。

Googleは，2006年に動画共有サイトのYouTubeを買収。2007年には，ネット広告技術企業大手のDoubleClickを買収して，ネットでのポータル・広告の事業を拡大した。

Google は，スマートフォンの OS として Android を開発して無償提供している。この OS は，Google のスマートフォン上のアプリ（検索やマップ等）と密に連携している。つまり，スマートフォン上でポータルのように自社のアプリが多くの人に利用されるようになることを狙って，Google が戦略的に開発した OS である。

Google は，技術志向の企業であるため，総売上に占める研究開発費の割合はとても高く，2016年には約15.5% であった。Google は，イノベーションを生み出す面でも工夫している（10章で学ぶ）。

(3) その他のポータル

もともとポータルとしてサービスを行ってきたサイトとしては，エキサイト・goo（NTT 系）・Infoseek（2000年に日本法人が楽天に買収された）などがある。その中で，エキサイトは利用者層を絞った戦略を取るようになり，独特のコンテンツで20代～30代前半の男女（マーケティング実務ではそれぞれ M1層と F1層と呼ばれる）に的を絞ったサイトにしている。特に，F1層（20～30代前半女性）を惹き付けるために，デザインやコンテンツにこだわってきた。その他，マイクロソフトのポータルの MSN や，ISP や携帯会社のポータルなどが存在する。

商品情報・販売価格などを比較できるポータル的なサイトとしては，価格.com・比較.com などがある。

価格.com は，次のような収益モデルである（価格.com のサイトより）。

- ショッピング業務（掲載店舗からクリック数や販売実績に応じた手数料収入）
- サービス業務（事業者からブロードバンド回線の契約等に応じた手数料収入や，自動車保険，金融，中古車検索等の見積もり・資料請求等に応じた手数料収入）
- 広告業務（価格.com を媒体とするバナー，テキスト広告，コンテンツ・検索連動型広告等の広告を販売）

価格.com は，最初は単に価格を掲載するだけで，小売店から参加費やアフィリエイト手数料は得られなかったが，利用者が増えて比較サイトとして認知されたことで，参加費やアフィリエイト手数料を取れるようになった。また，価格.comには，単なる価格比較だけでなく，商品ごとにクチコミ情報を登録するクチコミ掲示板が用意されていて，Q&A等が可能であるため集客に役立っている。また，「お知らせメール」（値下がりや価格変動等の通知手段）に登録している利用者の情報から，おおまかな人気や需要をうかがうこともできる。2009年には，価格.comの利用データを企業が分析・閲覧できる有料のサービス「価格.com Trend Search Enterprise版」を開始した。製品やメーカーに対する競合分析・データ比較・クチコミ解析が可能である。

4－4　パーソナライゼーションとレコメンデーション

eビジネスやDXでは，利用者接点での付加価値が重要になる。そのため，パーソナライゼーションとレコメンデーションの機能提供が重要になる。さらに，利用者が開発に参加する共創の戦略を取る企業もある。

(1) パーソナライゼーション

ネットショップやポータルで，顧客ごとの画面表示を行う技術をパーソナライゼーションと呼ぶ。利用者にとって便利な機能で，かつリピーターとなることでネットショップの売上増につながるため，期待されている技術である。ログインして利用者を知った上で行う場合と，クッキー（Webサイトの提供者が，Webブラウザを通じて訪問者のコンピュータに一時的に書き込んだメモ）を用いる場合がある。

パーソナライゼーションが理想とする好循環とは，次のような流れである[14]。

顧客がショップサイトを訪問
→ ショップサイトが顧客について学習し，顧客ニーズについてナレッジを蓄積
→ そのナレッジを用いて価値あるサービスを提供
→ 顧客がそのサービスに満足
→ ロイヤリティを獲得。リピーターになる

図に表すと，図表4－5のように正のフィードバックループになることが理想的である。

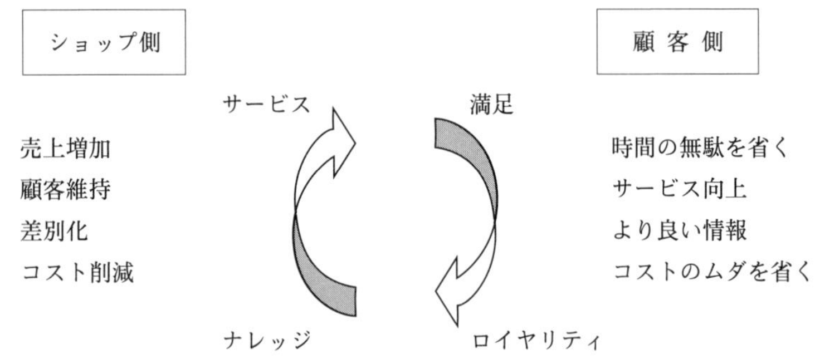

図表４－５　パーソナライゼーションの好循環（[14] より）

多くのサイトでパーソナライゼーションが行われているが，ここでは２社の例をあげる。

・楽天市場――会員ごとに，ほぼ100%パーソナライズしている［15］
・LOHACO――ログイン情報をもとに顧客属性や行動に合わせたコンテンツのパーソナライゼーションを行っている［16］

また，流通のDXでは，顧客ごとにパーソナライズした商品の提供が大きな強みになる場合がある。

(2) レコメンデーション

レコメンデーション（商品推薦）技術の中で，協調レコメンデーションの仕組みを，Amazonが有効に利用したため，他でも利用されている。「この本を買った人はこんな本も買っています」と他の本も薦めることで，クロスセルによる客単価向上を狙う仕組みである。協調レコメンデーションは，もともとはグループウェアで使われていた「協調フィルタリング」の技術を商品推薦用に応用したものである。協調レコメンデーションは，同じ画面が出続かないような工夫も望ましい［17］。

ただし，協調レコメンデーション技術は，新規の利用者や新規の商品には当てはめることができない。これは「コールドスタート問題」と呼ばれる［18］。

近年，レコメンデーション技術はさまざまに進化している。次のような手法を組み合わせることで，精度を高めたり，新商品のレコメンデーションが可能となる。

・利用者の属性から推測する方法
・利用者の購入／利用履歴から推測する方法
・多くの利用者の購入／利用履歴からパターンを求めて，新規の利用者に当てはめる方法
・新たな商品やコンテンツは，既存の商品やコンテンツとの類似度を求めて使用する方法

どのような面でレコメンドするかもポイントになる。高級旅館・ホテル予約サイトの一休は，場所とテーマなど2つの要素を組み合わせた2軸のレコメンドを実装して効果をあげた。その他にもさまざまなリニューアルを実施した結果，サイト全体で12%の売上増につながった［19］。

また，膨大なデータ（ビッグデータ）を機械学習することで，さらに精度の高いレコメンデーションが可能となる。

流通 DX でマルチチャネル販売を行う企業は，ネットの購入履歴だけでなく，リアル店舗の購入履歴を用いることが効果的である。また，店舗への来店客を増やすために，レコメンデーション技術を使った個人ごとの DM を作成して効果をあげた例もある［20］。

レコメンデーションに使われる技術の詳細については，［21］［22］などを参照のこと。

ビジネス的には，レコメンデーション技術で推奨した商品が購入された場合のみ課金するレコメンデーションエンジンを提供する企業もある（シルバーエッグ・テクノロジーなど）。

4－5　個人情報保護法と個人情報ビジネス

個人情報を活用したビジネスモデルを検討する際，個人情報の扱いは法律で規定されているため注意が必要である。

個人情報保護法（個人情報の保護に関する法律）は2003年に成立した法律である。行政や民間企業が保持する個人情報の保護を強化するための法律であり，本来の目的以外に個人情報（本人を特定する情報）を使わせないことなどが定められている。改正個人情報保護法は，2015年９月に成立し，2017年５月30日に全面施行された。改正個人情報保護法では，「匿名加工情報」についての規定も追加された。匿名加工情報とは，特定の個人を識別することができないように個人情報を加工した情報で元の個人情報を復元することができないようにしたものをいう。一定のルールに従えば，本人の同意なしで第三者に提供することなどの目的外利用が可能になった。図表４－６で示すように，個人情報から加工して生成した匿名加工情報は，匿名加工情報取扱事業者（匿名加工情報の扱いに厳格な義務が課される）が利用可能となった。また，改正個人情報保護法では，個人情報の適正な取扱いの確保を図るため，個人情報保護委員会が新設された。

さらに，令和２年改正（令和４年４月施行予定）では，特別な利用目的を想定して，氏名のみを削除した「仮名加工情報」（第三者提供は原則禁止）の制度も創設された。

個人情報を匿名加工情報に加工した上で提供・活用する事例も増えている

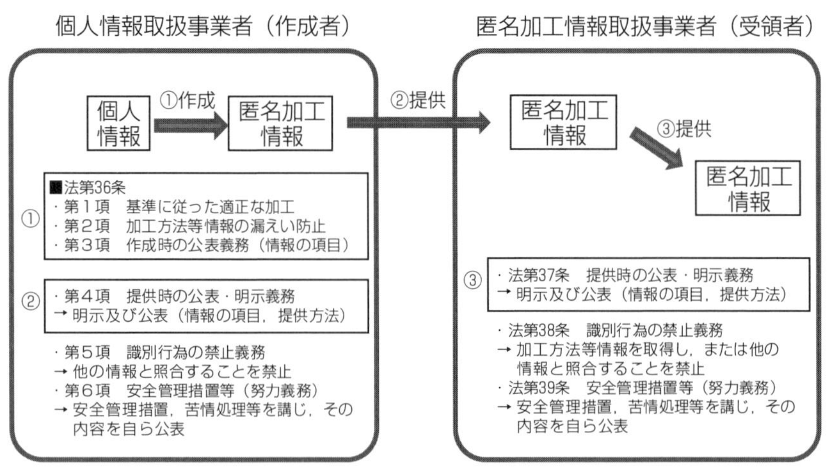

図表４－６　匿名加工情報の作成者・受領者が順守すべき規定（[23] より）

が，扱いが難しいため，各個人に自ら個人情報を提供してもらった上で活用しようというビジネスも立ち上がっている。

情報銀行や信用スコア事業が2019年から国内で本格的に始まった。すでに開始されたビジネスは，

・情報銀行――Dprime（三菱UFJ信託銀行），paspit（DataSign），MEY（電通系）
・信用スコア――J.Score（みずほ銀行とソフトバンクの合弁会社），LINE Score，セゾンクラッセ（クレディセゾン）など

情報銀行は，個人データの活用を一変させる可能性があるが課題も多い［24］。国内と海外の事例は［25］が参考になる。

情報銀行や信用スコア事業では，各個人が個人情報を提供する見返りに，何らかのメリット（金銭的または特典）を受けることができる仕組みを提供している。情報銀行に個人情報を預ける見返りが十分でないと利用者は増えないと思われる。さらに，普及する上で個人情報を活用した新サービス（健康管理など）の提供も課題になると考えられる［26］。また，日経コンピュータは，デジタル時代の「ディストピア」を避けるための5つの条件を提案している［27］。

4－6　コミュニティ，ソーシャルメディア

コミュニティ機能により，企業は顧客と対話したり顧客間の対話を促進できるため，顧客の声を聞いたり定着に役立つ。これまでもリアルのビジネスで，企業がコミュニティを作ることで顧客の定着に役立った事例はある（クラブツーリズム，ハーレーダビッドソン等）が，ネットを活用することでさまざまなコミュニティ作りが可能となった。

SNS（Social Network Service），ブログ，その他のコミュニティサイト（クチコミ，Q&A，動画等を共有）などのネット上の交流サービスは，ソーシャルメディアまたはCGM（Consumer Generated Media，消費者発信型メディア／消費者生成メディア）と呼ばれる。すでにネット社会にとってなくてはならない存在である。また，ネットショッピング／マーケティングにとっても重要なメディアとなってきた。ソーシャルメディアがネット販売などにも大きな影響を与えるようになった。

ブログ（Weblog）は，1999年から米国で利用が始まった。国内でも，ブログの記事数は2004年から2005年にかけて急増した。しかし，その後は，SNSやTwitterの普及などにより，ブログ開設は減少したが，有名人やカリスマブロガーのブログでの発言力・影響力はまだ大きい。

SNSは，ブログと違って，主に友人関係を中心としたネットワークであり，匿名性の低いものが多い。当初は，若年層向けのmixi・グリー・モバゲーが利用者数を増やしたが，2011年以降，フェイスブックが国内でも注目されるようになった。フェイスブックは，情報を中心としたサービス設計でなく，人間を中心としたソーシャルデザインの考え方でコミュニケーション機能を充実させたため，急速に会員数を伸ばした［28］。ビジネスモデルとしては，主に広告による収益が中心である（3－5を参照のこと）。2013年，一時は国内でもフェイスブックの利用者数が最も多くなった。フェイスブックは全世界的には利用者数を伸ばしている（2020年12月時点で月間アクティブ利用者数は約28億人）が，国内では利用者数は伸び悩んでいる。

インスタグラム（Instagram，フェイスブック配下）は，写真を中心に交流するソーシャルメディアである。「インスタ映え」が2017年の流行語大賞になり，その時期から国内でも若い女性を中心に活用が盛んになった。2018年，国内のSNS利用者数でフェイスブックを抜いてインスタグラムが最多になった。

なお，また，ビジネスマンを対象としてビジネスでの交流を支援するSNS，趣味分野ごとのSNS，投資家向けのSNS，年代ごとのSNSなど，さまざまなSNSが生まれている。

Twitterは日本でも2009年以降，利用が広がった。SNSとは違い，「関心」でつながるメディアである。

LINEは，NHN Japan（現LINE株式会社）が2011年に開始した，主に携帯電話向けの無料のチャット機能やインターネット電話を持つツールである。急速に普及し，2014年には登録利用者数が全世界で5億人を超えた。膨大な利用者数を活かして，生活に密着したサービスを展開中である。LINE株式会社は，LINEデリマ（2020年に出前館に統合）・LINEペイやAIスピーカーなど，リアルへも展開した。そのように，LINEはスマホをあらゆるサービスの入り口にするためのインフラにしようとしている［29］［30］。

ICT 総研の2020年の調査によると，日本の SNS 利用者（Twitter・LINE を含む）は2020年末には7,975万人（普及率80％）に達する見込みで，ネットユーザに占める LINE 利用率は77.4％，Twitter は38.5％，Instagram は35.7％，フェイスブックは21.7％である［31］。

SNS の友人関係はソーシャルグラフ，Twitter のフォローの関係はインタレストグラフと呼ばれ，ネットでの社会的な関係を形成している。ネット上のソーシャルグラフは，社会学の観点から分析されている［32］。

近藤［33］はソーシャルメディアを，「リアル社会接続型」と「インターネット完結型」に分類し，日本のネットコミュニティの本流は「リアル社会接続型」が主流になってきていると指摘している。

インフルエンサーや企業の SNS の活用方法など，ソーシャルメディアを企業のマーケティングに利用する手法については，3－5を参照。

利用者に，コンテンツ作りやサービスのための情報提供の協力をしてもらうことも有用である。Wikipedia などは，ウィキノミクス（Wikinomics）［34］と呼ばれる考え方に基づいて，広く利用者を巻き込んで，価値のある情報を集めることに成功しているメディアの例である。ジョルダンの「ジョルダンライブ！」（電車のリアルタイム運行状況）や，ウェザーニューズのウェザーリポーター制度なども，利用者からの情報をうまく集めてビジネスに活用している。ウィキノミクスは，不特定多数に開かれたもの造りの仕組みである。ウィキノミクスをうまく活用できれば，「活気あるコミュニティを立ち上げ」，「開かれた“広場”をつくり」，「ユーザを巻き込んで革新に取り組み」，「データとソフトウェアを全世界に公開してみせる」ことができるのである。ウィキノミクスの行動原理は，オープン性，ピアリング，共有，グローバルな行動の4点である。

4－7　プラットフォーム

eビジネスや DX のビジネスモデルを検討する際，プラットフォーム構築まで念頭に入れるべきと著者は考える。プラットフォーム化により，ビジネスに強力な基盤を構築することができるためである。

(1) プラットフォームの定義と分類

プラットフォームは，さまざまな定義がされている。本書では，プラットフォーム戦略の定義を次のように考えたい。

プラットフォーム戦略とは，従来よりも格段に広い範囲の利用者を獲得するために，業界標準にすべく努めたり，企業間で連携する仕組みを提供して参加を促進したり，ネット上にオープンな売買／貸し借り・コンテンツ利用・コミュニケーションの場など多くの利用者を集める仕組みを提供する戦略。

プラットフォームの分類方法として，根来［35］は，大きく基盤型プラットフォームと媒介型プラットフォームに分類している。また，モザド&ジョンソン［36］は，メーカー型プラットフォームと交換型プラットフォームに分類している。

本書では，大きくは根来の分類を利用するが，ビジネスモデルとの関連からさらにそれぞれを次のように分類する。

基盤型――完成インフラ型，クローズ連携型，オープン連携型
媒介型――仲介型，UGC 型，コミュニケーション型，コンピュータ取引型

基盤型の中で，完成インフラ型は，メーカーやベンダーが完成した製品・サービスを提供して，業界標準のようにインフラとして広く利用されているもの（ただし，OS 上のアプリケーションなど連携がポイントになる場合や，仲介的に利用される場合などもある）。クローズ連携型は，一部の企業と連携してサービスを提供しているもの。オープン連携型は，API 等を公開して広く企業などと連携しているもの，というように分類する。なお，これらの 3 つにはっきりと分類しにくい事例もある。DX では，特に基盤型プラットフォームの構築が重要である。

媒介型の中で，仲介型は，売買や貸し借りなど複数の利用者のグループを仲介するもの。UGC（User Generated Content）型は，利用者が作成するコンテンツを蓄積して共有できるようにするもの。コミュニケーション型は，利用者間のコミュニケーションの場を提供するもの。コンピュータ取引型は，ネットの運用型広告（ターゲティングや入札の仕組みを含む）や金融取引など，人ではなくコ

大分類	小分類	説明	例
基盤型	完成インフラ型	一通りできあがったインフラを提供	OS(Windows, Android 等), クラウド（AWS等）など
	クローズ連携型	クローズな連携により，インフラを構築	ゲーム専用機とゲームソフトとの関係など
	オープン連携型	APIやツールキット等を用いたオープンな連携により，インフラを構築	Amazon Echo，BaaS（6－8を参照）など
媒介型	仲介型	売買や貸し借りなどを仲介	ネットモールやシェアリングサービスなど
	UGC 型	利用者のコンテンツを蓄積・共有	Wikipedia，口コミサイト，クックパッドなど
	コミュニケーション型	SNSなど	Facebook，Twitter など
	コンピュータ取引型	運用型広告の配信・仲介，金融（決済や貿易金融等）など	ネット広告の DSP/SSP（3－4－2を参照）など

図表4－7　プラットフォームの分類

ンピュータ間の主にリアルタイムでの取引を仲介するもの，というように分類する。なお，Q&A サイトは，質問への回答についてはコミュニケーション型であるが，Q&A の蓄積を検索できるサービスは UGC 型と見なすことができる。

図表4－7は，プラットフォームを分類した表である。

(2)　プラットフォームビジネスの優位性

プラットフォームは，既存の業界のルール自体を変革してしまう場合さえある。例えば，Airbnb のような民泊を仲介するプラットフォームの出現により，「固定費をカバーしなければならないホテルは，ふと気づくと，固定費を持たない企業と競争している」[37] という状況に陥ることになってしまった。

プラットフォーム企業から見た優位性としては，それまでのシェア争いでは得られない急速なスピードで事業を成長できる点である。そして，利用者数の急拡大により，事業収益における「規模の経済」の効果が得られ，大きな利益を得ることができる。同時に，急成長により，さらに開発予算を増すことができ，プラットフォームとしての競争力を強化できる。

また，取引先等との間に「強力な交渉力」をもたらす。交渉力については，かつてマイクロソフトがバンドル戦略で成功できたように，プラットフォームとして業界標準のインフラとなることができれば，特に交渉力は大きくなる。

プラットフォーム間の熾烈な競争を勝ち抜いてプラットフォームとしてのポジションを確立できれば，とてつもなく大きな優位性をもたらす。モザド&ジョンソン［36］は，プラットフォームの戦いはいわゆる「勝者総取り方式」であるとし，プラットフォーム独占企業の問題を指摘している。エヴァンス&シュマレンジー［38］は，「マッチメイカーが産業を変革する」と述べている。

DXにおいては，他社と連携して基盤型プラットフォームを構築できれば，強力な武器となる。さらに，プラットフォームの規模を拡大し，利用者とともに革新を続けてエコシステムを構築できると，競争力を格段に高めることができる。

また，１つの会社が複数のプラットフォームを提供することで，より強固なビジネスモデルを創造することができる。プラットフォーム単体で機能するよりも，複数のビジネスモデルが組み合わさっている場合のことを，レイエ［39］は「プラットフォーム推進型エコシステム」と呼び，それらの相乗効果を指摘している。

著者は，Amazonのプラットフォーム戦略を分析した［40］。Amazonは，特にモールとAWSという巨大なプラットフォームの確立が強力な競争優位をもたらしていると言えるが，他にも，図表４－８のように，数多くのプラットフォームを提供することで，自社を中心とするエコシステムを構築して強固な競争優位を維持している。

(3) プラットフォームのネットワーク効果

「ある製品・サービスを利用する人の数が増えれば増えるほど，利用者の便益が向上する効果」のことを，「ネットワーク効果」（または，ネットワーク外部性）と言う。プラットフォームを構築しようとする場合には重要視すべき効果である。

ｅビジネスのプラットフォームでは，利用者数が多いほど，サービスの魅力が増すことがある。そのため，質問回答サイトやオークションサイトで，同じ

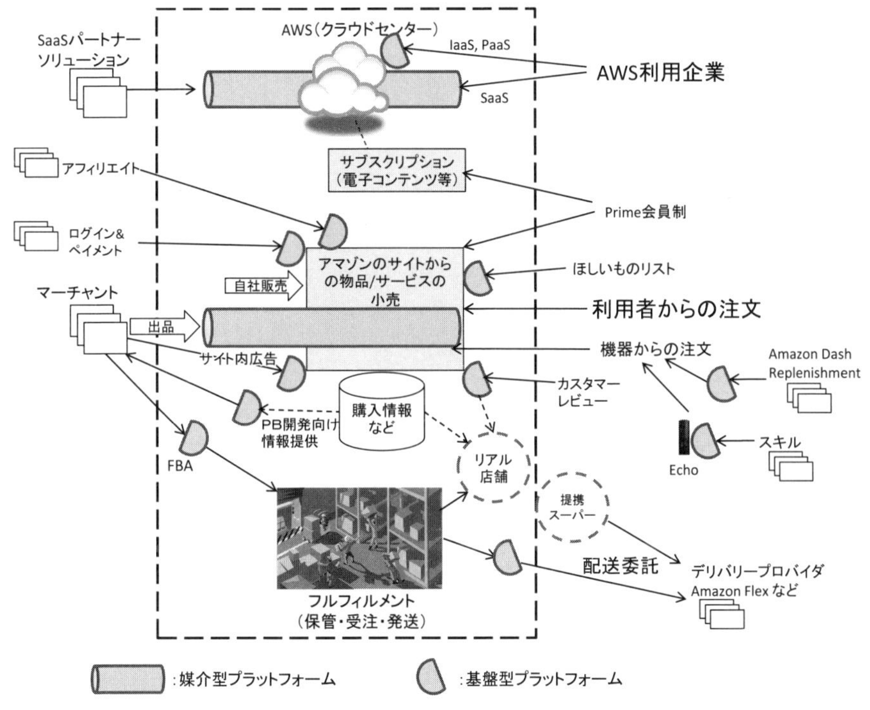

図表4－8　Amazonのプラットフォーム戦略（[40] に加筆）

サービスをサービス名だけ変えて運営する戦略が取られた。オウケイウェイブのOKWaveは，「教えて！ goo」など約40サイトと提携して，各社ブランドの質問回答サイトを作り，利用者を獲得した上で，各サイトの利用者は同じ質問と回答を参照するようにした。また，すでにサービス終了しているが，DeNAによるBiddersというオークションサイトは，当初，他の複数のオークションサイト（ISP系等）と連携し，オークションの場自体は同一にして，入札・応札する出品アイテムを共有できるような戦略を取り，一時は出品数を増やすことができた。そのように連携することで，ネットワーク効果から，OKWaveやDeNAは多くの利用者を獲得することができた。

媒介型プラットフォーム（特に，仲介型のように複数のグループが参加する場合）

では，「サイド間ネットワーク効果」[35] が重要である。間接（的）ネットワーク効果やクロスサイドネットワーク効果とも呼ばれる。サイド間ネットワーク効果とは，片方の利用者グループの量や質が，もう片方の利用者グループに影響する効果のことである。リアルでもネットでも，両側に多くの利用者（売り手，買い手など）に参加してもらうことができれば，参入障壁を築き，安定的なサービス提供が可能となる。例えば，プラットフォームの買い手側には，そのプラットフォームにどのような売り手が出店しているかが影響する。

4－8　ビジネスモデルにおける価格戦略

利用者に対してどのように価格を付けるかは，利用者の増加・定着や収益の最大化の面で，重要なポイントになる。価格は平準化にも関わる。IT の進歩によって，成功報酬・入札・変動価格などの対価を決めるさまざまな手法が可能となった。価格モデルを決定する際，顧客の獲得・定着のために適切な手法かを検討するとともに，収益の最大化の検討も必要になる。

(1) 無　料

価格を無料にすることは，行動経済学の実験などから，有料よりも利用者が格段に集まりやすいことが知られている。マーケティング施策として，一時的な無料戦略（マクドナルドのコーヒー等）を行う企業もあるが，継続的に無料にする場合には綿密な工夫が必要になる。ネットの無料サービスでは，広告収入に依存するものが多い。また，無料の効果をうまく活用した戦略として，フリーミアムがある。

フリーミアムとは，基本サービスは無料で，かつ有料サービス（無料より魅力的）を提供する価格モデルである [41]。基本サービスは無料で魅力的なサービスを提供できれば，利用者に対する価値を創造し，無料ユーザは増加する。そして，無料ユーザが増加すると口コミでサービスが広まるため，有料サービスが無料よりも魅力的であれば有料ユーザもある程度増加する（広告費は少なくてすむ）。そして，有料ユーザの増加で収益増となる。かつ，広告費は少なくてすみ，さらに限界コスト（生産やサービス提供量を増やした時に増加する費用）

が極小であれば変動費がとても少なく，無料ユーザが増加分をカバーできる。そのため，ビジネスモデルが成立する。

その他，クラウドコンピューティングでのストレージサービスなど，ある範囲内の容量であれば無料というようなフリーミアム戦略が知られている。国内でも，ニコニコ動画やクックパッドなどはフリーミアム戦略を採用している。ある程度の機能は無料で利用できるが，有料会員になるとさらに便利な機能が提供できるようにして，有料会員を増やす戦略である。

オープンな利用（公共的な利用など）ならば無料という手法もとられている。BI ツールの Tableau Public（主にオープンデータの分析に利用することを想定。分析結果をローカルに保存できずにクラウドに保管できるが，他の利用者から見られてしまう），プログラムソース管理の GitHub（オープンソースの利用は無料。企業向けの閉じた利用は有料）などである。

時間的な面でプレミアム（すぐに続きを見ることができる）なサービスは有料というサービスもある。明日まで待てば無料というマンガのオンラインサイトがある。そのように，時間の面でプレミアムな利用であれば有料，というようなフリーミアムの手法もある。

B to B でも無料モデルがある。Yahoo！ショッピングやバイト仲介の Indeed は，企業側に対して無料モデルである。ただし，Yahoo！ショッピングの出店企業が売上を伸ばしたい場合や，Indeed で人材募集を掲載している企業がすぐに人材を採りたい場合は，広告費を支払って広告を出す必要がある。両社は，そのような広告費で収益をあげている。

また，プリンタ販売において消耗品のインクの販売から利益がもたらされているように，関連商品／サービスから収益をあげる方法もある。

(2) 成功報酬／従量課金

無料戦略に近いが，提供したサービスにより集客効果やコスト削減などがもたらされた分に対して，顧客から成功報酬を受け取る方式は，時としてビジネスモデルとして有効な場合がある。サービスを受ける顧客側の心理的な抵抗を減らすことができるため，効率的な顧客開拓が可能となるためである。レベニューシェアリングとも呼ばれる。

成功報酬のビジネスモデルは，顧客獲得には有効である。ただし，実績を上げるための工夫や課金額を抑えるための仕組みが重要となる。成功報酬のビジネスモデルとしては，企業の購買代行事業で購買の削減額に応じた額を受け取る事例などが知られている。

リブセンスは，求人情報サイト「ジョブセンス」（現マッハバイト）の運営で成功報酬型のビジネスモデルを採用して一時は大きく成長した。応募者の採用という成果が得られて初めて利用料が発生する仕組みで，無駄に費用を払う心配が無い安心感から効率的な営業活動が可能となり，コスト削減が実現できて，競争優位を確立できた。

従量課金は，売れた分や使った分から支払ってもらう方式である。ネット販売のモールへの出店／出品の課金は，主に売上に対する従量課金が中心である。機械などで使用した分の従量課金は，IoT の技術の利用により，メーターやセンサーのデータを遠隔で取れるようになったため普及しつつある。

(3) 入札・オークション

購入側が買いたい商品／サービスを提示して売りたい側が入札する場合，購入側はより低価格で購入できる。オークションは，売りたい商品／サービスを提示して，購入側が入札する手法であり，より高価格で販売したい場合に利用される。逆オークションは，売りたい側が入札する。取引の相手が即決しなくていい場合に，そのような入札・オークションが可能となる（コンピュータ同士のリアルタイム入札は除く）。

オークションは，利用者ごとに価値が異なる場合（一部の人には大きな価値があり，高く販売可能）に利用することで，より高価格で販売できる。そのため，美術品やマニア向け品などはオークションが使われることが多い。航空機でのプレミアムエコノミー席へのアップグレード料金でも入札（オークション）方式が増えている。

ネット広告の運用型広告（検索連動型広告やディスプレイ広告の RTB など）でもオークション方式が利用されている。広告出稿者にとって，どのような人に広告を見せたいかなど，その時々でも違ってくるため，広告の価値が異なるためである。

B to B の逆オークションは，原料や部品を大量に購入する際により安く調達するために利用される仕組みで，売りたい側は他の入札価格を見ることができ，何回でも入札できる。そのため，調達価格をより抑えたい場合に利用される。

特殊なオークションもある。シーパーツの GAPRAS という自動車リユース部品専門のオークションサイトは，車両まるごとの入札と，解体した場合の部品それぞれごとに入札を行うことで，1台あたりの売上金額を最大にできる。

(4) ダイナミックプライシング／価格変動制

時期・時間や状況などによって価値（需要）が異なる場合には，ダイナミックプライシングが利用される。もともとは，ホテル料金の収益を最大化するために，イールドマネジメントと呼ばれる考え方で繁忙期／閑散期によって価格を変動させていた。そのような方式が，USJ やプロスポーツの入場料，人気アーティストのチケット価格にも適用されるようになった。また，あしかがフラワーパークは，開花状況によって入場料を変動させている。

IT を活用してリアルタイムで価格を変動させるようなダイナミックプライシングも利用されるようになってきた。価格の変動方法は，価値をデータで評価（過去や現在の購入／予約状況などで需要の傾向を判断など）する。

(5) 定額制／会員制

定額制は，サブスクリプションサービスなどで利用される課金方法である。デジタルコンテンツはフリーミアムの場合もある。シェアリングサービスなどで活用されることが多い。

定額制では，継続利用してもらう対価が重要となる。例えば，バッグ定額レンタルのラクサスがサービスを開始する際，「サービスを提供するターゲットが，毎月，払い続けたことのある金額設定にすることがポイントになる」ことから，「男性の場合は，車のローンを考えればわかりやすいが，1万円程度を払い続けることにさほど抵抗はない。それに対し女性の場合は，せいぜいがスマホの毎月の支払だ。そこからラクサスの月額使用料を6,800円の設定にした」という［42］。ストライプインターナショナルが運営するメチャカリは，2019年に「3ヵ月間は月額39円」というキャンペーンを開始した。この思い切った価格戦略は，「3ヵ月継続で解約率が下がるから」という理由からであった［43］。

B to Bでも，モノの販売でなく，継続的な利用で収益をあげる戦略で，定額制や利用された分の課金を行う企業が増えている。B to Bのサブスクリプションをテーマとした書籍も出版されている［44］。B to Bの取引仲介のアリババは会員制であり，会費を徴収する。B to Bの取引のように，個別のやりとりを伴うことが多くネット完結ではない場合は，従量課金で収益をあげるのは難しいと言われる。

サービスでは，会員制を設けて年会費などを徴収することで，会員を優遇して価値の提供につなげるところがある。アマゾンはプライム会員制で囲い込む。

リカーリングは，会員制で継続課金により利用に応じて料金を支払う契約方法である。注文が容易であるというメリットがある。この方法も，提供側には囲い込みの効果がある。

(6) 安価戦略

無料ではないが，従来にない安価で市場を創造する戦略である。コストリーダーシップ戦略や，ブルー・オーシャン戦略［45］で新たな顧客セグメントを創造したい場合などである。

パッケージ料金は，複数の商品・サービスを組み合わせて大量販売することで，安く仕入れて安く販売する戦略である。組み合わせてソリューションとしての価値を提供する場合などもある。なお，単なる廉価販売は，コストリーダーシップで低価格が競争力となるが，大量販売が前提となる。コモディティ化によりさらなる価格競争を招く恐れもある。

図表4－9はビジネスモデルにおける価格戦略を比較した表である。

4－9　ビジネスモデルに関する行政の支援

企業が新たなビジネスモデルを実現することを推進するために，企業がビジ

対価の方針	戦略	活用のポイント，利用者にとっての価値	収益構造
無料	フリーミアム，広告モデルなど	無料は利用者に魅力となる。限界コスト小の場合はフリーミアム可	一部顧客からプレミアム価格，または，広告収入など
成功報酬／従量課金	調達代行，IoT 活用など	無料に近い安心感	成功につなげる仕組みが重要。継続使用や使用量の拡大で収益増
入札／オークション	収益の最大化，調達費用の最小化など	顧客による価値の違い	一部の顧客セグメントでは価値大のため，収益を最大化できる
ダイナミックプライシング	収益の最大化	時期・時間や状況などによる価値の違い	需要に合わせた価格の計算
定額制／会員制	サブスクリプションなど	続けるのが苦でない価格設定。「お任せ」が価値。安心感	顧客が継続すると収益が安定。囲い込み
安価戦略	コストリーダーシップ戦略，ブルー・オーシャン戦略等	お得感。安価で市場を創造	大量販売によるパッケージ料金，ブルー・オーシャン戦略での価格イノベーション等

図表4－9　ビジネスモデルにおける価格戦略の比較表

ネスを実施しようとする際，規制の対象か否かがわかりにくい「グレーゾーン」の場合に，政府に問い合わせることができる相談窓口が設けられている（経済産業省「企業実証特例制度・グレーゾーン解消制度」[46]）。2014年1月に施行された産業競争力強化法に基づく「グレーゾーン解消制度」は，事業に対する規制の適用の有無を，事業者が照会することができる制度である。事業者が新事業活動を行うに先立ち，あらかじめ規制の適用の有無について，政府に照会できる。企業が規制上のグレーゾーンを回避するのでなく，チャレンジできるようにするためである。グレーゾーン解消制度は，2021年9月時点で196件もの活用実績があり，その活用実績の内容（照会書と回答）は公開されている。回答では具体的な照会者名は匿名化されているが，照会者等の同意を得られた場合は実名入りの照会書も公開されている。

一般に，新事業実施の際，制度の面で心配になる場合も少なくないため，法律・規制に反していないことや登録・認可が必要か否かなどを確認できたほうが，自社やパートナー企業が安心して取り組むことができると考えられる。そのため，DX検討の際には，この制度をうまく活用すべきである。また，競合他社やベンチャー企業がどのような新事業を検討しているかを，このようなサイトを見ることでうかがい知ることができる場合もあるだろう。

また，中長期的なビジネスモデルの検討のためには，内閣府知的財産戦略本部が提唱する思考補助ツール（フレームワーク）「経営デザインシート」を利用できる。経営デザインシートは，企業が長期的なビジョンを描くため，環境変化を見据えて，「これまで」の理解に基づき，「これから」を構想する目的で利用されることを想定している。経営デザインシートでは，企業の価値創造のメカニズムを「IN 使える資源」「ビジネスモデル群」「OUT 提供する価値」を中心に記述する。そして，望ましい未来からのバックキャストで，どのように自らを変革するかを検討してゆく。そのため，時間軸でビジネスモデルの変化を表現できるため，将来どのような価値を提供するかをビジネスモデルとともに考えるために利用できる。内閣府の「経営をデザインする」[47]というページに，経営デザインシートのテキスト・説明資料・動画，活用例などが紹介されていて，雛型も入手できる。

業種別では，フィンテック（FinTech）の促進のために行政も対応している。2017年に銀行法が改正され，金融機関のネットを通したオープンイノベーションへの対応を促進することを目的として，銀行にオープンAPI導入の努力義務が課せられた。

参考文献

［1］今枝昌宏『ビジネスモデルの教科書』，東洋経済新報社，2014年.

［2］アレックス・オスターワルダー，イヴ・ピニュール『ビジネスモデル・ジェネレーション　ビジネスモデル設計書』，翔泳社，2012年.

［3］幡鎌博『DXのためのビジネスモデル設計方法』，インプレスR&D，2020年.

［4］経済産業省「平成28年度　我が国におけるデータ駆動型社会に係る基盤整備（電子商取引に関する市場調査）」，2017年.

https://www.meti.go.jp/meti_lib/report/H28FY/000135.pdf

[5] アルン・スンドララジャン『シェアリングエコノミー』，日経BP社，2017年.

[6] レイチェル・ボッツマン，ルー・ロジャース『シェア＜共有＞からビジネスを生みだす新戦略』，NHK出版，2010年.

[7] 野口功一「広がるシェアリングエコノミー『ミレニアル世代』の意識とは？」，宣伝会議，2018年1月号.

[8] 内閣官房情報通信技術（IT）総合戦略室／シェアリングエコノミー促進室「シェアリングエコノミー推進プログラムの進捗状況について」，2017年9月29日.
https://www.kantei.go.jp/jp/singi/it2/senmon_bunka/shiearingu/dai8/shiryou8-1.pdf

[9] 内閣官房シェアリングエコノミー促進室「シェアリングエコノミー活用事例集（平成29年度版）」，2019年3月20日.
https://www.kantei.go.jp/jp/singi/it2/senmon_bunka/shiearingu/dai9/siryou9-5.pdf

[10] 桑野順一郎・竹内尚志「投資なくして成長なし？　サブスクリプションKPI設計の基本」，MarkeZine 2019年7月号.

[11] 野村総合研究所『ITナビゲーター2021年版』，東洋経済新報社，2020年.

[12] ニールセンデジタル株式会社「デジタルコンテンツ視聴率のMonthly Totalレポートによるトータルデジタル視聴者数上位10サービスを発表」，2021年9月21日.
https://www.netratings.co.jp/news_release/2021/09/Newsrelease20210921.html

[13] 日経MJ 2015.12.21「ヤフー，一休を1,000億円で買収　全てをネット予約で」.

[14] トーマスA.フォーリー『One to Oneマーケティングを超えた戦略的Webパーソナライゼーション』，日経BP社，2002年.

[15] 日経MJ 2012.2.24「ビッグデータで武装せよ　楽天，表示内容，会員別に」.

[16] ダイヤモンド・オンライン　業界ウォッチ「ネットでペットボトルは6本単位でしか買えないと，誰が決めた？　かゆいところに手が届く日用品ECへの挑戦」，2014年12月25日.
http://diamond.jp/articles/-/64121

[17] 月刊 ネット販売2006年6月号「特集　レコメンド活用最前線」.

[18] 日経ビッグデータ2016年2月号「キーワード　コールドスタート問題　協調フィルタリングが抱える課題　複数のレコメンド手法を組み合わせて解決」.

[19] 日経クロストレンド2021年6月号「一休，売り上げ12％増に秘策　“2軸レコメンド”の威力」.

[20] 日経デジタルマーケティング2016年9月号「紳士服チェーン店大手のはるやま商事

AI 活用したレコメンドで来店客15% 増」.

［21］ Deepak K. Agarwal, Bee-Chung Chen『推薦システム：統計的機械学習の理論と実践』, 共立出版, 2018年.

［22］ 日経産業新聞2021.5.10「広がる AI レコメンド」（CB インサイツ 2021年 4 月26日「AI レコメンド技術最前線」より）.
https://www.nikkei.com/article/DGXZQOUC193PM0Z10C21A4000000/

［23］ 個人情報保護委員会事務局レポート「匿名加工情報　パーソナルデータの利活用促進と消費者の信頼性確保の両立に向けて」, 個人情報保護委員会, 2017年.
https://www.ppc.go.jp/files/pdf/report_office.pdf

［24］ 日経クロストレンド2019年 1 月号「情報銀行は離陸するか」.

［25］ 佐々木隆仁・春山洋・志田大輔『My Data エコノミー　パーソナライズと情報銀行』, 日経 BP 社, 2020年.

［26］ 日経産業新聞2019.11.14「情報銀行　利息は「倍返し」も」.

［27］ 日経コンピュータ2020年 2 月20日号「特集　ハッピーか？　AI 格付け社会「信用スコア」の光と影」.

［28］ 日経ビジネス2011年10月17日号「特集　フェイスブックが描く未来　8 億人が集う新経済圏が勃興」.

［29］ 日経産業新聞2019年 1 月23・24・25・29日「LINE　インフラへの道」.

［30］ 幡鎌博「鉄道事業者と LINE のビジネスモデルの類似点」, 文教大学　情報学研究科 IT News Letter Vol.11 No.1, pp.3-4, 2019年.

［31］ ICT 総研「2020年度 SNS 利用動向に関する調査」2020年 7 月29日.
https://ictr.co.jp/report/20200729.html/

［32］ 春木良且『ソーシャルグラフの基礎知識　繋がりが生み出す新たな価値』, 新曜社, 2012年.

［33］ 近藤淳也『ネットコミュニティの設計と力　つながる私たちの時代』, KADOKAWA/ 角川学芸出版, 2015年.

［34］ ドン・タプスコット, アンソニー・D・ウィリアムズ『ウィキノミクス　マスコラボレーションによる開発・生産の世紀へ』, 日経 BP, 2007年.

［35］ 根来龍之『プラットフォームの教科書』, 日経 BP, 2017年.

［36］ アレックス・モザド, ニコラス・L・ジョンソン『プラットフォーム革命』, 英治出版, 2018年.

［37］ ジェフリー・G・パーカー他『プラットフォーム・レボリューション　未知の巨大なライバルとの競争に勝つために』, ダイヤモンド社, 2018年.

[38] デヴィッド・S・エヴァンス，リチャード・シュマレンジー『最新プラットフォーム戦略　マッチメイカー』，朝日新聞出版，2018年.
[39] ロール・クレア・レイエ，ブノワ・レイエ『プラットフォーマー　勝者の法則　コミュニティとネットワークの力を爆発させる方法』，日本経済新聞出版，2019年.
[40] 幡鎌博「アマゾンジャパン　プラットフォーム戦略と強さの本質」，販売革新（商業界）2019年12月号.
[41] クリス・アンダーソン『フリー〈無料〉からお金を生みだす新戦略』，NHK 出版，2009年.
[42] DIAMOND Chain Store online 2019年５月29日「ブランドバックで急成長するラクサス児玉昇司社長が教える　サブスクリプションモデル成功のポイント！」.
https://diamond-rm.net/sales-promotion/33393/
[43] MarkeZine のサイト2019年11月６日「３ヵ月継続で解約率が下がるから月額39円にファッションサブスクのメチャカリに学ぶ成功の秘訣」.
https://markezine.jp/article/detail/32269
[44] 宮崎琢磨他『SMART サブスクリプション：第３世代サブスクリプションがＢ to Ｂに革命を起こす』，東洋経済新報社，2019年.
[45] W・チャン・キム，レネ・モボルニュ『新版　ブルー・オーシャン戦略　競争のない世界を創造する』，ダイヤモンド社，2015年.
[46] 経済産業省「グレーゾーン解消制度・プロジェクト型「規制のサンドボックス」・新事業特例制度」.
https://www.meti.go.jp/policy/jigyou_saisei/kyousouryoku_kyouka/shinjigyo-kaitakusei-dosuishin/index.html
[47] 内閣府　知的財産戦略本部「経営をデザインする」（知財のビジネス価値評価）.
https://www.kantei.go.jp/jp/singi/titeki2/keiei_design/index.html

第5章
B to B

B to B（企業対企業）のｅビジネスでは，いくつかの形態がある。まず，各企業が自ら部品・原料・間接資材をネットで調達する場合がある。ただし，自らシステムを開発／運用せずにASPを利用する場合もある。間接材の場合などは，電子カタログ機能を持つ調達サイトが利用されるようになってきた。また，ｅマーケットプレイスは，仲介業者を通して取引先を見つけたり売買を行う形態である。

EDI を利用して，受発注をネットで行うことは増加している。EDIを超えて，取引先とさまざまな情報を交換する場合もある。業界全体で企業間の情報交換を促進するような業界インフラも構築されている。

また，単なるサービスだけでなく，システム連携（ASP提供）やAPI公開などにより，他の企業に利用上の付加価値を加えることがB to Bの手法として一般的になってきた。

5－1　電子調達

(1) 電子調達の概要

従来，企業の調達は合い見積もり（複数のサプライヤに見積りを出して安いほうに発注）等で個別に安い調達先を探していた。また，系列への発注も多かった。しかし，ネットを通して部品・原料などを逆オークションすることで，さらに安価に調達できるようになった。一般に，直接材と間接材で，ネットでの調達方法は次のように異なる。

・買い手主導（主に大量に購入する直接材）

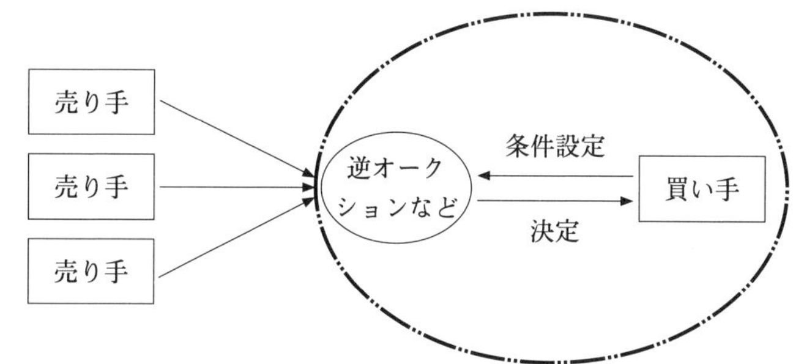

・売り手主導（間接材など）

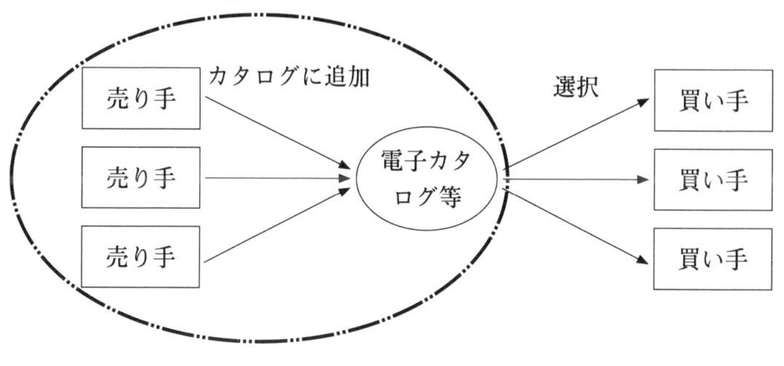

図表5－1　調達システム

1）直接材＝直接経費で購入（製品原価に直接反映される）

部品・原料などの大量購入であるため。買い手側主導の仕組み（逆オークション）が中心。

2）間接材＝間接経費で購入（それぞれの製品の原価に配賦される）

オフィス用品・消耗品（サプライ用品）・補修用品・理化学機器・出張など。売り手側主導の仕組み（電子カタログなど）が中心。MRO（Maintenance Repair and Operation）とも呼ばれる。

(2) 直接材の調達

直接材については，NECやソニーなど，大手の電機メーカーは調達の多くを電子化している。また，外食チェーンのすかいらーくグループでも，逆オークションを使って食材の購入額を削減している。

逆オークションによる商品価格の決定方法は，従来の合い見積もりと違って，競合各社が他社の入札価格を見ながら入札を続けて価格を引き下げ合うため，購入価格を従来よりも低くできる仕組みである。

直接材の電子調達の効果としては，次の点があげられる。

・従来より広い範囲から入札を受けることが可能（海外も含め）
・より低価格での調達が可能（特に，逆オークションを利用した場合）
・調達業務のコストダウンにもなる（購買部門の人員削減も可能）

(3) 間接材の調達

間接材の例としては，文具・オフィス用品の調達サイトでは，コクヨの「べんりねっと」「カウネット」，アスクル，大塚商会「たのめーる」（代理店を介在させない直売型）が知られる。

間接材の調達では，電子カタログに商品の品ぞろえを豊富にそろえることが重要になる。

MonotaRO（旧住商グレンジャー）が運営するモノタロウは，間接資材を売買するサイトである。「一物一価」制を導入し，サイトで全製品の単価を公表。大企業でも中小企業でも取引量に関わらず同一の価格で販売することで，価格交渉の煩わしさを軽減した。取り扱う商品数を増やし続け，2018年に1,500万種類を超えて，ロングテールのビジネスモデルを確立し，売上を拡大している。カテゴリーの拡大と検索機能を強化することで競争優位性を高める方針である［1］。目標としては，2021年時点で間接資材の国内市場でシェア３％であるが，それを10年間で10%に高めることを目指している［2］。

また，アマゾンジャパンは2017年９月，法人向けサービスとして Amazon Business を開始した。月末締め請求書払いに対応し，法人向け価格・数量割引も行う。

(4) 調達に関連したサービス

調達サービス提供企業がビジネスを広げる上で，調達に関連したさまざまなサービスを提供することが重要となる。

逆オークションの支援／代行としては，米国で，FreeMarketsが逆オークションする対象を選定するなどの支援を行って1990年代から2000年代はじめにかけて一時はビジネスを広げた（後にAriba社に買収された）。

日本では，ソフトバンク系列のディーコープが，逆オークションの支援ビジネスを行っている［3］。ディーコープは，2006年4月，消耗品や資材の購買費削減を支援する企業向けサービス「見積@Dee」を始めた。成功報酬型のビジネスで，インターネットで逆オークションを行うための業務（逆オークションの対象とする資材の選定から，納入企業との契約，納品の監理まで）を代行するビジネスである。ディーコープのホームページ（2021年12月時点）によると，累計支援企業は2,884社で，コスト削減の効果はこれまで20.4%の平均削減率を達成している。その他にも，間接材の調達サイトを運営する企業の中には，調達コストの削減額に応じて成果報酬型の契約でコスト削減を支援する企業がある。

アスクルは，間接材の最適購買および間接材購買の業務負担軽減を支援するBPO（Business Process Outsourcing，社内業務の外注化）サービス「ソロエル」を2008年4月より提供している。アサヒビール，オムロン，資生堂などがこのサービスを利用している。

5－2　eマーケットプレイス

eマーケットプレイスとは，「複数の売り手，買い手が参加するオープンな電子商取引の共通プラットフォーム」である［4］。インターネット特有の仕組みであり，売り手と買い手がオープンに参加できることから，一時は広く普及することが期待されたが，取引の慣習の問題等から最初期待されたほどは普及が進んでいない。

eマーケットプレイスに参加すると，次のようなメリットがある。

・取引機会の拡大

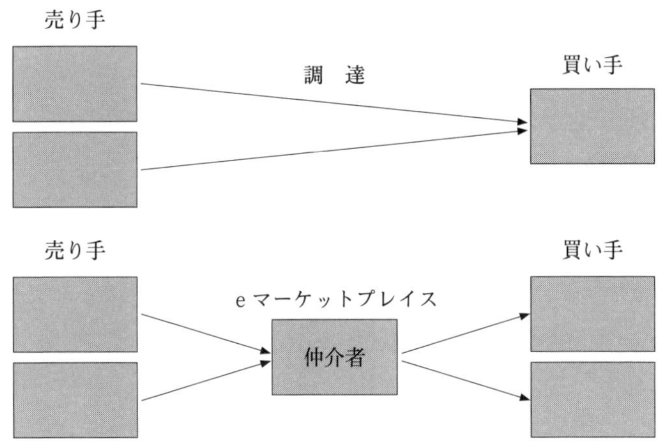

図表5－2　eマーケットプレイスの位置付け

・調達業務の効率化
・買い手の調達コスト削減
・売り手の在庫リスクの平準化

また，商品によっては，小口を大口にまとめることが機会的にできるようになり，購買単価を大きく削減できる場合もある。

eマーケットプレイスの運営主体は，買い手側企業の連合による運営や，ベンチャー・商社・卸の運営，売り手側の運営などさまざまである。直接材を扱うeマーケットプレイスの運営主体は買い手側企業の連合が多く，間接材の場合には売り手側の運営が多い。図表5－2にeマーケットプレイスの位置付けを示す。

米国では，1997－98年頃に，多くの業種でeマーケットプレイス企業が生まれた。しかし，売り手・買い手が思うように集まらずに，多くの企業は2000年後半から2001年にかけて，eマーケットプレイス事業から撤退していった。日本でも，一時は多くの業種でeマーケットプレイス企業が生まれたが，ネットバブル崩壊後にかなりの企業がサービスを終了した。

ここでは，日本で運営が続いているｅマーケットプレイス企業を紹介する。それぞれ，売り手と買い手を集めるために，独特のIT活用方法を採っている。

(1) ファイバーフロンティア

ファイバーフロンティアは，繊維製品の取引を行うｅマーケットプレイスである。2000年６月，東レと帝人のトップ同士が業界のスタンダードを作ることで合意し，設立となった。従来のクイックレスポンスの考え方を超えて，オープンな取引の場を設けることになったのである。「ファイバー取引サイト」以外に調達サイトのECサイトも運営している。「ファイバー取引サイト」には，繊維メーカーや紡績メーカーが売り手，テキスタイルメーカーや糸加工メーカーなどが買い手となって参加。「調達サイト」には，繊維・紡績メーカーが買い手，原材料メーカー・関連資材メーカー・商社が売り手として参加。

総務省情報通信政策研究所の調査［５］によると，2006年時点で，東レでは，繊維事業の売上金額の８割はファイバーフロンティア経由の取引で，調達は調達件数の８割がファイバーフロンティア経由。帝人では，原糸，綿製品の販売の６割がファイバーフロンティア経由で，調達については，グループ企業を含めた全体の調達に利用しており，全調達の80％がファイバーフロンティア経由。2021年時点では3,000社以上が利用中。

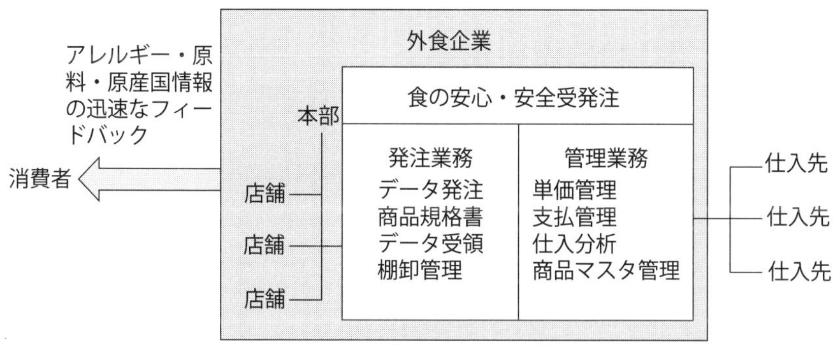

図表５－３　食の安心・安全　受発注サービス（インフォマートのホームページより）

(2) インフォマート

フーズインフォマートは，インフォマートが運営する食品の売り手と買い手を結びつけるｅマーケットプレイスであった。1998年に約200社を集めてサイトを開設した。参加企業は，2005年９月に１万社を超えた。参加者は，インフォマートに年会費を納める。取引の場だけでなく，決済代行やシステムインフラも提供していた。2014年からは，フード業界だけでなく，広くＢ to Ｂでのデータの電子化（ペーパーレス化）のための「Ｂ to Ｂプラットフォームシリーズ」を提供している。さらに，EDI につなぐツールとしても利用され始めている。

また，インフォマートは，大手飲食店チェーン向けに店舗から取引先への発注を一元管理できる受発注サービスを提供している。図表５－３に，インフォマートの「食の安心・安全　受発注サービス」の概要を示す。

(3) スーパーデリバリー

ラクーンは，2002年２月から，スーパーデリバリーというアパレル・雑貨などの売買仲介の場を提供している（2018年からラクーンコマースが運営）。それ以前は，1998年８月より「オンライン激安問屋」という企業が抱える余剰在庫などの販売仲介の場（匿名で売買可能）を提供していたが，スーパーデリバリーで正規商品の売買に事業展開した。スーパーデリバリーは，買い手として，地方の小規模な衣料・雑貨店をターゲットにして，小口取引に対象を絞り，ショッピングカートによる注文やクレジット決済などネット通販のような簡素な取引の仕組みにした。小売店の会費は月2,000円。売り手（メーカー等）としても，信販やクレジットカードの決済により回収リスクがないため，安心して取引できる。商品ジャンルも増やして，多くの買い手（2021年に22万バイヤー）と売り手（2021年12月時点で出展企業数は2,973社）が集まり，ｅマーケットプレイスとして機能している。また，「SD export」（海外への販売），Paid（Ｂ to Ｂ掛売り決済）機能も提供している。

スーパーデリバリーは，「地域の中小メーカーや小売店に対し，立地に依存しない，全国／世界とのビジネス機会を創出している」という理由で，第１回日本サービス大賞（2016年）で「地方創生大臣賞」を受賞している。

NETSEA（2006年にDeNAが開設。2015年にオークファンが買収）もアパレル等の売買仲介の場を提供する。

(4) NCネットワーク

1998年に設立。工場検索システムEMIDASや発注情報掲示板を通して，得意な技術をアピールして新規取引先を開拓できる。また，発注元企業（主に大手企業）から中小メーカーへの注文を受ける営業代行のような事業も行っている。2021年2月時点で，製造業の会員企業は約1万8,000社である。

EMIDAS会員は無料であるが，ネット受注に意欲的な中小製造業のための営業強化ツールを提供する有料のEMIDASパートナーを2001年11月から開始。EMIDASパートナーへ，得意技術での受注獲得を効果的に行うための機能（マイページ機能，発注情報への直接応募，得意&特異技術情報の掲載など）を提供している。2005年4月からは，ネット動画を用いて工場を紹介する工場技術動画配信サービスも行っている。加工事業（生産委託の受注窓口）も行っていて，大手メーカー等からの調達の依頼に対してNCネットワークの会員企業の得意分野などを考慮して分散発注する（2020年6月に分社化して，NCネットワークファクトリーが窓口）。

NCネットワークは，「中小製造業のネットワークを1つの仮想工場に」という将来像を描いている。また，海外にも進出し，「世界の“MONOZUKURI”を支援する世界100万社のネットワーク」を目指している。

(5) チップワンストップ

チップワンストップは，企業向けに電子部品をネットで販売している。ただし，利用者の多くは試作用の部品を開発している企業の研究開発部門であり，大口の量産部品（直接材）を販売するのではなく，手に入れにくい多品種の部品を少量販売している。そのようなビジネスを可能とするために，2021年時点で約2,100万点もの部品型番・技術情報・在庫・価格データベースを持ち，700社以上の部品メーカー・特約店（サプライヤ）と協働関係を築いている。

(6) アリババ

アリババは中国企業が運営する全世界的なｅマーケットプレイスである。年会費制で，売り手と買い手が出会う場を提供している。2000年にサービスを開始し，次のような有料会員制度を設けて付加価値のあるサービスを提供することで，中国国内の会員数を増やすとともに収益を高めて成長した。

・2000年「中国供応商」(Gold Supplier) ――国外貿易向け会員制度
・2001年「誠信通」――中国国内取引向けの安価な会員制度
・2008年「輸出通」――料金を大幅に下げた海外貿易向け会員制度

アリババは会員の信用確認を徹底して，安心して取引できる場になるよう努めた。その結果，全世界に広まり，日本向けサイトも開設している (https://www.b2b.alibaba.co.jp/)。日本企業向けの出展サービスとして，「アリババワールドパスポート」を提供している。

さらに，2016年にはeWTP (Electronic World Trade Platform，世界EC貿易プラットフォームプログラム) 構想を発表して，世界展開を加速している。アリババによると，2021年時点で世界190以上の国と地域のバイヤー１億人以上が利用している。

(7) その他のｅマーケットプレイス

その他の分野では，料理の出前，印刷物，アパレル工場などで，ｅマーケットプレイスの利用が広まっている。

出前については，出前館 (夢の街創造委員会が運営) やごちクル (スターフェスティバルが運営) が，利用者からの出前の受付を仲介する。さらに，配達も代行することで，飲食店の負担を軽減する。

印刷物については，2009年に起業したラクスルが，企業からの名刺・チラシ・カタログなどの印刷の注文を受け，会員の複数の印刷会社からの見積りを一括して受けることができるサイトを立ち上げ，利用者を増やしている。

アパレル業界では，2014年創業のシタテルが，アパレルブランド・メーカー・一般企業・クリエイターと全国の縫製工場をマッチングするプラットフォームを提供している。国内外の縫製工場や生地メーカーと連動し，オンライン上での衣服生産を実現。工場の稼働率・特徴をデータベース化し，希望するアイテム・数量・納期から，最適な工場で生産を行う仕組みである。2021年には，提携する工場・サプライヤ数は700社以上である。

日立が運営するTWX-21は，企業間で見積書・注文書・納品書などの書類を電子データで交換できるサービスであり，購買支援機能（逆オークション，MRO集中購買サービスなど）も提供している。2021年までに約84,000社に利用されてきた。アジアを中心にグローバル展開していて，2014年時点で24カ国・地域の企業に利用されている［6］。

5－3　EDI

EDIとは，「異なる組織間で，取引のためのメッセージを，通信回線を介して標準的な規約（可能な限り広く合意された各種規約）を用いて，コンピュータ（端末を含む）間で交換すること」と定義されている［7］。

取引データの交換を行う際に，EDI以前はメーカー固有のデータ形式を使っていたため，複数の取引先とのデータ交換に複数の端末を必要とした場合があり，とても不便であった。そのため，それぞれの業界で「標準的な規約」を取り決めて導入することが奨励されてきた。

第4レベル：取引基本規約	EDIを用いた取引に関する総合的な契約
第3レベル：業務運用規約	EDIの運用方法に関する取り決め
第2レベル：情報表現規約	データの記述方法に関する取り決め（CII，UN／EDIFACT等）
第1レベル：情報伝達規約	通信手段に関する取り決め（TCP／IP，全銀手順など）

図表5－4　EDI規約の4つの階層（［8］p.45より）

EDI でやりとりされる主な情報は，具体的には次のような情報である。

見積依頼・見積回答（発注者・受注者間）
注文・注文請（〃）
運送依頼・着荷報告（物流事業者・受注者間）
検収情報・請求・支払明細（発注者・受注者間）

図表５－４に示すように，EDI 規約は４つの階層からなる。

企業間でのデータ交換については，従来から，公衆回線や専用線を用いた業界 VAN による企業間受発注が行われてきた。しかし，近年ではインターネットを通した EDI（Web-EDI や電子メール）は情報投資をさほど必要としないため，インターネット化により EDI 採用企業は増えている。

インターネット EDI の種類として，ファイル転送型・ｅメール型・Web 型がある。

ファイル転送型
・ファイル転送プロトコルを利用し，システムと接続。
・取引件数が多い場合（１日100件以上）。
ｅメール型
・ｅメールプロトコルを使い，自動または手動で接続。
・簡単に導入が可能であるが，ｅメールの欠落や遅延が問題。
Web 型
・Web を通して手動で接続。クライアント側は Web ブラウザのみ。
・取引件数が少ない場合（１日数件）。

EDI のプロトコルとしては，XML 技術を利用した ebXML が，従来の EDI プロトコルに代わる仕組みとして標準化されつつある。ebXML の仕組みは，企業間のデータを XML に統一することで，システム構築を安価・容易とするため，企業間の情報交換を促進することが期待されている。ebXML は，世界単一電子市場を目指した仕組みであり，UN/CEFACT（国連組織）と OASIS（XML 関連標準化組織）が分担して標準化が進められた［９］。その後，ISO/

TS 15000 Electronic business eXtensible Markup Language として標準化された。

2007年4月，大手の小売各社が協力して策定したXMLベースのEDI標準「流通BMS（ビジネスメッセージ標準）Ver 1.0」が公開された。スーパーなどが卸売業者と取引する際に必要なメッセージ項目を定義したものである。次世代流通EDIとして，従来のJCA手順に置き換わり，流通業界で広く採用されることが期待されている。すでに，成城石井，ベイシア，西友，イオン，イトーヨーカドーといったスーパー，卸・メーカー企業で採用が始まり，発注の効率化や紙の伝票の削減などの効果が上がっている。

その他，中小企業共通EDIは，ITコーディネータ協会が中小企業の視点で考案したEDIの仕様であり，2018年3月に初版が公開された。中小企業庁が導入を推進している。中小企業庁によると，「受発注業務が中小企業共通EDIにより標準化されることで，取引先ごとに用意していた専門端末や用紙が不要となり，山積みになっていた伝票をデータで一元的に管理できるなど，中小企業が抱える受発注業務のIT化に係る問題を解決するとともに，①業務効率アップでコスト削減，②人的ミスを軽減，③過去現在の取引データの検索の簡素化を実現」という効果をあげている。中小企業共通EDIは，データ仕様の違いを吸収・変換するITサービスを介することで，異なるEDIを使う企業同士でも受発注データをやりとりできるようにする。そのため，「次世代のEDI」とも呼ばれ，普及への期待が高まっている [10]。なお，2018年4月には「つなぐITコンソーシアム」が結成された。つなぐITコンソーシアムは，中小企業共通EDIで生産性向上を目指す中小企業を，導入検討から運用まで支援する。

また，受発注情報中心のEDIだけでなく在庫情報などさまざまな情報を交換することで，SCM・CPFR（メーカー・卸・小売の需要予測と在庫補充の共同事業）による企業間での全体最適を目指す動きも広がっている。

5－4　業界の情報インフラ構築

業界の協調により，特定の企業を中心にするのではなく，オープンな情報インフラを提供する動きがある。なお，PC 関連企業間の情報インフラとしてロゼッタネットジャパンが2000年に設立されたが，2013年３月末日をもって活動を終了した。

(1) 農　業

農業については，政府が B to B の情報インフラとしての農業プラットフォーム構築を推進している。

政府は農業の IT 化・DX 化の推進を掲げている。農林水産省の農業 DX 構想検討会は，2021年３月，検討会の取りまとめ資料「農業 DX 構想」を発表した［11］。その中で，「農業者の高齢化や労働力不足が進む中，デジタル技術を活用して効率の高い営農を実行しつつ，消費者ニーズをデータで捉え，消費者が価値を実感できる形で農産物・食品を提供していく農業への変革の実現」を

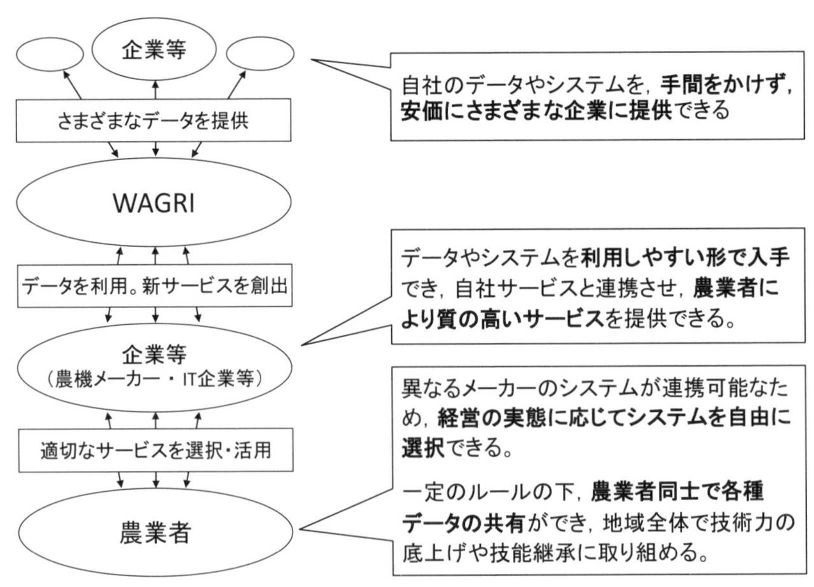

図表５－５　WAGRI が生み出すメリット

（農林水産省の資料より著者作成：
https://www.maff.go.jp/j/kanbo/smart/pdf/wagri_gaiyou.pdf）

目指すべきとしている。

そのための具体的な動きとしては，IT 企業や農機メーカーなどが農業データを連携できるよう，内閣府・戦略的イノベーション創造プログラム（SIP）「次世代農林水産業創造技術」により「農業データ連携基盤」が開発され，2017年には「農業データ連携基盤協議会」（WAGRI）が設立された。そして，2019年４月には，農業・食品産業技術総合研究機構が運営主体となり，農業プラットフォームシステムの本格稼働が始まった（https://wagri.net/）。WAGRI は，図表５－５の関係図に示すように，農業者にサービス提供する企業（農業機械メーカーやIT 企業など）と，農業に活用できるさまざまなデータ（気象，農地，地図，生育予測，土壌の情報など）を提供する民間企業・団体・官公庁等との間での，有償または無償の情報交換のためのプラットフォームを提供する。API を通してデータを参照できる。農業者へサービス提供する企業は，このプラットフォームを利用することでより質の高いサービス提供が可能になるため，農業者には，データを使った生産性の向上や，経営の改善に挑戦できる環境がもたらされる。

(2) 建　設

CI-NET（Construction Industry NETwork）は，建設業界の EDI 標準として策定された。

CIWEB（シーアイウェブ，https://www.construction-ec.com/）は，大手ゼネコン４社が共同で開発した ASP サービスであり，コンストラクション・イーシー・ドットコム（CEC）が運営している。CI-NET に準拠した CIWEB サービス（調達サイト）と CIWEB サービス（受注者サイト）などを提供している。

CI-NET の利用は拡大している。建設業振興基金の「2017年度 CI-NET 利用状況調査結果報告」［12］によると，CI-NET 企業識別コード登録企業へのアンケートで，前年の１年間における取引のうち，電子商取引の割合（取引件数）が半数を超えた企業は全体の約１/４であった。一方で，取引全体における電子商取引の割合の傾向を確認したところ，約４割の企業が増加傾向と回答した。

利用する企業は増え続けていて，2021年３月末時点で14,364社が企業識別コードを登録している。

(3) JNX

JNX（Japanese automotive Network eXchange）は，米国のANXに対抗して，2000年に日本自動車工業会や日本自動車研究所が中心となって立ち上げた組織である。2017年にはJNXの会員は2,700社を超えた。自動車メーカー，自動車部品メーカーのみならず，社会システム，建機メーカー，農機メーカー等が接続している。会員同士がB to Bの取引を行うための基盤ネットワーク（TCP/IPベースだが，インターネットでなく独自のネットワーク）を提供している。JNXにより，系列以外の取引が活性化することを狙ったものである［13］。

2009年には，低価格のJNXライトアクセスサービス（JNX-LA）を開始した。SSL-VPNを使用し，インターネットからJNX上のアプリケーションを利用することができるサービスである。

5－5　付加機能提供・API提供

B to Bの商品販売やサービス提供を行う企業が，関連する付加機能を提供したり，サービスをAPIで呼び出せるようにすることが一般的になった。

(1) 付加機能提供

B to Bの商品販売やサービス提供を行う企業が，利用企業に対して，インターネットを通して関連したソリューションをシステム連携で提供することがよく行われている。連携により付加価値機能を提供することで，顧客企業を囲い込んだり，新たなビジネスモデルを構築する狙いからである。

例えば，モノタロウは，顧客の社内の購買管理システムと連携することで，調達担当者がさまざまな資材をまとめて探して，調達に伴う業務を効率化できるようにしている。そのような大企業向け購買システムを今後伸ばすことを目指している［2］。

アスクルは2003年，月単位の経理をすべて代行して，顧客がスムーズな予算管理や経費削減ができるように「アスクルアリーナ」を始めた。アスクルア

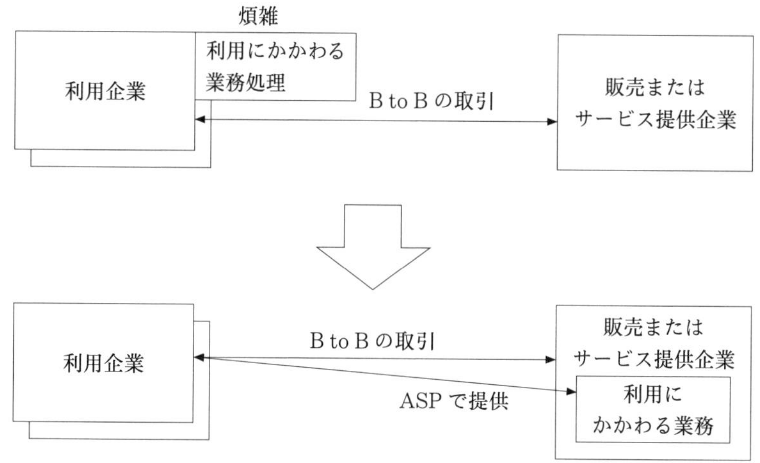

図表5－6　B to B の取引に関わる付加価値機能の ASP 提供

リーナを導入することで煩雑な作業の手間を省けるため，利用企業の囲い込みに効果的である。さらに，インターネット専用の一括購買システム「ソロエルアリーナ」へとサービスを発展させた。それらの機能は，ASP（Application Service Provider）提供され，ネットを通して利用できる。

サービス業でも，ASP により本業に付加価値を提供する例が見られる。アート引越センターは，ARTist2という法人向けの転勤業務支援の無料の ASP サービスを提供している [14]。顧客企業の総務部門（転勤業務担当）の業務負荷を軽減する仕組みである。企業ごとに，会社で負担する引越サービスの範囲や自己負担扱いとするサービスの種類の定義もできる。

卸企業が取引先の小売企業を IT などで支援するリテールサポートでも，小売の店舗の在庫管理を代行するなどの ASP を活用する場合がある。そのようなリテールサポートにより，小売企業を囲い込むことが可能である。

(2) API 提供

B to B での API（Application Programming Interface）提供とは，システムの機能を API で公開して他の企業のプログラムから呼び出すことができるよう

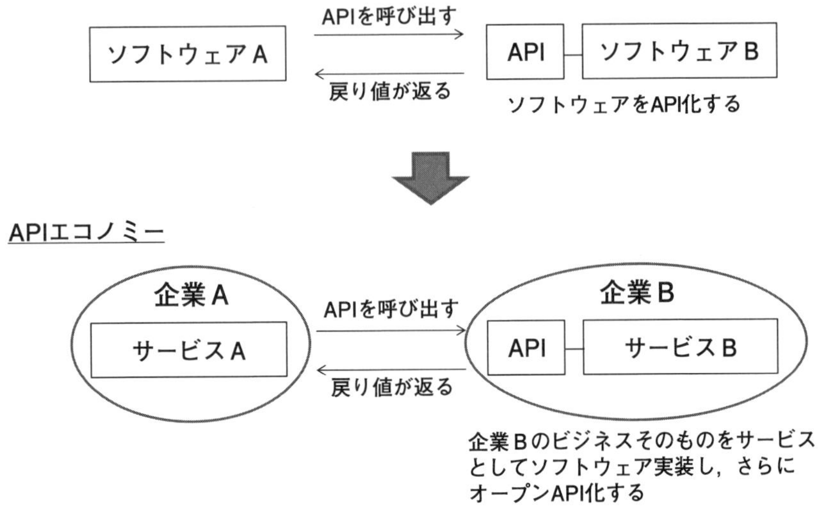

図表５－７　従来のAPIとAPIエコノミーの違い（[15] より著者作成）

にすることである。サービスのプラットフォーム化を可能にするため重要であり，「APIエコノミー」（APIによる連携を通して価値を創出する経済）にもつながる。「APIエコノミー」での「API」は，ある企業のビジネスから別の企業のビジネスを呼び出すという意味で使われる。図表５－７のように，呼び出し側から見た場合，APIの先にあるものは，単なるソフトウェアの機能ではなく，企業が提供するビジネスそのものということになる [15]。企業同士がお互いの強みを利用し合い，自前だけでは不可能だった価値を創出できる。「API経済圏」とも呼ばれる。DXの実現においても，重要な手法である。

例えば，寺田倉庫が2012年に開始した個人向け保管サービス「minikura」では，倉庫・物流機能を外部企業がネット経由で活用できるように，APIを提供している。出庫・配送や着荷・入庫といった基本的な保管・物流の仕組みから，商品撮影やクリーニングなど，さまざまな指示を外部事業者がAPI経由で出せるようにしている。パートナー企業は計10社（2021年６月時点）。４－２で紹介したエアークローゼットは，当初は自ら倉庫や物流機能は持たず，この寺田倉庫のサービスを API 経由で利用した［16］［17］。

このように，API エコノミーを構築し他社の利用をうながし，自らのサービスの利用を広げ，あわよくばプラットフォーム化できれば，ネットワーク効果により業界での地位を格段に高めることができる。さらに，ビジネスのエコシステム（生態系）の考え方も重要になっている。ベッセル他［18］は，「他社との協働関係がより強固に求められるいま，その土台として新たなエコシステムを構築し，ひいてはビジネスモデルを刷新しなければならない」と主張している。

参考文献

［1］日経コンピュータ2015年８月６日号「900万点のロングテールで躍進　アマゾンを想起されたら負け　鈴木雅哉氏　MonotaRO 代表執行役社長」.

［2］日経産業新聞2021.10.21「モノタロウ，大企業の調達に的」.

［3］谷口健太郎『リバースオークション戦略』，東洋経済新報社，2010年.

［4］日本情報処理開発協会　電子商取引推進センター「e-マーケットプレイスに関する調査報告書」（協力：次世代電子商取引推進協議会），2003年.
https://www.jipdec.or.jp/archives/publications/J0004163

［5］総務省　情報通信政策研究所「共通基盤システムに関わる調査研究」2007年3月.
https://www.soumu.go.jp/iicp/chousakenkyu/data/research/survey/telecom/2006/2006-2-02.pdf

［6］日経産業新聞2014.4.10「日立，企業間情報共有クラウド TWX-21」.

［7］日本情報処理開発協会　産業情報化推進センター「電子計算機相互運用環境整備委員会　電子データ交換分科会報告書　平成３年５月」，1988年.

［8］日経デジタルエンジニアリング2003年12月号「三つの軸で進化する EDI」.

［9］JIPDEC 電子商取引推進センター「ebXML 解説書」，2002年.

［10］日経コンピュータ2019年７月11日号「特集　受発注革命　迫る2023年問題」.

［11］農林水産省「農業 DX 構想検討会」，2021年.
https://www.maff.go.jp/j/kanbo/dmap/nougyoudxkousou.html

［12］建設業振興基金「2017年度　CI-NET 利用状況調査結果報告」.
http://www.kensetsu-kikin.or.jp/ci-net/cinet/fileViewer.php/133.pdf?file_name=133.

pdf
[13] 日経産業新聞2005.10.12「今すぐ使える調達サイト　自動車業界の JNX」.
[14] 日経コンピュータ2002年10月21日号「アートコーポレーション　IT で引っ越し業界の構造を変革」.
[15] 野村総合研究所　デジタルビジネス推進部『IT ロードマップ　2016年版』，東洋経済新報社，2016年.
[16] 日経コンピュータ2016年５月26日号「特集　API 経済圏」.
[17] 日経 FinTech『API 革命　つながりが創る次代の経営』，日経 BP 社，2017年.
[18] M・ベッセル，A・レビー，R・シーゲル「いまこそビジネスモデルの再定義を　エコシステムを創造的に破壊せよ」ダイヤモンド・ハーバード・ビジネス・レビュー，2017年６月号.

第6章
B to C 物流・物流 DX，フィンテック・金融 DX

ネットショップで購入した商品は宅配で送られることが多いため，ネット販売が広まるにつれて，宅配業界でも e ビジネスに対応した仕組みが作られている。e ビジネス関連の物流ではラストワンマイルの問題が大きい。また，これまでの物流の仕組みを変革する DX の取り組みも始まっている。金融に関しては，フィンテック（FinTech）技術の台頭で，B to C や B to B 向けの決済や与信の新たな仕組みや，新たな資金調達・融資の方法などが利用され始めている。さらに，金融でも DX が進みつつある。

6－1　B to C 物流

ネット販売では，注文を受けると一般に顧客の自宅に商品を直送する。このような物流は，B to C 物流とも呼ばれ，宅配の輸送量を増加させている。

一般の宅配便として届ける方法以外に，独自の物流システムを持つ企業もある。ネットショップやネットスーパーの商品の配送では，サービス競争の面で迅速な配送（当日配送など）がポイントになる場合が少なくないため，各社は独自の対応を迫られてきた［1］［2］。

例えば，アマゾンジャパンは，自前の配送センター，地域ごとの配送パートナー（デリバリープロバイダ），個人事業主を活用した Amazon Flex の自社配送網を活用して，「お急ぎ便」のような迅速な配送を実現している。「お急ぎ便」サービスのエリアを拡大するため，配送センターを関東だけでなく，関西・中部・九州などにも配置してきた。Z ホールディングスも一部で自社配送を利用している。なお，楽天は2021年5月に日本郵便と合弁で JP 楽天ロジスティクスを設立したため，自社配送の Rakuten EXPRESS は終了する。図表6－1

	アマゾンジャパン	楽天	Zホールディングス
モール	アマゾンマーケットプレイス	楽天市場	Yahoo！ショッピング PayPayモール ZOZOTOWN
物流サービス	FBA	楽天スーパーロジスティクス	
倉庫	アマゾンジャパン	JP楽天ロジスティクス	ヤマト運輸
配送パートナー	デリバリープロバイダ	日本郵便	ヤマト運輸
自社配送	Amazon Flex	Rakuten EXPRESS	ASKUL LOGIST

図表6－1　大手EC3社の物流（［3］より）

は，2021年時点でのアマゾン・楽天・Zホールディングスの物流の比較表である［3］。

ネットスーパーは当日配送の仕組みを構築している。その他，これまで当日配送を開始した企業の中には，宅配業界の問題（後述）から当日配送できなくなった企業も少なくない。

都市部ではさらに短時間で配送するサービスが提供されている。ヨドバシカメラは都内の複数の小型物流拠点を利用した「エクスプレスメール便」を2015年9月に開始（2016年に「ヨドバシエクストリーム」へ発展）して，配送の迅速さを訴求している。

宅配では，ラストワンマイル（最寄りの物流センターから顧客の指定先まで届ける，商品配送の最後の区間）が大きな課題である。特に，再配達が問題となっている。国土交通省が2015年に公表した報告書［4］によると，年間9万人（トラックドライバーの約1割）に相当する労働力が再配達に費やされている。それほど再配達の手間は大きい。コンビニ受け取りや受け取り用のロッカーの設置も再配達の減少に効果が期待されている。また，到着予想時間の予測や配送車の位置情報の提供などを行う企業もある。ラストワンマイルこそ，日本企業がアマゾンと競い合う際の要素の1つになるという主張もある［5］。

ネット販売が盛んになってきたことや人手不足問題などから，2016年，特に配送が増える12月にヤマト運輸は配送業務に深刻な問題が生じた。また，サービス残業の問題も表面化した。そのため，2017年ヤマト運輸は，働き方改革を含む宅配便事業の構造改革に着手した［6］。また，宅配各社は配送料金を値上げした。このように宅配業界は大きな問題に直面している。

自前の物流網を持つアスクルは，B to C通販のLOHACOにおいて，2016年8月から「Happy on Time」という配達日時を細かく指定・変更できるサービスを開始した。そのサービスは効果的で，利用者がそのサービスを利用した場合，2017年8月末時点で再配達率は2.2%にまで低下した［7］。

その他，再配達をなくすために置き配の仕組みを取り入れる企業が増えている。特に，2020年には新型コロナウイルスの感染防止対策として，配達員との接触を避けるために置き配の利用が増えた。アマゾンは2020年3月，置き配を標準とするエリアを30都道府県に拡大した。

また，利用者の利便性を考慮して，ネット販売商品の受け取り場所をコンビニやロッカーなどに広げる傾向である。

日経クロストレンド［8］は，再配達をなくすには「早く届ける」「日時を選択可能にする」「不在時の置き場所を確保する」の3つの方法があるとして，各社の対応を図表6－2のようにまとめている（図中，アマゾンのプライムナウとRakuten EXPRESSはすでに終了）。

宅配各社も，通販やネットショップの物流を支援する仕組みを構築している。

ヤマトシステム開発は「通販支援ASPサービス」で，通信販売会社やECサイト構築・運営企業向けに，商品の配送関連情報のリアルタイムな照会や，配達日の変更などのサービスを提供。商品配達完了情報を，依頼主にメールで通知も可能。さらにヤマトホールディングスは2015年，受注管理などのシステムと配達をパッケージにした中小ネット通販事業者向けサービス「ヤマトYES！」を開始した。次のような機能を持つ。複数のネットショップ・電話・FAXの注文を一元管理，各モールの注文を一括で取り込む機能，出荷管理，請求・入金管理，顧客管理。料金は荷物を送った分だけの従量課金制。

ヤマト運輸は，2020年6月，EC事業者から個人や企業への配送事業EAZYで，宅配はパートナー事業者「EAZY CREW（イージークルー）」に委託する方

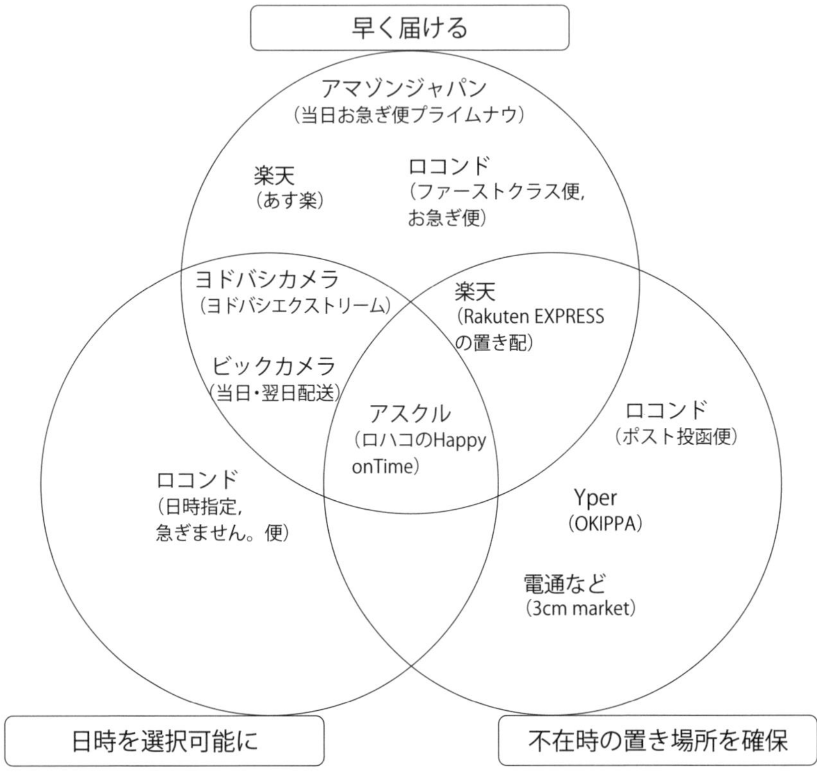

図表６－２　再配達をなくすための３つの方法（［８］より著者作成）

式を導入した。2020年度末時点で全国に約１万6,000人の EAZY CREW が配達業務を担当する。なお，西濃運輸も2020年８月，ギグワーカーによるラストワンマイルの置き配サービス「OCCO（オッコ）」を開始した。

SG ホールディングス傘下の佐川グローバルロジスティクスは2020年，「シームレス EC プラットフォーム」の提供を開始した。ネット販売などの通販で販売する商品の入庫から保管，発送までの一連の物流機能を提供する。先進的な物流ロボティクスを導入した機械設備やスペースを従量課金制で利用できるのが特徴。

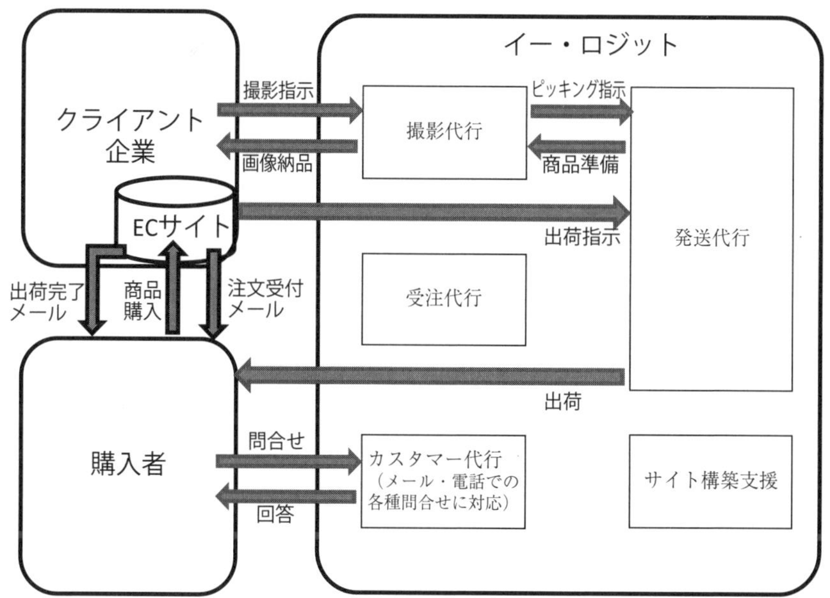

図表6－3　イー・ロジットの提供する物流アウトソーシング
（同社のホームページをもとに著者作成）

また，配送だけでなく，ネットショップに代わって，商品の保管も代行する物流アウトソーシングも行われている。例えば，図表6－3は，イー・ロジット（e-LogiT.com）の物流アウトソーシングの業務フローである。イー・ロジットは，商品の撮影代行や，購入者からのメール・電話での問い合わせへの対応なども請け負っている。

入荷・保管・出荷・物流などの付加サービスは，フルフィルメントと呼ばれている。物流企業以外にも，ネット企業のアマゾン・ZOZO・マガシークや，通販業界の千趣会・スクロール360などが，自社以外の他の通販会社の物流のアウトソーシングを受託している。

ヤマトロジスティクスの「Today Shopping Service」も，ショッピングサイト向けの物流アウトソーシングサービスである。宅急便のターミナル内に設置された24時間365日稼働の自動倉庫「オートピックファクトリー」に商品を納品することで，注文を受けて配送するまでの時間を大幅に短縮する。

物流現場ではロボットの活用が進んでいる［9］。例えば，米国では，2003年設立のKiva Systemsが通販企業の倉庫で利用するためのロボットシステムを提供して，トイザラスやザッポスなどの大手企業で利用された。Kiva Systemsのロボットは，ロボット掃除機ルンバのように床を這って動くタイプで，ロボットが商品を棚ごと運び，商品のピッキングは人間が行う仕組みである。そのため，人間は動き回る必要がない。多くのロボットがコントロールされて（列をなして進む等）倉庫内を動き回るため，効率的な配送が可能となる。なお，この企業は2012年にAmazon.comに買収され，アマゾンジャパンの倉庫でも利用されて物流の効率化を実現している。なお，似た仕組みのロボットが他社からも販売されていて，利用する企業が増えている。

東洋経済［10］は，ネット通販の拡大が物流再編を促しつつあると指摘している。実際大きな動きもある。例えば，ヤマト運輸は，通販やネットショップの物流を抜本的に支援する仕組みを構築しようとしていて，「宅急便以来の改革を起こす」［11］というぐらいの力の入れ方である。具体的には，ヤマト運輸は，「分散在庫型スピード通販」の仕組み（主に中小通販業者向け）を構築することを2013年に発表した。主要マーケットの近くに最少在庫を分散させることで，最短4時間のスピード配送を提供する。売れた分だけスピード補充するので，コストも在庫も増やさないという効果がある。ゲートウェイ（中核都市圏を多頻度幹線輸送でつなぐための物流拠点），FRAPS（移動式商品在庫棚）というような新たなインフラを活用して実現する。

物流と支払いを連携させるサービスとして，エスクローサービスが提供されている。エスクローサービスとは，フリマアプリやオークションなどで売れた商品を買い手に確実に届け，売り手が支払いを確実に受けるための仲介サービスである。メルカリは，エスクローサービスの仕組みを取り入れていて，さらに，2015年にはヤマト運輸と提携し，出品者も購入者もお互いに個人情報を知らせずに品物をやりとりできる「匿名配送」を開始した。

6－2　求貨求車と倉庫の仲介

求貨求車（または求車求貨）サービスとは，往路便では荷物を積載しているが，復路便が空車であることが多いため，復路便を紹介して利用してもらうための仲介サービスである。そのような復路便は，一般に通常よりも安く利用できる。

求貨側と求車側の双方が，ネットに希望を出す。しかし，ネットで契約までゆくのではなく，最後は電話交渉で決めることが多い。

トランコムでは，1日1万件以上の物流情報（空車情報と貨物情報）を基に業務プロセスを1時間単位で解析し，オペレーション効率化と高精度の営業活動を行ってマッチングの向上を実現した［12］。

求貨求車サービス大手のトラボックスは，2021年12月時点で累計運送事業者が16,000社以上。物流見積もり依頼を，全国の物流・運送会社へ一括送信する「100社へ物流見積もり！」を2004年5月に開始。2005年3月からは，軽貨物トラックへも拡大し，携帯電話で見積もりを回答できるようになった。

印刷仲介事業を行うラクスルも2015年，インターネット求貨・求車サービス「ハコベル」事業を開始した。

CBクラウドが提供する「PickGo（ピックゴー）」は，荷主と配送パートナー（軽貨物ドライバーまたは二輪車）をマッチングするサービスで，2021年8月には軽貨物と二輪車の配送パートナー登録者数が合計4万名に達した。ドライバーは過去の働きぶりで「格付け」されており，荷主はドライバーを選ぶ際の参考にする。独自のアルゴリズムを使うことでマッチング率は99%を超えるという［13］。さらに，2020年には，B to Cの「買い物代行サービス」も開始した。

倉庫のシェアリングサービスを手掛けるオープンロジは国内15社の物流倉庫会社と提携し，空きスペースをまとめて，仮想的な巨大倉庫として顧客に貸し出すビジネスモデルを構築した。中小のネット通販会社を中心に5,000社以上の小売業者が導入済みという［13］。ネットワーク上のどこに，どの在庫が，どれだけあるのか，同社はすべてつかんでいる。そのオーダーをどの在庫に引き当てれば物流コストとリードタイムが最小になるのか，返品はどの拠点で受けるべきか，倉庫スペースと作業処理能力の制約付きでモノの動きを最適化できる［14］。

6－3　物流DXとフィジカルインターネット

国土交通省は，物流DXを「単にデジタル化・機械化を指すのではなく，これを通じてオペレーション改善や働き方改革までをも実現し，物流のビジネスモデル自体を革新させることで，これまでの物流の在り方を変革することを目指すもの」と定義している［15］。

物流DXの1つの方向性として，標準化による共同配送の促進があげられる。そして，将来的にフィジカルインターネットの流れを見すえた動きも出てきた。ドライバー不足問題などから，配送を格段に効率化することが求められているためである。

政府は物流標準化を強く推進している。2021年6月に閣議決定された「総合物流施策大綱（2021年度～2025年度）」の中で，今後の物流が目指すべき方向性の1つに「物流DXや物流標準化の推進によるサプライチェーン全体の徹底した最適化（簡素で滑らかな物流の実現）」が掲げられている。まずは，物流標準化に向けて取り組みが先行している加工食品分野において，2020年3月に「加工食品分野における物流標準化アクションプラン」が策定され，その実現に向けた具体的な取り組みが進められている。

フィジカルインターネットとは，「物流施設やトラックなどの物理的な機能を利用して，インターネット上で情報が動くのと同じように，効率的にモノを運ぶ物流」のことである［16］。つまり，インターネットではデータをパケットに分けてそれぞれを最適なルートで効率的に送信しているように，物流でも標準化を進めて各社が連携して効率的に共同配送するような将来像が提唱されている。これまで，一部の業種や地域で共同配送は行われてきたが，広く物流インフラに取り入れることが望まれている。欧州では2050年のゼロエミッションを目指し，ALICEプロジェクトが2030年を目標に実現を目指している。

すでに，物流DXの取り組みの中に，フィジカルインターネットのような方向性を掲げている事例が出てきている。

・日本郵便――フィジカルインターネット型のネットワークを，モデル地区を決めて実験する計画［17］。
・日清食品ホールディングス――フィジカルインターネットを視野に共同化推進［18］。
・ヤマトグループ総合研究所――2020年，米国のジョージア工科大学フィジカルインターネットセンター，ならびに，パリ国立高等鉱業学校と相互情報交換の覚書を締結し，日本でのフィジカルインターネットの普及を進める方針。

6－4　電子マネーとスマホ決済

政府は，現在の日本は「キャッシュレス後進国」であるとして，キャッシュレス化を促進しようとしている。「未来投資戦略2017」にて，10年後（2027年）までにキャッシュレス決済比率を4割程度とすることを目指すとしている（経済産業省「キャッシュレス・ビジョン」2018より）。

2019年10月の消費税率引き上げに伴う需要平準化対策として，経済産業省は「キャッシュレス・ポイント還元事業」として，9カ月間に限り中小・小規模事業者によるキャッシュレス手段を使ったポイント還元・割引を支援。それが終わった後も，スマホ決済各社は，個別の還元制度などの利用促進施策で利用者を増やす戦略を取っている。

コンビニやスーパーなどの小売店で電子マネーやスマホ決済を使った支払いを可能にしているところが多いが，それはレジの効率化だけでなく，CRM（Customer Relationship Management：顧客関係管理）の狙いもある。電子マネーのID（各電子マネーは固有のIDを持つ）を基にPOSデータを分析することで，同一顧客の購買行動をつかめるのである。また，ID付きPOSデータから重要な購買層（優良顧客）もわかる。JR東日本ウォータービジネスは，JR東日本の駅構内の自動販売機でSUICA等の電子マネーで支払った購入者（すでに電子マネー決済の利用率が全体の5割）の情報を分析したところ，上位10%の顧客が売上の50%を占めていることがわかった［19］。さらに，JR東日本ウォータービジネスは，SUICAデータから飲料のターゲット顧客の属性を再確認することも試みている。

電子マネーは，大きくストアードバリュー型とアクセス型に分類される。

1）ストアードバリュー型

・ICカード上に価値を移転し，買い物などに利用。

・プリペイドカードと異なり，再充填が可能。

・SUICA・PASMO・nanaco・ワオンなど（非接触のFelica技術を利用）。

2）アクセス型

・クレジットカードやデビットカードをネットで利用。
ネットでのオーソリ（クレジットカードの信用を確認）が必要。

・携帯電話でのクレジットカード決済（ドコモのiDやJCBのクイックペイなど）。

6－5　ネット販売の決済・電子手形

ネットショップとしては，より多くのユーザに商品を買ってもらうには，決済も多くの手段に対応しなければならない。しかし，決済手段を増やすには，費用や手間がかかってしまう。そのため，決済代行のようなサービスが利用されることが多い。代引き（コレクトサービス）は，手数料は高いが安心感がある。また，後払い決済が増加傾向である。

インターネットで購入・取引する場合の決済方法は，総務省「平成29年通信利用動向調査報告書（世帯編）」によると，平成29年には，「クレジットカード払い」66.1%，「コンビニエンスストアでの支払い」30.9%，「代金引換」26.9%，「銀行・郵便局の窓口・ATMでの振込・振替」23.7%の順となっている。

(1) クレジットカード決済

ネットショップでは一般的であり，クレジットカード保有者には便利な決済手段である。即座に決済が完了し，売り主にリスクは少ない。

携帯電話でのクレジットカード決済は，少額決済サービスへと展開されようとしている。JCBは，モバイルFeliCaに対応した後払い決済サービス「クイックペイ」を2005年4月に開始した。カードが弱い少額利用を取り込む狙いである。また，NTT ドコモも，三井住友カードとともに後払い決済サービスの iD を始めた。2006年には，NTT ドコモが DCMX（2015年11月に「d カード」に改称）という iD をインフラとしたクレジット事業を始めた。代金は NTT ドコモが携帯電話料金と一括して請求する。

2010年 4 月に日本でのサービスを正式に開始した PayPal は，ネットショップにクレジットカード情報を渡さずにクレジット決済が可能になる仕組みを提供した。

(2) 銀行振込 / コンビニ決済

銀行振込やコンビニ決済は，だれでも利用しやすいが，できるだけ多くのコンビニで支払うことができたほうが便利である。そのため，コンビニ決済代行のサービスが使われることが多い。

コンビニ決済では，ウェルネットの「コンペイ君」というバーコード付払込取扱票を使った決済サービスなどが使われている。

(3) ネット銀行の利用

公営ギャンブルの決済などでは，ネット銀行が用いられている。例えば，競艇のインターネット即時会員投票サービスは，ジャパンネット銀行（現 PayPay 銀行）のサービスを利用して開始された。競艇情報化センターが開発したインターネットでの舟券（勝ち舟投票券）購入の仕組みでは，投票者が Web 投票サーバ上で入金を指示すると，ジャパンネット銀行の口座から即座に引き落とされる。この結果を受けて，投票者に見せる投票限度額（入金されている金額）まで舟券を買えるようになる［20］。

ネット銀行は，付加機能で利用促進を図っている。例えば，楽天銀行（旧イーバンク銀行）のメール送金サービス（かんたん振込「メルマネ」）は，メールアドレスと名前だけわかっている相手に送金できる仕組みである。

なお，2008年に始まった，じぶん銀行の「ケータイ番号振込みサービス」もよく似た仕組みで，au の携帯電話番号で受取人を指定し振込みができる。NTT ドコモがみずほ銀行とともに2009年に始めた「ドコモケータイ送金」

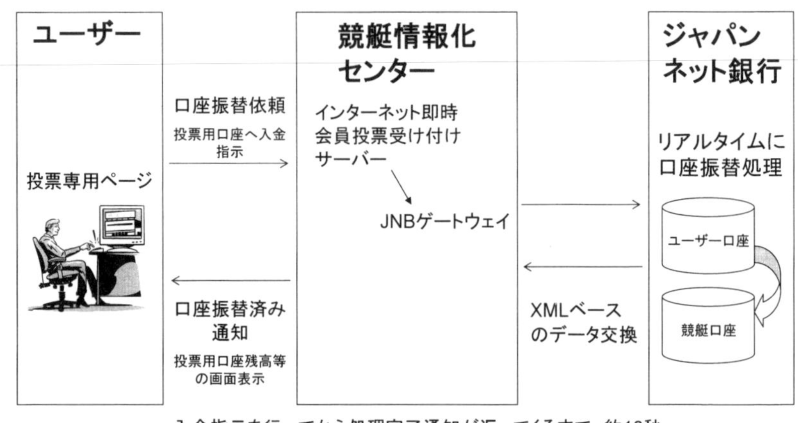

図表6－4　インターネット即時会員投票サービスの仕組み（[20] より）

(2011年からはドコモ口座を利用した送金) も，携帯電話番号を指定することで送金ができる。ドコモケータイ送金のサービスでは，送金された金額は，任意の銀行口座で受け取る以外に携帯電話料金に充当することもできる。

(4) 総合決済代行

さまざまな決済手段を総合して代行するサービスも提供されている。そのようなサービスを利用すれば，ネット通販を行う企業がそれぞれの決済サービスの企業と契約する必要が無くなる。例えば，三菱 UFJ ニコス「EC 決済ソリューション」，VeriTrans4G，PG マルチペイメントサービスなどがある。

(5) 少額決済（マイクロペイメント）

少額決済には，蓄積型とプリペイド型がある。

1) 蓄積型

個々の少額決済をためこんで，まとめてクレジットカード等で決済するもの。コンテンツの販売など。

2）プリペイド型

利用者が事前に価値を購入して，ネットで購入の都度価値を減じてゆくもの。例えば，WebMoney。

(6) 後払い・与信管理

後払い決済は，「BNPL（Buy Now, Pay Later）」とも呼ばれる。その代表的なサービスのネットプロテクションズ「NP 後払いサービス」・「GMO 後払い」「paidy」などは，未払いのリスクを負担し，ネットで購入した商品の代金を立替払いするB to C 販売向けのサービスである。それらのサービスでは，一般的にネット販売の代金支払いの実績などから与信を行う。与信チェックが済んだ時点で商品を出荷。着荷が確認できたら，代金は店側に立替え払いする。購入者は，主要コンビニ・郵便局・銀行などで支払いが可能。

このような仕組みにより，購入者側と店側の両方に安心感があり，購入者は早く商品を入手できる。なお，ZOZOTOWN の「ツケ払い」は，GMO 後払いを利用して実現している。

後払い決済サービスの利用が国内外で急伸している。クレジットカード不要で，スマートフォンで簡単に買い物できる手軽さが支持されていて競争が激化している［21］。

企業向けの与信管理サービスとしては，三井物産クレジットコンサルティング（旧スーパーネット・ソリューションズ）は，B to B 取引向けの与信管理を行う。不特定多数の顧客と取引する場合，与信判断結果を自動的に取得し，取引信用保険システムとの統合により，保険引受判断を自動化できる「クロネコあんしん決済サービス」も，B to B 取引向けの与信管理のサービスであるが，商品発送と込みで利用できる。

(7) 電子手形

2009年，日本電子債権機構（JEMCO）が，電子手形の運営会社として三菱東京 UFJ 銀行により設立され，電子手形を利用するためのポータルサイト「電手」が開設された。電子手形のメリットとしては，受取側で売掛債権を早期に資金化することが容易になり，資金繰りの改善が期待される。また，受け取った電子手形を異なる額面に小口分割ができるようになる，といった効果がある。取り扱う銀行側は，取引先の拡大を狙っている。三菱 UFJ 銀行だけでなく地銀も参加している。

みずほ銀行と三井住友銀行も，同様な電子手形のサービスをそれぞれ開始。全銀協による「でんさいネット（全銀電子債権ネットワーク）」の電子手形サービスも2013年に開始された。

6－6　フィンテック（FinTech）

新たな金融技術「フィンテック（FinTech）」の開発がベンチャー企業により進められて，業界を大きく変えつつある。

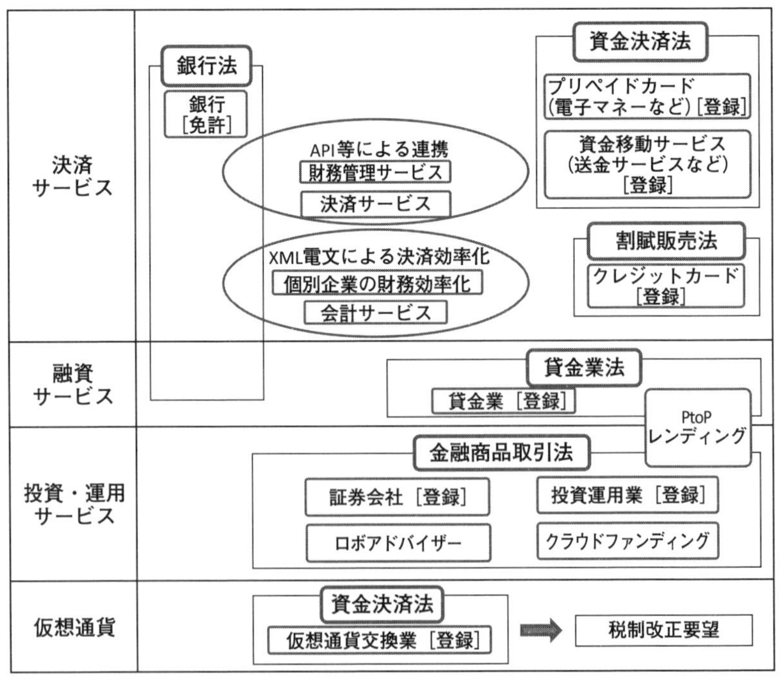

図表6－5　金融庁のフィンテックへの対応（[22] より）

金融庁は「利用者保護等を確保しつつ，イノベーションを利用者利便や生産性の向上などにつなげていく必要」という方針であり，図表6－5のように，決済サービス，融資サービス，投資・運用サービス，仮想通貨の面で法律改正の検討を含め推進している［22］。

(1) 決済サービス

スマホ決済には，決済だけでなくマーケティングのための機能も備えるものが多い。例えば，LINE ペイを LINE@ と連携させることで，LINE キャンペーンで支払った顧客にキャンペーンなどの告知を送ることができる。そのように決済だけでなく新しい価値を提供することで，普及を狙っている。

モバイル技術を使ってクレジットカード決済を支援するサービスも提供されている。例えば，スクエアは，クレジットカード業界を変革するような独自の技術でビジネスを拡大させている。ほぼ無料の端末（一般のスマートフォンやタブレットに接続）を利用して，安価な手数料でクレジットカード決済を可能とすることで加盟店を増やしている。スクエアでは加盟店の審査を大幅に簡易化しているが，IT を活用して，GPS 情報を含む過去の膨大な決済データを解析し，加盟店の“異常値”をリアルタイムにはじき出すことで，安全性を確保している［23］。

(2) 分散台帳技術を活用したサービス

国内では，SBI Ripple Asia が，2016年10月に内外為替一元化コンソーシアムを発足させ，分散台帳技術（DLT）を活用した実証実験を開始した。そして，2018年にはスマートフォン用送金アプリ「Money Tap」を提供した。外国為替と内国為替とを一元的に扱う次世代金融基盤を利用し，銀行口座への送金のほか，携帯電話番号に紐づけた送金や，QR コードの送金も可能なアプリである。2021年時点で，住信 SBI ネット銀行，スルガ銀行，筑邦銀行，愛媛銀行の4銀行と接続可能となっている。

また，三菱 UFJ 銀行と Akamai は，ブロックチェーン技術を活用して，IoT 決済が可能な高速な決済基盤「GO-NET MV/ID 決済支援サービス」を開発すると発表した。2022年度中の提供開始を目指す。

海外では，フェイスブックが中心となり，2019年６月に仮想通貨「リブラ」（2020年にDiemに名称変更）が発表された。ビットコインのような価値の裏付けのない仮想通貨ではなく，有力企業数十社が加盟するリブラ協会が発行主体となる。しかし，その方式について「その本質は通貨発行権を独占する国家への挑戦」というように見られ，各国から警戒された［24］。その後，2022年１月に仮想通貨の発行を断念することが発表された。

国内では，国内企業約70社が参加する「デジタル通貨フォーラム」が，早ければ2022年後半の実用化を目指して「デジタル円」実証実験を始める予定である［25］。中国では，公的なデジタル通貨の実証実験が2020年から行われている。

貿易金融EDIでのブロックチェーン活用については６－９で学ぶ。

６－７　資金調達・融資

ソーシャルレンディングやクラウドファンディングというような資金調達方法や，トランザクション・レンディングなど，新たな形態の融資サービスの利用が広まっている。

(1) ソーシャルレンディング

ソーシャルレンディングとは，「お金を借りたい個人」と「お金を貸したい個人」をネット上で結びつける融資仲介サービスであり，P2P融資サービスとも呼ばれる。

日本では2008年にマネオがサービスを開始した。お金を借りたい個人（ボロワー）とお金を貸したい個人（レンダー）を結びつける場を提供する。

2009年12月には，エクスチェンジコーポレーションがソーシャルレンディングサイト「AQUSH（アクシュ）」を開設した。しかし，2018年６月１日をもってソーシャルレンディング事業から撤退した。

(2) クラウドファンディング

クラウドファンディングは，ソーシャルレンディングよりも少額の出資の場合が多い。①投資型，②寄付型，③購入型の３つのタイプがある。キャンプファイアー等のクラウドファンディング募集サイトを通して，さまざまな事業の資金の投資に利用され始めているが，一般の人々が事業を支援するような利用例が多い。例えば，アニメやゲームの開発資金を募るためにも利用されている［26］。2016年にヒットした「この世界の片隅に」という映画は，クラウドファンディングサイト「Makuake」で3,900万円もの開発費用を集めた。また，ミュージックセキュリティーズは，震災復興のための「セキュリテ被災地応援ファンド」を募った。

(3) トランザクション・レンディング

新しい融資サービスとして，トランザクション・レンディングという手法が利用されだしている。売上実績を根拠とした融資のことであり，アマゾン・楽天・BASE（YELL BANK）などでは出店企業のネット販売の実績に基づいて融資を持ちかけている。前述のスクエアも，導入店舗への支援サービスとして，SQUARE アナリティクスという販売分析ツールを小売店に提供したり，販売実績に基づくトランザクション・レンディングのサービスを提供している。

クラウド型会計ツールのFreeeやMFクラウド会計などは，低価格であり自動仕訳機能などが便利であることから中小企業の利用が増えている。それらのクラウド型会計ツールは，銀行などと提携してシステム連携を行うことで，入力したデータや入出金履歴などに基づいた事業評価による融資を可能とした。

6－8　BaaS

金融DXでは，新たなタイプの金融サービスが注目されている。

欧米では，チャレンジャーバンク（銀行免許を自社で取得し，デジタルチャネルを主体として銀行サービスを提供する企業体）やネオバンク（銀行免許を持つ企業体と組みながら，自社の優れたユーザーインターフェースを通して金融サービスを提供する企業体）による新たなタイプの銀行サービスが活発になってきた［27］。

BaaS（Banking as a Service）は，チャレンジャーバンクや既存の銀行が，銀行機能をAPIで提供するサービスのことである。プラットフォーム展開することで，利用者を増やすことが期待できる。ネオバンクが新規に銀行のサービスを提供しようとする際には，銀行機能を自社開発せずに，BaaSのAPIを利用して事業を開始できる。

金融財政事情の特集［28］に，国内でBaaSが加速している状況が示されている。

住信SBIネット銀行は，利用者が日々接する商品・サービスの中に銀行サービスを取り込ませるような利用方法を想定し，ネオバンク向けにBaaS機能を提供していて，日本航空やヤマダ電機などから利用されている。日本航空のJALネオバンクでは外貨預金の利用でマイルが付与されるなど，航空会社ならではのサービスがある。ヤマダNEOBANKでは，家電・家具購入費を合算できる住宅ローンなどを展開する［29］。それらは図表6－6に示すような関係になる。このように，BaaSを利用するだけでなく，ネオバンク自身の独自サービスがポイントになるであろう。

GMOあおぞらネット銀行は，API接続を無償提供する戦略で利用企業を増やし，2021年6月末時点で137社がAPIを利用している。フィンテック企業や家計簿アプリなどが利用している。

その他，みんなの銀行（ふくおかフィナンシャルグループ）や新生銀行もBaaSサービスを提供している。

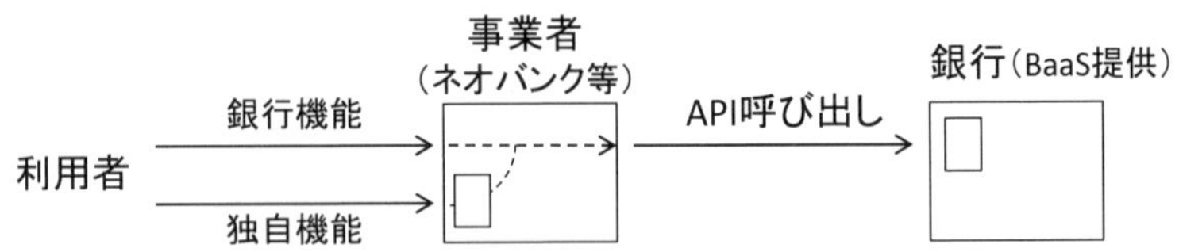

図表6－6　BaaS機能を提供する銀行と活用する事業者との関係

6－9　貿易金融 EDI

貿易金融 EDI は，従来の船荷証券を電子化して，スピーディーな貿易を実現する仕組み。単なる EDI と違い，銀行や保険会社が関わることが特徴である。技術面だけでなく，各国の法律や国際ルールなどもクリアして実現している。これまでの貿易金融 EDI の仕組みとしては，TEDI（日本発の貿易金融 EDI システム）・Bolero（欧米のグローバル企業25社による貿易手続を合理化するグローバル EDI）・TradeCard（クレジットカードの仕組みを貿易に利用）が利用されてきた［30］。

近年は，ブロックチェーン技術を利用した仕組みへ移行しつつある。大手銀行は，ブロックチェーンのデジタル貿易プラットフォームを運営する事業者と連携し，取引先のデジタル化対応を支援している。貿易取引に係る各種手続き

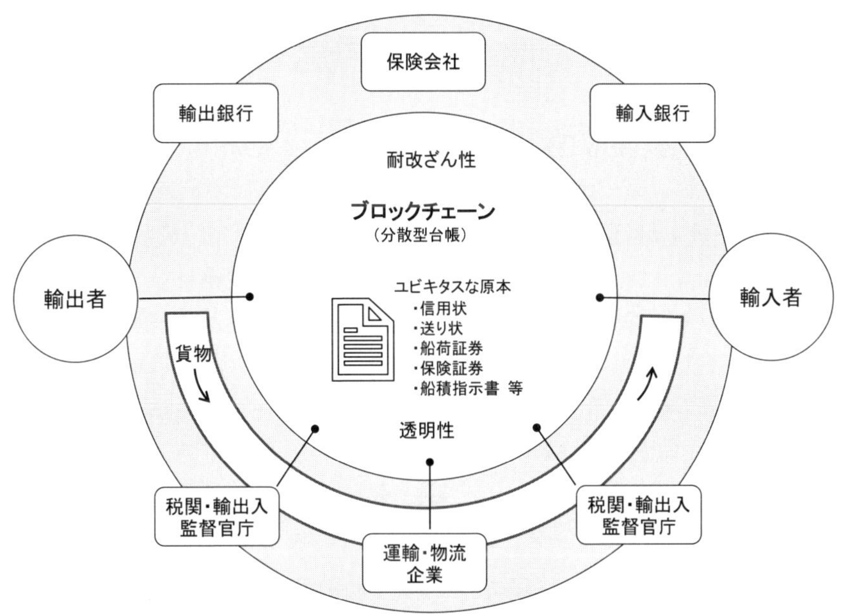

図表6－7　TradeWaltz の貿易プラットフォーム　イメージ
（TradeWaltz のホームページに基づき著者作成。
https://www.tradewaltz.com/ecosystem/）

のデジタル化により金融業界のオペレーションコストの大幅な削減が期待されている［31］。

TradeWaltzは，ブロックチェーン技術を活用する貿易金融プラットフォームであり，国内企業のトレードワルツが運用する。参画企業は，NTTデータ，三菱商事，豊田通商，兼松，三菱UFJ銀行，三井住友銀行，みずほフィナンシャルグループ，損害保険ジャパン，東京海上日動火災保険などである。日本を含むアジア太平洋地域の7カ国・地域をつなぐ予定であり，連携予定の貿易システムがつながる各国・地域の企業とあわせると，2025年に5,000社がプラットフォームに加わる見通しである［32］。

その他，三菱UFJ銀行と三井住友銀行は，スイスKomGoが運営するデジタル貿易プラットフォームkomgoに参画。三井住友銀行は他に，貿易金融プラットフォームのMarco PoloとContourにも参画。これらもすべてブロックチェーン技術を利用する。ブロックチェーンの技術を活用することで，デジタル書類の信憑性を担保できるため，取引の透明性・信頼性の向上につながる。

6－10　その他の金融DX

金融DXでは，サービス面で顧客体験価値の向上を図り，利用者の拡大を狙う動きが見られる。保険業界では，各社が新たなサービスを提供し始めている。金融サービス仲介業の制度も2021年に開始された。関連して，アカウントアグリゲーションにも触れておく。

(1) 利用者の拡大を狙う動き

顧客接点の面で利用者へのサービス向上を狙って，スマホアプリで銀行機能以外の情報サービスも提供したり，スマホ銀行への展開の動きもある。顔写真をスマホで撮ってオンラインで本人認証するeKYCという方式が，使われるようになった。

スマホ証券としては，スマートフォンを使って簡単な操作で利用できるPayPay証券（旧One Tap BUY）が市場を切り拓いた（同社の特許戦略については9－4を参照のこと）。

家族向けの金融サービスも提供されている。住友VISAカードが2020年3月に開始した「かぞくのおさいふ」や，みずほ銀行が2017年に開始した「ペア口座アプリ」などがある。

(2) 保険の新たなサービス

保険会社は，病気にならないための健康や予防のサービスや，事故が起きた後の補償から事故前のサポートというようなサービスに乗り出している。

損害保険のSOMPOホールディングスは，保険商品を開発・販売するだけの会社から脱却し，「安心・安全・健康のテーマパーク」を目指して，リアルデータプラットフォーム構想を打ち出している。その他，保険業界のDXとしては，人工知能を活用した代理店向け営業支援システム構築や，利用者の健康増進のためのアプリ提供などが行われている。

自動車保険では，自動で事故を判定したり，支払いの早期化を行う仕組みなどでデジタル化が進んでいる。

スマホで手軽に加入できる保険も利用され始めた。

(3) 金融サービス仲介業

金融サービス仲介業の制度が2021年より開始になった。デジタル上で展開される金融サービスを融合した新たな仲介サービスである［33］。1つの登録を受けることにより，銀行・証券・保険すべての分野のサービスの仲介を行うことができ，さらに一定の要件を満たせば，電子決済等代行業の登録手続も省略可能，という制度である。ただし，2021年11月の制度導入時に参入した企業は2社にとどまった。

(4) アカウントアグリゲーション

古典的なサービスであるが，金融DXに関連するサービスとして，アカウントアグリゲーションもあげておきたい。アカウントアグリゲーションとは，1つの画面で複数の金融機関のサービスを受けることができるように，複数のID・パスワードを利用者に代わって管理するサービスである。複数の金融機関の残高を合計したり，ドラッグ&ドロップの操作で口座間の金銭の移動ができるサービスも提供されている。2000年頃より提供されていて，マネーフォワード，MoneyLook といったアカウントアグリゲーションサービスが現在提供されている。従来は，それぞれの金融機関の Web サイトから送られてきた HTML 情報をスクレーピング（切り貼り）して，1つの画面にまとめている場合が多かった。近年は，金融機関の多くが API を公開する方向であるため，スクレーピングせずに API 連携で実現できるようになりつつある。例えば，三菱 UFJ 銀行が2021年12月に開始した Money Canvas は，他の金融機関と API 連携することでサービスを実現している。

ただし，アカウントアグリゲーションには，セキュリティの問題がある。複数の ID・パスワードを利用者に代わって管理するため，その ID・パスワードが漏えいしないための対策が必要である。

参考文献

[1] 森田富士夫『ネット通販と当日配送』，白桃書房，2014年.

[2] ロジスティクスビジネス2012年5月号「特集　当日配達・送料無料　ネット通販が導くラストワンマイル革命」.

[3] ロジスティクスビジネス2021年6月号「特集　EC 物流白書　新たな市場セグメントの競争軸と勢力図」.

[4] 国土交通省「宅配の再配達の削減に向けた受取方法の多様化の促進等に関する検討会」報告書，2015年.
https://www.mlit.go.jp/report/press/tokatsu01_hh_000234.html

[5] 角井亮一『アマゾンと物流大戦争』，NHK 出版，2016年.

[6] 日経ビジネス2017年5月29日号「特集　ヤマトの誤算」.

[7] 日経デジタルマーケティング2017年10月号「特集　宅配危機への切り札はデータ」.

[8] 日経クロストレンド2019年8月号「再配達撲滅　ネット通販「物流」革命」.

[9] 日経情報ストラテジー2016年10月号「特集　ロボットが救う物流現場」.

[10] 東洋経済2013年9月28日号「特集　物流最終戦争」.

[11] 日経ビジネスオンライン2013年9月18日「宅急便以来の改革を起こす　ヤマトホールディングス・木川眞社長が語る」.

［12］ロジスティクスビジネス2015年1月号「トランコム　オーダー解析を用いて高確率な予測営業」.
［13］日経ビジネス2019年9月16日号「特集　物流革命　フィジカルインターネット　PART 3　課題をビジネスチャンスに　始まった物流革命「新参者」の挑戦」.
［14］日経 MJ 2019.12.6「神の目宿るオープンロジ（物流インサイドリポート）」.
［15］国土交通省総合政策局物流政策課「物流標準化に向けた政策的対応（特集　物流標準化・DX）」，運輸と経済2021年10月号.
［16］日経ビジネス2019年9月16日号「特集　物流革命　フィジカルインターネット　PART 1　フィジカルインターネットとは何か　物流業界を変えるシェアリングモデル」.
［17］ロジスティクスビジネス2021年6月号「日本郵便　楽天との物流事業統合で成長を加速させる」.
［18］ロジスティクスビジネス2021年7月号「日清食品ホールディングス：フィジカルインターネット視野に共同化推進改革をサプライチェーン DX にギアチェンジ」.
［19］日経情報ストラテジー2011年4月号「スマートな神経を作れ！」.
［20］インフォテリア　導入事例2003年3月　財団法人　競艇情報化センター.
https://www.asteria.com/jp/news/press/2003/03/24_01.php
［21］日経ビジネス2021年7月12日号「テックトレンド　キャッシュレスの新潮流　ユニコーンも誕生，「後払い」決済」.
［22］金融庁「フィンテックに関する現状と金融庁における取組み」2017年2月.
http://www.kantei.go.jp/jp/singi/keizaisaisei/miraitoshikaigi/4th_sangyokakumei_dai4/siryou1.pdf
［23］日経ビジネス2013年9月9日号「特集　スクエア・インパクト」.
［24］日経ビジネス2019年9月30日号「特集　リブラ・インパクト」.
［25］日経ビジネス2021年12月6日号「デジタル円，DX 起爆剤になるか　2022年にも実用化へ」.
［26］日経 MJ 2013.9.25「アニメやゲーム開発資金，ネット通じファンから調達　クールジャパン後押し」.
［27］森健太郎，袁泉「チャレンジャーバンク，ネオバンクの動向」，月刊　金融ジャーナル2021年9月号（特集　BaaS : Banking as a Service）.
［28］週刊金融財政事情2021年2月8日号「特集　BaaS で変わる金融の近未来」.
［29］日経ビジネス2021年7月5日号「ヤマダ，JAL も参入のネオバンク　銀行は「機能バラ売り」時代に」.
［30］堀米明『はじめての貿易金融 EDI』，東洋経済新報社，2002年.

［31］週刊金融財政事情2021年２月22日号「特集　始動！　デジタル貿易金融」.

［32］日本経済新聞2021.7.10「貿易システム，5,000社で調達を相互補完　日本とアジア太平洋結ぶ　三菱商事など７社が開発」.

［33］月刊金融ジャーナル2021年６月号「特集　新仲介業始動」.

第7章
製造業・建設業のDX

製造業・建設業のDXでは，デジタル技術を活用した新たな事業展開や，ITを活用した利用企業向けのサービスなどの新たなビジネスモデルが現れている。

7－1　製造業・建設業のDXで利用される技術

まず，製造業・建設業のDXで利用される技術として，IoTデータの活用，エッジコンピューティング，デジタルツインについて概説しておく。なお，製造業のDXに関しての基礎的な知識をまとめた書籍としては，三菱ケミカルHDのグループ全社員を受講対象にしているeラーニングの内容を改編した書籍［1］が2021年に出版された。

(1) IoTデータの活用

IoT（Internet of Things）とは，「モノのインターネット」とも呼ばれ，小型モジュールにCPU・メモリー・センサー・通信装置等を組み入れ，さまざまなモノに組み込んで情報をネットに送信して活用する仕組みのことである。多くの機械やデバイスに組み込まれているため，すでに全世界のIoTデバイス数は数百億台に達していると見られている。

生産管理の目的での利用としては，製造機械のセンサーからIoT経由でエッジやクラウドにデータを集めて，分析・制御などに利用する活用方法が広まってきた。それらの収集したデータを人工知能で分析して故障予測や予防保全に活用することは一般的になった。

さらに，工場内だけでなく，製品に組み込んで，利用者向けのサービスへ活用する例も増えてきた。サービスとしての利用としては，予防保守／遠隔保守などのサポートサービスや，稼働課金への活用に利用されることが増えている。建設機器・農業機器では，遠隔の稼働管理，予防保全，盗難防止などへの活用，自動車では，走行データなどの車両走行情報を収集して故障診断，運転データを活用した運転診断，業務用車両の運用管理などへの活用が一般的になってきた。

(2) エッジコンピューティング

エッジコンピューティングとは，デバイスや機械のセンサー等からのデータを IoT ネットワークで収集する際，そのデータをクラウドに送って処理するのではなく，必要に応じて，近くに設置したエッジサーバで処理して制御に利用する方式のことである。図表７－１の上の図のようにインターネットを通してクラウドに送るとどうしてもネットワークの遅延が生じるが，下の図のようにエッジサーバで処理することで，迅速な制御が可能になりリアルタイム性が高まる。また，負荷が分散されることで，通信の遅延が起こりにくくなることも期待できる。

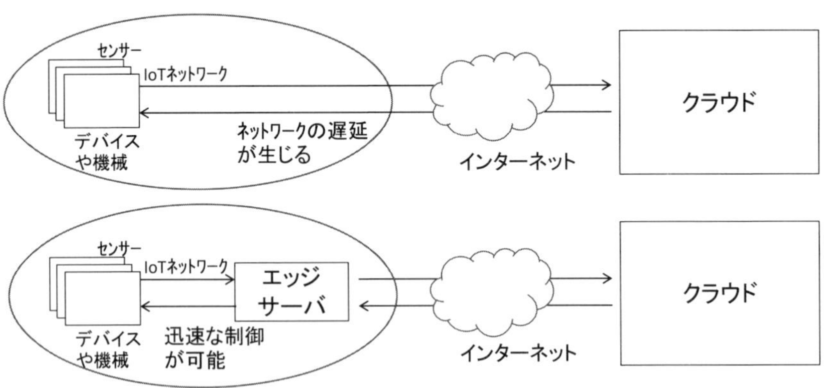

図表７－１　エッジコンピューティングの仕組み

(3) デジタルツイン

デジタルツインとは，設計段階で3D（三次元）モデル化し，最新の状況はIoTなどで収集して，サイバー空間上に物理空間を表した双子（デジタルツイン）を作ることで，状況をリアルタイムで把握したり，今後物理空間で起こることを予測したりして，運用・保守などで活用する手法である。デジタルツインを無線ネットワークで共有するために，大容量のデータを超高速，超低遅延で送受信できる5G技術の利用が期待されている。

製造業では，機械や高炉などのデジタルツインを作り，運用管理を行う例が出てきている。建設業では，工事現場の状況把握に利用され始めている。さらに，街全体のデジタルツインも作られている。

今のところ，デジタルツイン技術は設計や製造での活用が主であるが，今後は，製品のメンテナンスへの活用が期待されている。販売した機械の状態・運用データ・操作方法などをIoTで入手して，デジタルツインに取り込むことで，故障予測などに活用できるためである。すでに，GEは運用中の航空機エンジンのメンテナンスに利用している。このようなデジタルツイン技術のメンテナンスへの活用は，B to Bだけでなく，B to Cへも展開されることが予想される。

図表7－2に，デジタルツイン技術のサービス（保守）への活用の概要を示す。

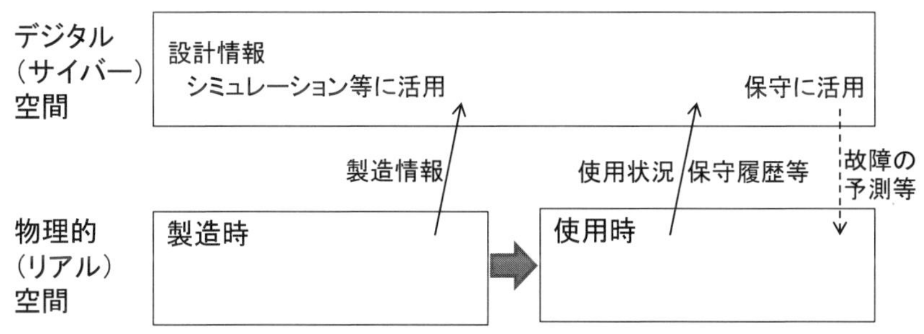

図表7－2　デジタルツインのサービスへの活用

7－2　製造業のDX

製造業のDXとしては，販売した商品のサービスに関するDX，ファクトリーDX（工場内のDX），プラットフォーム構築，研究開発でのDXなどをあげることができる。どのような技術で，どのような効果を見込めるかが重要である。

(1) 製造業のDXの目指すところ

製造業のDXについては，欧米や中国で取り組みが進んでいる。ドイツは「Industrie 4.0」（第4次産業革命），中国は「中国製造2025」というような技術政策により，製造業の高度化を進めようとしている。そのため，日本でも，製造業のDXを進める動きが官民で見られる。

経済産業省は「製造業DXレポート」［2］という資料の中で，製造業のエンジニアリングチェーン（製品設計・工程設計・製造の流れ）に着目し，これを強化するためのデジタル技術活用に向けた方向性として，以下の5つの観点を示すとともに，それらに取り組む先進的企業の事例を紹介している。

観点1：全社的な経営方針・目標の共有と，これに基づくDXの推進及びエンジニアリングチェーン強化の方針検討
観点2：自社のエンジニアリングチェーン工程や体制の可視化
観点3：従業員の持つ技術や能力の形式化・デジタル化
観点4：BOMの共有や3DCADの活用等，役割や組織を跨いだデータ共有のための仕組みの整備
観点5：継続的にデジタル改革に取り組んでいくための人材や仕組みの確保・構築

また，製造業のDXでは，ビジネスモデルの観点も重要である。小松製作所の坂根顧問（元会長）は，世界との戦い方として，「ビジネスモデルで先行し，現場力勝負へ持ち込む」という戦略を提唱している［3］。ビジネスモデルで先んじられて大きく差を付けられてしまうと，現場力が強くても挽回しにくくなってしまう，という危機感がある。国内のモノづくりの現場力は世界的に見

て引けをとらないが，いち早く新たなビジネスモデルで多くの顧客を囲い込まれてしまうと，競争で不利になるためである。このように考えると，今後，製造業企業がDXに取り組む際は，効率化や生産性向上のためにデジタル技術を活用するだけでなく，ビジネスモデルにも目を向ける必要があるといえる。

例えば，マス・カスタマイゼーション技術は，顧客ごとにカスタム製品を提供するなどのビジネスモデルへの展開を可能にする。価値の高い商品を提供することで，一般消費者へ直接販売するD2C（Direct to Consumer）の事業も可能になる。その例として，ナイキはスマホアプリによるD2Cの販売を強化する方針である。

(2) 製造業のサービス化

製造業では，従来から収益力向上のためのサービス化が課題となっている。以前より「スマイルカーブ」と呼ばれるように，製造業では一般的に，サプライチェーンの最上流の製品企画・設計と最下流のサービスにおいて利益が集中する傾向が言われている。そのため，DXを検討する際は，製品販売だけでなく，サービスやソリューションのビジネスモデルへ展開することも考慮に入れることが望ましい。さらには，顧客企業や他の製造企業などと協力してエコシステム（共存共栄する仕組み）を実現することが理想的である。

メーカーのサービス化を研究している西岡・南［4］は，メーカーのサービス化が現在重要である理由として，「IoT時代を迎えた製造業」「高付加価値型製品開発・製造への転換」「リソース革命によるサービス化」をあげている。そして，「製造業のサービス化とは，モノ中心のビジネスモデルから，サービス志向のビジネス構造へと変化させることで，新たな顧客価値を生み出す活動」と定義している。

サービス事業へ展開している具体例としては，P&G（Procter & Gamble）は，米国でクリーニング事業Tide Cleanersを始めている。このようなサービスを行うことで，P&Gは，顧客の好み，洗濯の頻度，特別な要求があるかどうか，といった情報を蓄積できる，と考えられる［5］。

前節で示したように，IoTは多くの機器に組み込まれて活用場面が広がっている。そのため，メーカーは，販売した機器（製品）の利用時間・回数・センサー情報などのデータをIoTで集め，無線ネットワークを通して収集し，それらのビッグデータから稼働状況などを分析して，アフターサービス（点検・予防保守・整備など）や，最適なサービス運用の提案を行うなどの新たなサービス事業を展開することが可能となった。

小松製作所やヤンマーなどは，販売した機械のセンサーからの稼動情報をIoTで収集し，機械を遠隔地から管理することができ，保守に役立てている。機械の盗難の探知にも利用している。小松製作所のコムトラックスシステムは，稼働状況を営業活動や需要動向予測などにも活用している。クボタは，通信機器を搭載しクラウドと情報をやり取りできる農機などのデータに基づく営農支援サービス「KSAS」を提供しているが，さらに2020年12月には，故障解析用の拡張現実（AR）アプリ「Kubota Diagnostics」の提供を始めた。自動車やバイクなどのコネクテッドサービスも普及しつつある。

IoTからデータを収集する仕組みによって，課金の方法も変わりつつある。収益面では，販売時の収益だけでなく，販売した製品に対しての継続的なサービスを行うことで，リカーリング（継続収益）のビジネスモデルが期待できる。リカーリングは，定額制（サブスクリプションサービス）だけでなく，成果報酬や運用管理サービスなどによる収益構造もある。野村総合研究所の青嶋［6］は，リカーリングのビジネスモデルを，①定額型（サブスクリプション），②IoTデータによる融資型，③成果報酬型，④マネージドサービス型（運用管理一括サービス），⑤デジタルワークフロー構築支援型，に分類した上で主な事例を紹介している。

製品を販売せずに，稼働状況に応じて課金する方法や，定額課金で収益をあげることもできるようになった。以下に，稼働課金や定額課金の例をあげておきたい。

・英ロールスロイス社「Power-by-the-Hour」（航空機エンジンの出力時間に対して課金）。GE社の旅客機のジェットエンジンビジネスでも同様な課金方法。

・ケーザー「シグマ・エア・ユーティリティ」(圧縮空気供給，基本料金制)。「コンプレッサーを売らずに，圧縮空気を売る」ビジネスへ。
・三井物産とダイキンエアテクノ「エアアズアサービス」(快適な空調空間を月額定額サービスとして提供)。
・ブリヂストン「TPP（Total Package Plan)」(物流会社向けのタイヤの運用を含む定額プラン。年単位契約)。「製造販売業からソリューションプロバイダー」への転身の方針。

販売した製品に対するサービス事業により，最終顧客の利用状況が見えるようになり，さらに他のサービスへの展開も可能になる。

(3) ファクトリーDX（工場内のDX)

生産技術の面のDXとしては，変種変量生産技術により，変化し続ける市場ニーズに迅速・的確に対応することが可能となる。ただし，最終商品を製造する1社だけでなく，サプライチェーン全体での取り組みを進めることが必要となる。

定期的なメンテナンスを行う予防保全とあわせて，予知保全（工場内の機械や設備を監視して不具合や故障を予知して部品の交換・修理などを先んじて実施）を行うことが課題であった。そのため，製造DXの取り組みとして，機械にセンサーを付けてIoTでデータを収集してAIで分析することで，異常検知・故障予測，効率向上などに取り組む企業が増えている。また，工場内でリアルタイムに制御するためにはエッジコンピュータが活用される。デジタルツイン技術を遠隔管理に活用する企業もある。

技術的には，自社が持つデジタル情報に加えて，さらにIoT等でデータを収集する仕組みを構築し，ビッグデータ化する。それらをサービスに活用し，さらに，API（Application Programming Interface）を伴うプラットフォームを構築するなど，オープンな情報システムを検討するべきである。その際，センサー，人工知能（AI)，クラウド・エッジ，デジタルツイン等の技術を有効に活用する必要がある。

さらに今後は，IoTデータの企業間での共有・取引も考えられる。運用時の

IoTデータ等を他社で活用したり，AIの学習用データなどとして利用するなどの目的で，取引対象になるかもしれない。そして，国内ではIVIとDSAが企業間のデータ連携の仕組みを開発している。日本機械学会生産システム部門「つながる工場」分科会を母体に2015年に設立されたIndustrial Value Chain Initiative（IVI）は，「つながる工場」のための製造業オープン連携フレームワーク（CIOF）を策定した。なお，IVIの仕組みでは，一次データはエッジコンピュータに置いて共有する方針である。2020年1月には，一般社団法人データ社会推進協議会（DSA）が設立された。DSAは，製造だけでなく，分野間データ連携の基盤技術を提供してゆく方針である。

また，今後は，工場の生産機能をプラットフォームとして他社に提供することに，ビジネスチャンスを見いだす企業があるかもしれない。Factory as a Serviceと呼ばれるような事業形態である。すでに，3Dプリンターの機能をネットから利用できるサービスがある。

(4) プラットフォーム展開

メーカーによるプラットフォームは多くはないが，古くは，事務用品メーカーのプラスが，実店舗の流通チャネルで支配的であったコクヨに対抗するために，自社製品以外も販売するB to B向け通販事業のアスクルを始めている（その後，筆頭株主はYahooに代わった）。そのように，革新的な姿勢でプラットフォームを考えるべきである。

DXでは，他企業が参加できるオープンなB to Bの基盤型プラットフォームを提供することで，エコシステム化できることが望まれる。

製造業のDXでのプラットフォームの例としては，トヨタ自動車のMSPF（モビリティサービス・プラットフォーム）が知られている。将来的なMaaSやCASEなどの動向を想定して，さまざまな企業と連携して新たなモビリティサービスを創出するために，MSPFを提供している。ライドシェアやカーシェア事業者，保険会社等は，このプラットフォームを介して，トヨタのコネクティッドカーから収集される車両ビッグデータと連携したサービスを提供することが可能となる。

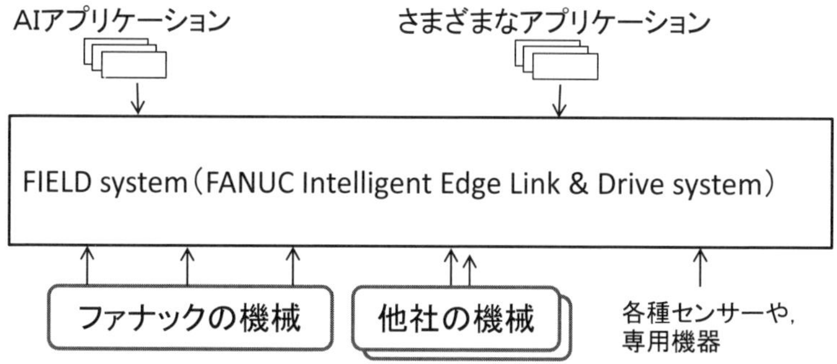

図表7－3　ファナックのFIELD systemの概要

産業用ロボットを製造・販売するファナックは，他の工作機械メーカーや製造関連のアプリケーションを開発する企業が参加するオープンプラットフォーム「FIELD system」（FANUC Intelligent Edge Link & Drive system）を，2017年から展開している。他社の工作機械等をつないで制御することが可能で，IoTデータ等を活用して，現場のDX化に役立つアプリケーションを開発できるエッジコンピューティング技術を含むプラットフォームである。図表7－3に，ファナックのFIELD systemの概要を示す。

また，空調製品を製造するダイキン工業は，これまで，業務用空調機に各種センサーを内蔵して，省エネ運転や遠隔監視による保守サービスなどに活用してきたが，2018年には，空間データの協創プラットフォーム「CRESNECT」を発表した。空調機から得られるデータを活用し，さまざまなパートナー企業と協業して空気・空間にまつわる新たな価値やサービスを生み出していくための，協創型プラットフォームであり，オフィスでの生産性向上や健康維持に向けたデータの活用方法を想定している。

これらの例のように，多くの企業が参加するプラットフォームによりエコシステムを構築できれば，利用者へ幅広い価値の高いソリューションを提供可能となり，強力な競争力を築くことができる。

(5) 研究開発での DX

製薬・化学・素材業界などでは，研究開発の面でも DX 化が進められている。

製薬業界の例としては，中外製薬では，機械学習を中心とした AI 技術を用いて，創薬プロセス全体における変革に取り組んでいる。

化学・素材業界では，AI 技術などを先端材料や新素材の開発に応用する MI（マテリアルズ・インフォマティクス）技術が活用されている。例えば，旭化成では，材料開発に MI 技術を活用して効率的に化学変化を起こす触媒の研究に取り組んでいる。

7－3　建設業の DX

建設業の DX では，BIM/CIM モデル化，無人化施工（建設機械の無人運転・遠隔操作など），建物 OS 提供，建設業界向けのソリューション提供などが進みつつある。

(1) BIM/CIM モデル化

BIM（Building Information Modeling）/CIM（Construction Information Modeling）とは，建物／建設物の3D モデルをコンピュータ上に作成し，さらに各種情報（コスト，管理情報などのデータ）を追加したデータベースを，設計・施工・管理維持などの全工程で活用する手法である。

2020年 4 月国土交通省は，2023年までに小規模工事を除く国土交通省発注のすべての公共事業に，３次元モデル BIM/CIM を原則適用することを決定した。国土交通省から「３次元モデル成果物作成要領」などが提供され，対応が必要になっている。しかし，中小企業では CIM のハードルは高い。そのため，国交省は CIM ソフトの入っていないパソコンでも，インターネットを介して CIM モデルを無料で閲覧・編集できるようにするシステムの構築を進めている。2021年度内に国土技術政策総合研究所から，測量などで得られた３次元データや詳細設計で納品された CIM モデルなどを保管するクラウドが提供される[７]。

国土交通省による3D 都市モデル Project PLATEAU が2021年 3 月26日に本

格始動した。全国56都市の3D都市モデルが整備され，オープンデータとして公開された。そのデータをBIM/CIMと組み合わせて有効活用することが期待されている。例えば，森ビルは大型複合施設「虎ノ門ヒルズビジネスタワー」のBIMデータとPLATEAUの3D都市モデルを統合し，屋内外をシームレスにつなげたバーチャル空間を構築した。そして，この中で，災害が発生したときの人の行動シミュレーションを実施したり，人の滞留を可視化したりして，適切な避難方法を探ることができた［8］。

(2) 建設ロボット・無人化施工，建設現場の遠隔管理

建設現場で施工に活用するロボットやIoTアプリ等の開発と利用が進みつつある。その技術連携の推進のために，大手建設会社16社によって2021年に「建設RX（ロボティクストランスフォーメーション）コンソーシアム」が発足した。

鉱山やダム建設現場などでは，建設機械の無人運転や遠隔操作による無人化施工が行われ始めている。例えば，鹿島建設の「A^4CSEL」（クワッドアクセル）は，建設機械の自律稼働を担う次世代建設生産システムであり，主にダム工事での自動化で利用されている［9］。

IoTを活用した建設現場の遠隔管理システムも利用され始めている。鹿島建設の「3D K-Field」は，デジタルツインを活用した建設現場の遠隔管理システムである。資機材や作業員の位置データや稼働データなどと，建築物の図面データを組み合わせてパソコンの画面に表示。工事管理者などが現地事務所や本社・支店から，現場の隅々の状況をあたかも間近で見ているように確認できる［10］。

(3) 建物OS

大手建設会社は，建物の維持管理や運用などからも収益をあげる戦略であり，建物OS（建物内の設備やシステム，センサーなどを統合管理するプラットフォーム）が開発されている。建物OSは，建物のリアルな利用者数や熱源ピーク負荷などの情報を基に改修計画を立案したり，新たな建物の設計にも生かすことができる［11］。清水建設のDX-Coreは，関連業界約50社と組んで，外部と

データ連携するAPIを構築した。そして，ビル内のネット接続機器を簡単に（管理画面でアイコン同士をつなぐだけで）連動できるようにした。具体的には，案内ロボットとエレベーターとの連携，AIカメラとIoT機器との連動，空調機器との連携などが可能になる［12］。大成建設のLifeCycleOSは，運用情報だけでなく，設計施工に活用しているBIMデータも，デジタルツイン上で統合することができる。設計・施工の正確な情報とともに，建屋や設備がどのように使われているかを表すデータをリアルタイムでビルのオーナーや管理者などに提供できる。

(4) 建設業界向けのソリューション

建設機械メーカーの小松製作所が2017年に提供を開始した「ランドログ」は，建設生産プロセス全体のIoTの基盤となるプラットフォームで，コマツ単体でなく関連企業とともに開始された事業である。建設機械のみならず，環境・地形・資材・スタッフといった建設生産に関わるすべての「モノ」から得られるデータを収集し，APIを通して各種のアプリケーション（第三者の企業が開発可能）を利用できるようにしている。その枠組みを利用して，建設業界向けのソリューション「スマートコンストラクション」が提供されている。

参考文献

［1］志度昌宏，三菱ケミカルホールディングス先端技術・事業開発室DXグループ『DXの教養　デジタル時代に求められる実践的知識』，インプレス，2021年.

［2］経済産業省「製造業DXレポート～エンジニアリングのニュー・ノーマル～」，2020年.
https://www.meti.go.jp/meti_lib/report/2019FY/000311.pdf

［3］坂根正弘「ビジネスモデルで先行し，現場力勝負へ持ち込む！　これからの品質経営」，月刊　経団連，2019年6月号.

［4］西岡健一・南知恵子『「製造業のサービス化」戦略』，中央経済社，2017年.

［5］DIGIDAY［日本版］2019/3/4「P&G，人気ブランド「タイド」で洗濯サービスを開始：アプリを中心にデータ収集」.

https://digiday.jp/brands/pg-testing-tide-branded-laundry-service/

［6］青嶋稔「第4回　リカーリング事業の類型とその構築（シリーズ　デジタル時代のリカーリングビジネス構築）」，野村総合研究所　知的資産創造2020年7月号．
https://www.nri.com/-/media/Corporate/jp/Files/PDF/knowledge/publication/chitekishisan/2020/07/cs20200708.pdf

［7］日経コンストラクション2021年6月28日号「迫るBIM/CIMの原則化　2年後見据え中小建設会社を支援（特集　加速する建設DX）」．

［8］日経コンストラクション2021年4月26日号「PLATEAUの野望」．

［9］デジコン2021/10/4「鹿島建設による次世代建設生産システム「A4CSEL」。その開発までの道のり　前編」．
https://digital-construction.jp/column/171

［10］日経コンピュータ2021年9月16日号「鹿島　建設現場に「デジタルツイン」　人と機械をビル丸ごと可視化」．

［11］日経アーキテクチュア2021年1月14日号「建物OSの争奪戦が始まる」．

［12］日本経済新聞2021.12.9「清水建設　ビルにOS実装　アプリでIoT機器連動」．

第8章
旅行業界のeビジネスとDX

この章では，次に旅行業界に関して，eビジネスとDXがどのように進んでいるかの全体像を示したい。B to CとB to B，ネット専業企業の展開と既存企業のDXなどがどのように関係し合っているかも含めた全体のビジネスモデルの構造を知ることで，業界動向（各社の戦略，連携などを含む）を体系的に学ぶことができる。2020年は新型コロナウイルスの影響で旅行業界の収入は約7割減少したといわれ，経営改革が迫られたためDX化が加速している。

本章では，まず，旅行業界のネット化の状況をデータで示す。これまでの旅行業界の情報システムをサーベイする。次に，ネット宿泊予約の動向と，宿泊施設側の利用方法の現状を考察する。その上で，旅行代理店のeビジネスとDXの取り組みを学ぶ。また，インバウンド・グローバルのオンライン旅行予約の状況と民泊の状況を学ぶ。その後，新たな旅行業界のeビジネスとDXの全体像をまとめて，今後の旅行業界のeビジネス・DXと情報システム利用の課題を考える。

8－1　旅行業界のネット化の状況

これまで旅行のネット予約は順調に拡大してきたが，2020年は新型コロナウイルスの影響で縮小した。経済産業省の調査によると，国内のB to C-ECの旅行サービス（ビジネスユースである出張は除外。海外旅行に関しては国内の事業者に対し支払う金額は含む）は，2019年に3兆8,971億円（前年比4.8%増），2020年に1兆5,494億円（前年比60.24%減）であった［1］。新型コロナウイルスが終息して，2019年以前の状況に戻ることが望まれている。

JTB「旅行者購買行動調査」（首都圏，中京圏，近畿圏集計）によると，2012年時点での国内の宿泊施設の予約方法は,「パソコンからネットで予約」が40.6%,「携帯電話やスマホのサイトで手配」が3.9%,「宿泊施設へ電話で予約」が19.0%,「旅行会社の店舗で予約」が8.2%であった。2005年時点では電話予約が約4割と最も多かったが,2010年前後にネットからの予約が入れ代わって主な予約手段になったことがわかる。

2021年のJTBの意識調査［2］によると,直近の旅行の行先を決めるきっかけになった情報について聞いたところ,「友人知人からのおすすめ・体験談など（18.4%）」,ネット以外のメディアは計1割強であった。それに対して,「オンライン専門の宿泊予約サイト（OTA）（28.6%）」「旅行会社のサイト（10.2%）」「宿泊施設のサイト（7.3%）」や他のサイトを合計すると,ネット上の情報は半分以上であった。このように,ネットの情報が旅行を決める上で必須となりつつある。

フォーカスライトの調査では,世界のオンライン旅行市場では,モバイル・デバイス経由の旅行情報の提供と商品の販売が急速に進んでいることが指摘されている［3］。また,最近の傾向として,予約時期が宿泊日により近づいてきたことも言われている。

ネット予約等の裏側では,さまざまな情報システムの活用による,多様なビジネスモデルが検討されてきた。また,大手旅行会社もCRM等を活用したマルチチャネルの展開を行っている。B to Bの面では,TravelXMLという旅行業界のプロトコルがJATA（日本旅行業協会）とXMLコンソーシアムにより策定され,実験が行われた［4］。旅行企画会社・旅行代理店・宿泊施設の間のさまざまな取引項目を標準化する形式であった。しかし,2010年3月にTravelXML策定の活動は終了した。

さまざまな業種において,B to BでのASPやクラウド等の活用方法は進んできているが,ネット予約の割合が増えている旅行業界ではその傾向が顕著である。

8－2　これまでの旅行業界の情報システム

大手ホテルやホテルチェーンは,従来からイールドマネジメントと呼ばれる仕組みを自身の情報システムに実装して，稼働率を上げる努力をしてきた。イールドマネジメントとは，歩留りの向上のための施策であり，「最大利益追求のための総合的価格政策」である。稼働率が低い時期は，室料を引き下げるなどして，稼働率を極力あげている［5］。ダイナミックプライシング（4－8を参照）の一種である。

Sabreに代表されるGDS（Global Distribution System：以前はCRSと呼ばれた）は，国際的に広く航空券やホテルの予約を行うシステムであり，今日ではインターネットを通した予約が可能となっている。

従来，旅行会社は，宿泊施設から在庫を専用に確保し，余った在庫は返室できる形態で，宿泊施設と契約している場合が多かった。これまで，中規模以上の宿泊施設の多くは，TL-X（後継製品は予約サイトコントローラと合体したTL-リンカーン）という送客通知・残室管理システムを使い，大手旅行会社からの予約情報を受信してきた。PMS（宿泊施設のフロントシステム）と連携する仕組みを利用するところが増えているが，まだ紙で出力して再入力しているところがあると言われる。

8－3　ネットでの宿泊予約の動向

(1) 予約サイト

ネット専業の予約サイト（OTA）は，国内勢3強（楽天・じゃらん・ヤフー）が競う状況である［6］。さらに，国内大手以外に外資なども参戦して混戦となっている［7］。

日本の宿泊予約サイトの動向としては，2003年，楽天が「旅の窓口」を買収したことが大きな出来事であった。楽天では，将来，旅行商品の5割がネット予約になるという予測から，売上規模に比べて高額な買収額で「旅の窓口」を買収した。そして，2004年には，楽天トラベルと合併させ，「楽天トラベル」という名前に変わった。なお，「旅の窓口」は，1996年に日立造船情報システムが「ホテルの窓口」という名で開設し，当初はビジネスホテルが中心であった。そのため，現在でもビジネス利用の面が充実している。楽天トラベルは，登録宿泊施設向けの支援ツールとして，施設カルテというツールで集客状況の情報を提供している。さらに2017年には運営サポートサイトを開設し，動画講座で集客や業務効率化を支援している。

予約サイトは淘汰が進んでいる。予約サイトとしてのブランドが確立し，予約サイトの数はネットバブルの頃よりも大きく減った。一時は5～6％という低い手数料だったが，寡占化が進んだため，現在は上昇している。楽天トラベルは，旅行代理店のように自分が抱える在庫としてブロックしたり，アロットメント充足率によって手数料を変えるような制度に変更したりと，宿泊施設の囲い込みを図っている。

また，旅行比較サイト（メタサーチ）として，国内では1997年にトラベルコがサービスを開始した。海外企業も国内に参入してきた。2011年にスカイスキャナー，2013年にトリバゴが日本語サイトを開設し，2017年にはKAYAKも日本に参入した。簡易な操作で比較できることなどから，旅行比較サイトの利用が増えている。トラベルjp（旧LINEトラベルjp）もメタサーチ式の予約サイトである。

他の予約サイトとしては，高級ホテルに特化したサイト，売れ残った部屋を直前に安価で提供するサイトなど，分化が進んでいる。

一休という宿泊サイトは，ブランド戦略で成長した。他の宿泊サイトで扱っていない高級ホテル/旅館の予約ができるなど，高級志向のブランドを確立させ，富裕層や，たまにぜいたくな気分でくつろぎたいという需要を取り込んでいる。サイトのブランド力を維持するため，宿泊施設は厳選していて，一休への掲載を希望する宿泊施設のうち，一休の社内の審査に通るのは2割程度という［8］。一休は，富裕層をターゲットとした展開も行っている。高級予約というブランド形成の延長として，2006年には，「一休.comレストラン」という高級レストラン予約サービスも開始した。Loco Partnersが運営するReluxも高級ホテル・旅館の予約サイトである。

(2)　宿泊施設側から見たネット予約

宿泊施設側から見ると，ネット予約の手数料は，従来からの旅行代理店を通した予約よりもまだ低いため，ネット予約は魅力である。特に，ペンションやプチホテル等，若者向けの施設はネット予約に積極的である。

旅館やペンションのホームページを手作りで作っているところは多いが，オンライン予約の仕組みの開発や運用だけは，素人では難しいため，ASP 企業にリンクしているところが多い。リピーター等へのサービス向上のために，自社サイトからのオンライン予約の機能が望まれるためである。そのため，地方の中小旅館を中心に，予約サイトに登録しつつも，ASP により自社のサイトで予約受付することも一般化している。

なお，宿泊施設向けのホームページ作成サービスの中には，ネット予約の売上に応じた成功報酬型の課金の仕組みを取っているものもある。そのようなサービスとしては，リバティー・たび寅・ヤドバンスなどが知られている。

(3) 予約サイトコントローラ

ネットでの予約を，他の予約手段（電話など）と一元管理する仕組みも重要である。宿泊施設のフロントシステムとの連携により，ネット予約の情報が自動でフロントシステムに反映される仕組みも増えている。

宿泊施設側は，一般に各予約サイトと各々契約しなければいけない。しかし，予約サイトごとに部屋の割り当てをするのは煩わしいため，一元的に宿泊施設の在庫を管理できる仕組みが望まれる。そのため，予約サイトコントローラと呼ばれる仕組みが重宝されている。宿泊予約サイト普及において，予約サイトコントローラが「陰の主役」であったと指摘している人さえいる［9］。

手間いらず株式会社（旧プラスアルファ）の予約サイトコントローラ「手間いらず」は，主な予約サイトの予約情報参照や増返室を１つの画面から行うツールである。それぞれの予約サイトと契約した後，このアプリケーションを利用して各予約サイトとネット接続し，かつ，PMS（宿泊施設のフロントシステム）と連携することで，図表８－１に示すように共有在庫のように空き室を管理することが可能となる。つまり，ある予約サイトで部屋が予約された時点で，すべての予約サイトに提示している部屋数を減らすことで，共有在庫のように管理（複数の予約サイトに同じ空き室を登録して，１カ所で売れた際にすぐに他のサイトへの登録部屋数も減じる）でき，空き室を効率的に管理できる。このようなシス

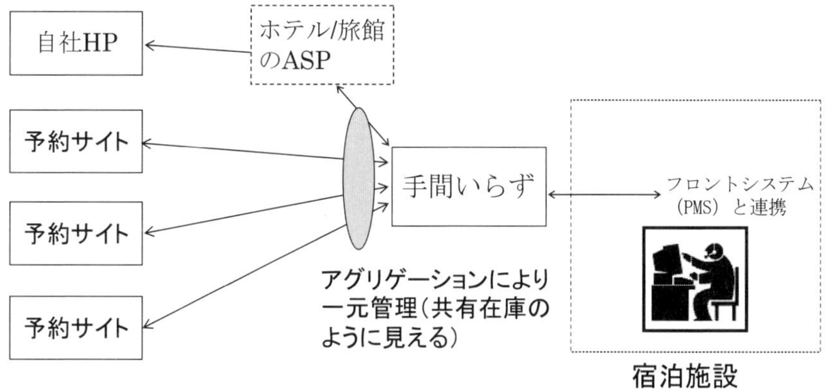

図表8－1　手間いらず（予約サイトコントローラ）の仕組み

テムは，当初は，金融のアカウントアグリゲーション（6－10を参照のこと）がHTMLを切り貼り（スクレーピング）しているのと同じようなやり方で，複数の予約サイトとのやりとりを一元管理した。

JR鉄道情報システム「らく通」やクリップス「ねっぱん」も，「手間いらず」と同様に，複数の予約サイトの予約管理を一元化できる。シーナッツのTL-リンカーンは，複数の予約サイトだけでなく，旅行会社の予約も含めて一元管理できる。

また，全世界的に利用されているサイトコントローラとしては，beds24（民泊などで利用）が知られている。

(4) 旅行のクチコミ情報

予約サイト全般として従来の旅行代理店と大きく異なる点は，利用者間のコミュニケーション手段である。楽天トラベルなど大手の予約サイトは，掲示板で利用者の宿泊施設に関する感想を共有できるようにしている。それらの掲示板では，宿泊施設側からも返答を返すことができ，双方向の対話がオープンになっているため，不評なところをどう改善するかを利用者が確認できることで，宿泊施設側の信用を保つことができる。

TripAdvisor は，旅のクチコミ情報を共有するサイトとして全世界的に活用されている。翻訳機能を持ち，他国語のコメントも読めるようにしている。また，クチコミに基づいてホテルや観光地のランキング情報も提供している。2013年から国内で，本格的にメタサーチ機能を取り入れた。また，2020年から国内で，宿泊施設向けに「レピュテーション Pro」というクチコミの一括管理や分析支援などのサービスの提供を始めた。

8－4　旅行代理店の DX への取り組み

旅行代理店は，ネット専業の予約サイトとは違った展開を見せている。

(1) 予約サイト提供と店舗数の縮小

ネット専業企業に対抗するため，大手の旅行代理店も直販仲介型の予約サイト（場貸しサイト）の提供を始めた。2006～2007年にかけて，JTB の「るるぶプラス」，近畿日本ツーリストの「ステイプラス」(2009年に閉鎖)，日本旅行の「旅プラザ」，阪急交通社の「The お宿」などで，手数料は低めに抑え，各宿泊施設が自分でプランを決められ機動的に値付けなどができるようにすることで，利用増を図った。その後も，旅行商品のネットでの予約を可能にする取り組みを強化した。

同時に，2010年頃には，大手旅行代理店はネット販売額を増やす見通しから，店舗数を大きく減らした。しかし，ネット販売には苦戦した。JTB は，2013年には，エクスペディアやドコモと提携し，ネット販売の拡大を目指した。

そして，2020年には新型コロナウイルスの影響で販売額が大きく落ち込んだため，JTB などはさらに店舗数を減らす方針である。それに伴い，オンラインで相談できるサービスなどを拡充する方向である。

(2) BTM

旅行代理店では，B to B のサービスとして法人用の BTM（Business Travel Management）に力を入れている［10］。BTM とは，企業の出張業務全体に対するコンサルティングサービスである。多くの場合は，旅行代理店が企業の出張業務を一括して請け負い，企業の人件費の削減につなげる。

JTB・日本旅行・近畿日本ツーリストは，それぞれ海外の大手旅行代理店と提携して，BTMのサービスを企業向けに提供している［11］。さらに2010年，HISと阪急交通社も，それぞれ米国企業と提携してBTMに参入した［12］。

BTMでは，ASPサービスで企業の従業員から出張予約を受け付け，企業に代わって精算などの業務を行う。企業の管理元では，集約した情報の参照や，海外出張中の社員の居場所の確認もできる。

また，BTMは出張中の社員の所在地が一元管理できることから，危機管理にも役立つといわれる。

(3) マルチチャネル化

日本旅行やJTBは，店舗スタッフを活用したマルチチャネル化に積極的である。

ネットと店舗との連動もよく見られるようになった。例えば，日本旅行が2013年に開始した「パッと乗レール」は，「JR・新幹線＋宿泊セットプラン」をインターネット予約して，新幹線の駅にある店舗でチケットを受け取ることのできるサービスである。

JTBは，オムニチャネル対応として，2015年に店舗とWebの会員プログラムを共通化した新メンバープログラム「JTBトラベルメンバー」に移行した。

(4) ダイナミックパッケージ

ダイナミックパッケージとは，航空券とホテルを自由に組み合わせることができるパッケージである。特に，インターネットで予約・購入できるサービスのことをいう。エクスペディア等のOTAが始めたサービスであった。提供者側は，このように組み合わせることでキャンセルが減るメリットがあると言われる。

その後，2005年後半からJTBなどが日本でも開始した［13］。そして，ANA・JALを利用したパックツアーなどにダイナミックパッケージが追加されるようになった。当初，ダイナミックパッケージはネット予約だけであったが，楽天ANAトラベルオンラインは2011年9月，電話専門の予約センターを開設して「ANA楽パック」の電話予約ができるようにすることで，利用拡大を図った。

関連した動向として，JTBは2018年1月，自由旅行の自由な素材組み合わせとパッケージ商品の利便性の双方を兼ね備えた商品として「ダイナミックJTB」の提供を開始した。

新型コロナウイルスを契機に，旅行代理店は従来のパックツアーを見直して，ダイナミックパッケージ化に積極的になった。

(5) プラットフォーム展開

旅行代理店は，顧客の分析などを強化するために，社内の情報プラットフォームを構築しようとしている。例えば，JTBは，商品の販売実績や会員データ，店舗データなどをクラウドに集約し，各データを顧客単位で結びつけた「統合データ」を作成して，誰が何に興味があるかがわかるようにした。その結果，「出張女子」狙いで成約率を45%向上させた［14］。

さらにJTBの山北栄二郎社長は，「今後は，デジタル化を提供するツーリズムプラットフォームを作り，旅館が参加してくれることで自由自在に販売できる仕組みを提供する」という方針を述べている［15］。

8－5　インバウンド・グローバルのオンライン旅行予約

観光庁の宿泊旅行統計調査によると，2019年の国内の外国人延べ宿泊者数は，1億143万人泊（前年比7.6%増）に達した。2020年と2021年は新型コロナウイルスの影響で激減したが，それが終息すれば以前のインバウンド客数に戻ることが期待できるため，インバウンド対応は重要である。

Booking.com（オランダ）は世界大手の宿泊予約サイトであり，特に欧州で強い。訪日客の宿泊先の開拓に積極的であり，2016年12月には国内施設の掲載数が1万軒を超えた。Booking.comは，宿泊施設に「レート・マネージャー」という宿泊の値決めを支援するツールを提供している。また，旅館やホテルを囲い込むため，多言語対応の予約サイトを構築できるサービス「ブッキング・スイート」も販売している［16］。

エクスペディアは，世界最大手であり，海外／国内のホテルで最低価格保証を行っている。航空券も扱い，「航空券＋ホテル」の予約も行う。B to Bでは，旅行会社から予約できる「クマの手」というシステムを提供している。エクスペディアは，hotel.com，Orbitz，Travelocity，トリバゴなども傘下に持つ。エクスペディアは，本社（米国）・ロンドン・シンガポールに，エクスペディア・イノベーション・ラボと呼ぶ施設を設け，旅行者のサイト上における予約動向の科学的研究を行っていて，アジアの利用者の特性の研究なども行っている［17］。

このような海外大手企業の日本進出に対して，リクルートと楽天は買収や提携で対抗しようとしている［18］。

8－6　民泊の動向

全世界的に，Airbnb，Vrbo（旧HomeAway）などの民泊仲介業者による民泊が盛んになっている。

4－2で示したように，日本政府はシェアリングエコノミーに積極的である。そのため，政府は民泊に関連する規制緩和を決定し，民泊新法（住宅宿泊事業法）法案が2017年に成立した。そして，2018年6月15日から施行された。住宅宿泊事業者は，都道府県知事に届出をすれば，年180日以内の範囲で自宅

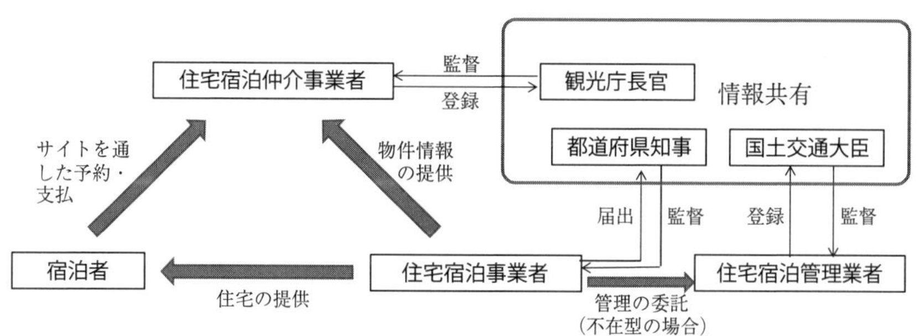

図表8－2　住宅宿泊事業法の概要（観光庁のサイトより）

やアパート等の部屋を貸し出す民泊事業を合法的に行うことができるようになった。民泊仲介業者（住宅宿泊仲介事業者）は登録制である。図表8－2に，住宅宿泊事業法の概要を示す。

なお，国内では家主が貸し出す割合は少なく，民泊代行業者が空き家や空きアパート等を貸し出す場合が多い。世界では，自宅シェア型が8割であるのに，国内では家主が住む物件は4割以下である［19］。そのため，海外とは民泊の事情が異なっている。

楽天も，RakutenStayというブランド名で民泊の運用代行サービスに参入した。

8－7　旅行業界のeビジネス・DXの全体像と今後について

図表8－3に，旅行業界のネット化の全体像（主に宿泊予約）を示す。旅行代理店とネット予約の競争関係が続く一方，民泊・インバウンド予約・メタサーチなどのインパクトも大きくなってきた。さらに今後，ソーシャルメディアとの関係や，エコツーリズム・アドベンチャーツーリズムや体験／遊びの検索サイト等の新サービスの利用者がどのぐらい増えるかなどが注目される。

今後は，旅行代理店や旅客業界の各社のDXが大きな課題である。特に，オムニチャネル化やプラットフォーム構築において，他の旅行会社やネット企業などとどのように協業するかが問題となる。ワーケーションやMaaS（Mobility as a Service）などへの対応も課題である。また，業界全体を効率化・活性化するために，旅行業界のB to Bの仕組みがさらに進化するべきである。

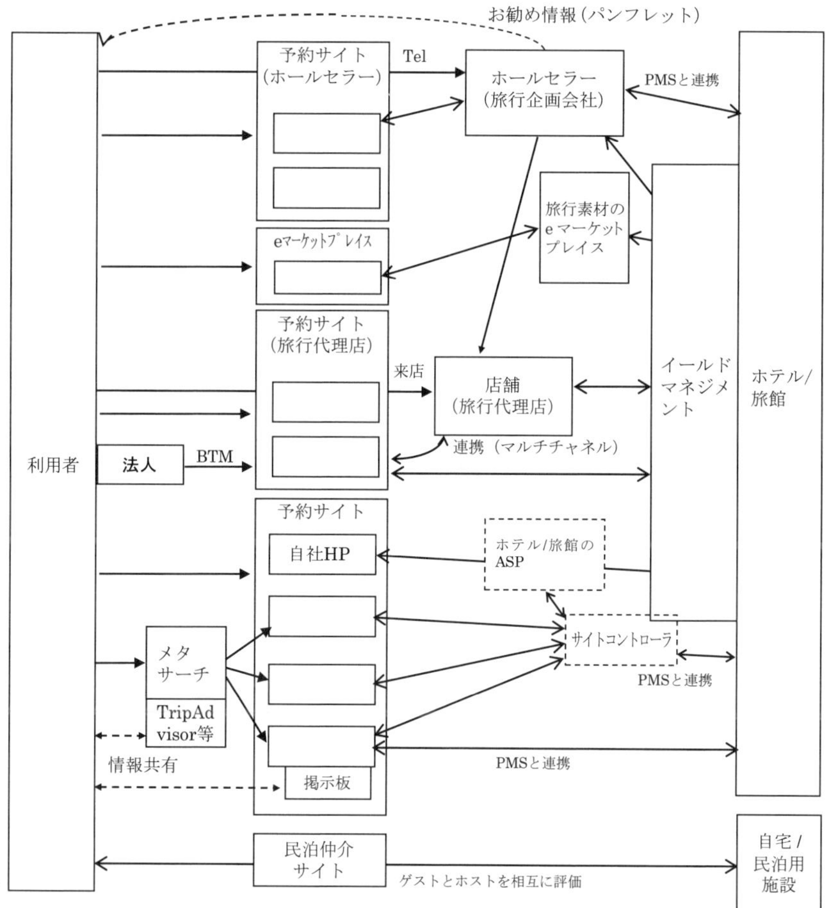

図表8－3　旅行業界のネット化の全体像

参考文献

［1］経済産業省「令和2年度産業経済研究委託事業（電子商取引に関する市場調査）」，2021年7月．（urlは第1章の参考文献を参照のこと）

［2］JTB「コロナ禍の生活におけるインターネットやSNSからの“情報”に対する意識と旅行に関する意識調査」，2021年4月．

https://press.jtbcorp.jp/jp/2021/04/sns.html
[3] 牛場春夫他『日本のオンライン旅行市場調査　第4版』，BookWay，2018年．
[4] 大場他「旅行業界電子商取引向けXML標準TravelXMLを利用したWebサービス実証実験」，情報処理学会DD研究会，2004-DD-45，pp.41-47，2004年．
[5] 石原直『ホテル・旅館の情報システム』，中央経済社，1997年．
[6] 日経産業新聞2019.2.19「旅テック，国内勢3強競う　じゃらん宿泊施設支援」．
[7] 日経産業新聞2018.11.16「ガリバー外資・新興…参入相次ぐ――旅行業，席取り争い過熱，価格やSNS強み生かす」．
[8] 日経産業新聞2006.5.24「点検ネットビジネス　一休」．
[9] 寺尾淳「旅行するなら知っておきたい　楽天トラベルやじゃらん普及の「陰の主役」とは」，SBクリエイティブ「ビジネス＋IT」，2015年7月10日．
https://www.sbbit.jp/article/cont1/29946
[10] 日経コンピュータ2004年1月26日号「旅行業界IT投資でサバイバル」，pp.156-162．
[11] 日経産業新聞2006.3.23「追跡　強さの源泉　近ツーBTMセンター」．
[12] 日経産業新聞2010.10.19「旅行大手，BTMに活路」．
[13] 日経ビジネス2006年3月27日号「JTBは国内，楽天トラベルは海外　ネットで旅をオーダーメード」．
[14] 日経SYSTEMS 2019年5月号「JTBが顧客分析システム構築 「出張女子」狙いで成約率45％増」．
[15] 日経産業新聞2021.10.29「旅行大手，活路を語る（上）JTB，デジタルと店舗が連携」．
[16] 日経産業新聞2016.10.24「予約見極め助言，ブッキング・ドットコム，宿泊の値決め，勘いらず，訪日客対応，月3万円」．
[17] トラベルジャーナル2017年7月24日号「エクスペディアのイノベーション・ラボ　ユーザーの予約行動を科学分析」．
[18] 日経ビジネス2017年7月3日号「時事深層COMPANY　リクルートと楽天，相次ぎ買収・提携　旅行サイト，外資の攻勢に対抗」．
[19] 日経MJ 2016.3.28「米エアビーは国内3万室，民泊ビジネス急成長，大阪・中央，宿泊伸び70倍，歓楽街隣で家賃高騰，空室投資や運営代行生む」．

第 9 章

e ビジネス・DX に関連するビジネス方法特許と特許戦略

e ビジネスや DX の仕組みを権利化する特許として，ビジネス方法特許（ビジネスモデル特許，ビジネス関連発明とも呼ばれる）がある。

この章では，ビジネス方法特許を理解するために，まず特許全般・ソフトウェア特許について学んだ後，ビジネス方法特許や代表的な特許例について学ぶ。

9－1　特許について

まず，知的財産権法は，次のような法律から構成される。

・産業財産権法（工業所有権法）――特許法，実用新案法，商標法，意匠法など
・産業財産権法以外――不正競争防止法（営業秘密保護，ドメイン名保護等），著作権法，弁理士法，知的財産基本法など

特許制度は，発明を保護することでイノベーションを促進するための仕組みといえる。特許法の第一条にこのことが示されている。「この法律は，発明の保護および利用を図ることにより，発明を奨励し，もつて産業の発達に寄与することを目的とする。」

特許法の第二条で，「発明」は次のように定義されている。「この法律で発明とは，自然法則を利用した技術的思想の創作のうち高度のものをいう。」ここで，「高度のもの」というのが付いているため，特許になる要件として，新規性だけでなく，進歩性（容易に思いつかない）も求められる。なお，実用新案には「高度」という要件はない。

特許は次のように利用される。まず，医薬品・食品・素材などの製造方法は，製法特許として特許化できる。また，医薬品そのものも，物質特許として特許が認められる。医薬品では特許化できると一般には製造を独占できるが，特許が切れると他社が参入して安くなるのが普通である。

機械・電機などの仕組みは，1つだけでなく多くの特許で製品を守ることが多い。かつて，Xerox は何百という数の特許でコピー機のビジネスを独占していた。その特許網をキヤノンが破った話は有名である（NHK のプロジェクト X にも取り上げられた）。

特許の手続き（出願と登録のプロセス）

出願（公表前に出願する必要がある）

＊一般に，出願後18カ月後に特許公開公報に公開され，その時点で公開番号が付く。

↓

審査請求（出願から3年以内に審査請求が必要）

↓

特許庁での審査

＊一度拒絶通知されても，請求項を補正して意見書で反論可能。

↓

登録査定（権利は出願後20年間）

＊登録されると，特許番号がふられる。

特許の権利

権利期間＝出願から20年間

権利範囲＝請求項に記載した範囲

権利行使方法＝差し止め，ライセンス料の請求など

特許の審査基準

・新規性――特許出願前に，公然と知られた例，公然と知られた発明，刊行物やインターネットで利用可能な発明は認められない。

・進歩性――だれでも簡単に思いつくものは認められない。例えば，他の分

野の発明を単純に転用したり，寄せ集めは認められない。

・産業上の利用可能性――産業（農水産業やサービス業も含む）で利用できないといけない。ただし，医療行為の方法は除く。また，公序良俗や公衆衛生を害するものは認められない。

特許公報は，特許情報プラットフォーム（https://www.j-platpat.inpit.go.jp/）のサイトから無料で検索・参照できる。

特許庁は2018年，「STARTUPs×知財戦略」のための“基地”として，「IP

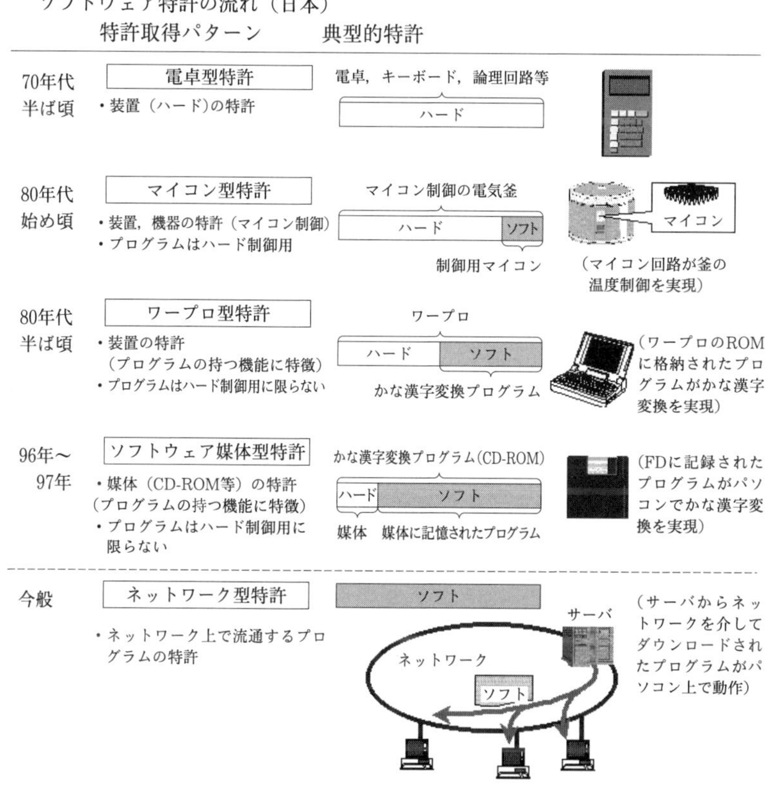

図表9－1　ソフトウェアの特許の流れ（[1] より）

BASE」というサイトを開設した（https://ipbase.go.jp/）。「全スタートアップが知るべき知財に関する情報や人材，そしてコミュニティ形成を手助け」する狙いである。ネット関連のスタートアップ企業の知財の支援も行っている。

9－2　ソフトウェアの特許について

ソフトウェアも特許にできる。当初は，ハードウェアの一部にソフトウェアを使うことで特許化された。そして，図表9－1に示すように徐々にソフトウェアの位置づけが大きくなってきた。

そして，平成14年改正法で，「プログラム」を請求項で保護できるようになった。それまでは，「プログラムを格納した記録媒体」などを請求項としていたが，ネットワークでソフトウェアの流通が本格化し始めたので，「プログラム」自体を権利化できるようになった。

ソフトウェアの基礎技術の面の特許と，システムの特許とに分けられる。システムの特許では，組合せによる顕著な効果が必要であり，単なる組合せでは，特許として認められない。

9－3　ビジネス方法特許について

ビジネス方法特許（ビジネスモデル特許，ビジネス関連発明，とも呼ばれる）とは，ソフトウェアの特許の中で，技術面だけでなく，その技術によりビジネス上のアイデアを実現して，事業上の便益をもたらすものをいう。広告，流通，金融その他のサービス分野や，eビジネスの仕組みを保護することができる。ただし，そのようにビジネス上の発明をソフトウェアで計算機上に実装しなければいけない。特許庁の特許分類（FI）でいうと，ビジネス方法特許は，G06Q（2011年まではG06F 17/60）が相当する。他のソフトウェア技術のように論文に出てくることは少ないので，eビジネスやDXの仕組みを知るためには特許を参考にするとよい。

特許庁は，ビジネス関連発明という表現を使っていて，ビジネス方法がICT（Information and Communication Technology：情報通信技術）を利用して実現された発明であると説明している［2］。図表9－2に，ビジネス方法をICT

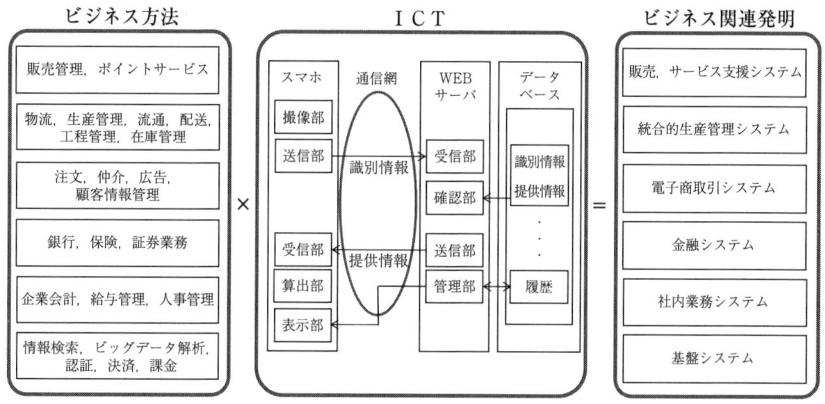

図表9－2　ビジネス関連発明の例（［2］より）

で実現することでビジネス関連発明となる例を示す。

(1) ビジネス方法特許の歴史

歴史的には，2000年には，ビジネスモデル特許に関する書籍が数十冊も出版されるなど，ブームになった。そのため2000年に入ってから出願件数は顕著に増加した。その中には簡単なアイデアレベルの安易な出願も多かった。その後，特許庁から，「特定技術分野の審査基準―コンピュータ・ソフトウェア関連発明」（2000年12月），「特許にならないビジネス関連発明の事例集」（2001年4月）といった資料が出て，出願件数は落ち着いていった。出願件数は，2012年からは増加傾向に転じていて，2019年の出願数は10,769件であった［2］。増加傾向について，日本経済新聞はフィンテックなど新サービスが台頭しているためとしている［3］。AI・IoT・ブロックチェーン等の技術を活用した特許も増加している。

審査状況をみると，当初，ビジネス方法特許では特許になる割合が他の分野に比べて低く，2003年～2006年では8％前後であった。その後，2007年以降は上昇傾向になり，近年は65％～70％程度まで上昇して，他分野並みの特許査定率になった［2］。特許査定率は高くなってはきたが，ベンチャー企業やサービス企業からの出願件数は未だに少ないままであり，eビジネスの寡占化につながることを著者は危惧している。そこで，サービスの権利化（ビジネスモデルの面も保護）のための案として，先行者優位を強めるルールで発明企業を保護するが，そのルールを守れば他社は自由にその発明を利用できるという，コモンズとしての知的財産制度「元祖権」を著者は提案している［4］。

なお，米国では当初，ビジネス方法特許は特許化されやすかった。しかし，2014年の Alice Corp. v. CLS Bank International 事件の最高裁判所判決（通称：Alice判決）以降，ビジネス方法特許での特許保護適格性の判断は厳しくなり，特許として認められにくくなった［5］。

(2) 90年代のビジネス方法特許の例

90年代に日本や米国で出願され，成立して話題になったビジネス方法特許について概要を示す。なお，すでに特許権の存続期間が切れている特許もある。

・凸版印刷のマピオン特許＝「広告情報の供給方法およびその登録方法」（特許第2756483号）等

インターネットで地図を利用する際，広告主が地図上に広告を出して利用者がそれを参照する仕組みに関する特許である。

・コクヨの@officeの特許＝「流通支援設備」（特許第2956661号）

コクヨが，従来の販売チャネルを継続するための文具店向けB to B to CのASPサービスの特許。エンドユーザから見ると，中間業者（代理店）がWebで販売しているように見える仕組みである。

・ジェイ・キャストのエリアターゲティング特許＝「ウェブページ閲覧方法およびこの方法を用いた装置」（特許第3254422号）

IPアドレスを基にエリアターゲティングを行う特許である。利用者の住む地域をIPアドレスから判断し，その地域に応じた広告や情報をWebページに表示する仕組みを特許化した。

・ガーラの電子掲示板システムに関する特許＝「電子掲示板システム」（特許第2951307号）

掲示板に対するユーザ投稿をフィルタリングし，掲載を拒否したり結果を管理者へ報告するといった一連の仕組みの特許。「サイバーコップス」に関する特許。

・オーバーチュアの検索連動型広告の特許＝「コンピュータ・ネットワーク・サーチエンジンにより生成されたサーチ結果リスト上の位置に影響を与えるための方法及びシステム」（特許第3676999号）
　検索連動型広告の基本特許。なお，オーバーチュアはヤフーに吸収された。

・プライスライン社による航空券などの逆オークションの特許＝「条件付購入申込管理システム」（特許第4803852号）
　プライスライン社は米国で指値（name your own price）機能を提供。指値をもとに複数の航空会社などに逆オークションする仕組みの特許。

(3) ビジネス方法特許の裁判例と活用方法

特許が裁判になった例をあげる。

アマゾンのワンクリック特許（米国特許第5960411号）とは，以前に購入した利用者であれば1回のクリックで商品をネット購入できる仕組みである。米国でAmazonが1997年に特許出願し，1999年9月に特許が成立した。そして，Amazonはこの特許が侵害されたとして，1999年10月に競合の書店Barnes&Noble社を提訴した。裁判所は，この特許侵害を認め，Barnes&Noble社のワンクリック購入機能の使用差止めを命じた。

日本航空は，JAL-Online（法人向けのオンライン予約とチケットレスサービス）に関する2つの特許（特許第3179409号と特許第3400447号）を取得した。日本航空は2004年7月，全日空が展開している法人向け国内線予約・発券サービスが，日本航空の持つそれらの特許を侵害しているとして，全日空を東京地裁に提訴した。しかし，2005年12月に，日本航空はその裁判を取り下げた。2005年10月に無効理由通知が発送され，11月に日本航空から意見書・訂正書が出されたが，その訂正書で権利範囲を減縮した結果，全日空を訴えられなくなったということのようである。

freee株式会社は，自身が持つ特許「会計処理装置，会計処理方法及び会計処理プログラム」(特許第5503795号，クラウドコンピューティングによる会計処理において自動仕訳を行う際の仕組みに関する特許）が侵害されたとして，2016年10月に競合のマネーフォワードへ差止請求を求める訴訟を起こした。しかし，翌年freeeの請求は棄却され，マネーフォワードの勝訴となった。

このような例から，ビジネス方法特許について，事業面では次のような取り組みが望ましい。

1）ビジネスを始める時点

・起業したり新ビジネスへ進出する場合は，その前にビジネス方法特許を出願しておくべき（成立するまで時間がかかるので，まずは出願だけでいい)。

・同時に，公知例調査（特許調査）をして，怖い特許が無いかのチェックも必要。

2）競合会社との間での武器

・特許は，他社を牽制する武器になる。他社が，自社の特許を侵害していないかを常にチェックする必要がある。特許が成立する前から，警告は可能である。

9－4　ネット企業の特許戦略

主要なネット企業の多くは，着実に特許を成立させている。弱い特許（回避しやすいもの）も見受けられるが，自らのビジネスを守る武器として定着してきていることがわかる。ヤフージャパンや楽天などのネット大手は，2007年頃から特許公開を急増させている。各社は基本特許以外に周辺特許や改良のための特許へ着々と特許を広げていて，特許上の競争が激化してきたことがわかる［6］。

大手ネット企業は，パテントトロール（特許を保有しているだけで製品の製造／販売やサービスを実施していない者が，特許権を行使して巨額のライセンス料を得ようとする）や競合企業からの特許訴訟に対して自己防衛するため，特許ポートフォリオを構築している。特許訴訟に備え，クロスライセンスやカウンターなどを行うための多くの特許を用意している。そのため，企業外から多くの特許を購入することもある。

また，グローバル企業は，それぞれの国で特許出願するよりも，PCT出願（ひとつの出願願書を条約に従って提出することによって，PCT加盟国であるすべての国に同時に出願したことと同じ効果を与える出願制度）の制度を利用することが多い。

(1) 楽天の特許戦略

日本ライセンス協会の研究会での楽天の知的財産（商標・特許など）戦略に関する講演によると，楽天の特許に関する重点施策は，次の３点［７］。

・市場占有率の高い日本での特許ポートフォリオの確立
　自社日本登録特許ポートフォリオの拡充（2017年９月までで累積1,040件）
・グローバル化に伴い，特に訴訟大国である米国登録特許ポートフォリオの確立
　自社米国出願の早期権利化（2017年９月までで累積202件）
　第三者からの特許購入による米国登録件数の早期拡充（2017年９月までで累積1,163件）
　今後の施策（購入特許の量から質へのシフト，購入特許から自社オリジナル特許へのシフト）
・質の高い特許ポートフォリオの確立
　第三者機関からの評価（パテントリザルト社など）

また，楽天の特許出願はほとんどPCT出願であり，グローバルな特許取得を狙っていることがうかがえる。

(2) 米国のネット企業大手の特許戦略

2012年，フェイスブックは，特許750件をIBMから，650件をマイクロソフトから購入したと報道されている。

また，Googleが米国で保有する特許総数は，2011年６月時点ですでに1,036件であった。そのうち，自前特許（自社出願により取得した特許）は611件，購入特許は425件であった［８］。

そのように，ネット企業大手は，自社で出願した特許以外にも，外部からの特許購入を通して，特許を多く（1,000件以上）保有することで，自己防衛している。

(3) One Tap BUY（現 PayPay 証券）の特許戦略

ベンチャー企業の特許活用例として，One Tap BUY の事例が特許庁 IP BASE のページに掲載されている［9］。One Tap BUY は，日本初のスマホ証券として，2016年6月にサービスを開始。同社は日本初のスマホ証券として独自のサービスを構築し，市場の先陣を切ってきた。このビジネスモデルは大企業からも注目を集め，ソフトバンク株式会社やみずほ証券などからも投資を獲得した。同社は，特許で参入障壁を築く戦略で特許出願して，すでにいくつかの特許が成立している。大企業が豊富な資金を活かして同社のサービスに追随してこないように，徹底した防御を意識した知財戦略をとった。

9－5　DX での特許戦略

DX の結果として特許出願したものが成立する例が増えている。DX 等で新事業／サービスへ展開する場合には，ビジネスモデルの面を保護する目的で，一般にビジネス方法特許の出願が多くなる。

単に特許が増えるというだけでなく，DX において特許戦略が重要である。特定のビジネスモデルを展開する際には，集中的な出願が望ましいであろう。さらに，プラットフォーム等のサービスでは，収集・蓄積する情報が知財となる場合もある。

DX での特許戦略については，目的によって異なってくるであろう。日本知的財産協会のソフトウェア委員会第2小委員会は，DX における知財戦略の在り方を次の2種類に分類している［10］。

・競争型の DX――本業の技術分野を想定。新たな付加価値が競合他社から提供されていないものであれば，その付加価値を知的財産権の取得により保護し，競合他社に対し競争優位に立つことが期待できる。

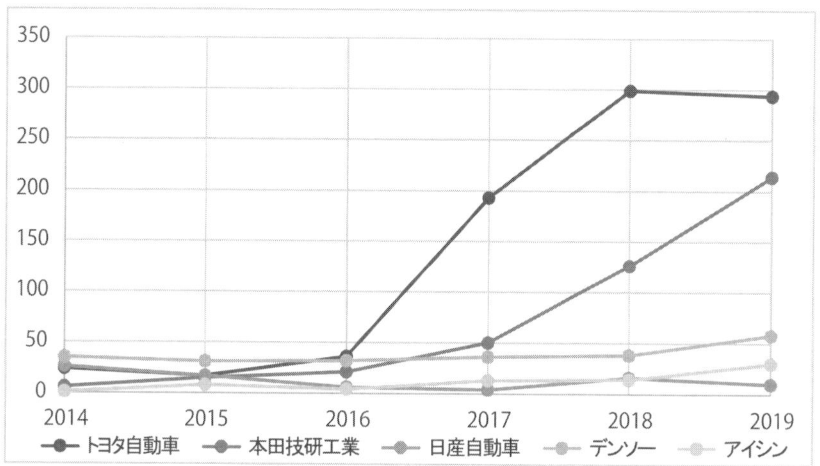

図表9－3　自動車業界のビジネス方法特許の出願状況（2014～2019年）

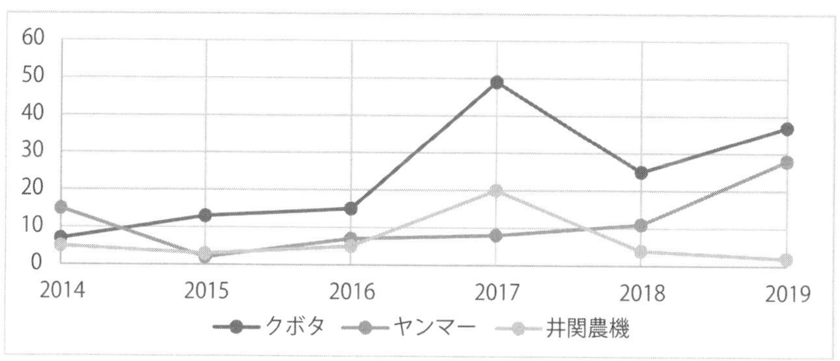

図表9－4　農業機械業界のビジネス方法特許の出願状況（2014～2019年）

・協調型のDX――新たな技術分野やサービスに事業を発展・拡大する場合を想定。DXの実現のためには，他社との提携，協業，アライアンス等が伴う場合が多いため，その際の交渉材料として，知的財産権を活用することが期待できる。

また，他社の特許を分析すると，特許出願状況から新事業／サービスへの取り組み具合をうかがい知ることができる。そのため，同じ業界の企業の最近のビジネス方法特許の出願件数を比較すると，DX などの新事業／サービスに積極的かや特許戦略がうかがえる。著者は，自動車業界と農業機械業界のそれぞれのビジネス方法特許の出願状況を分析した［11］。

自動車業界のビジネス方法特許の出願件数を比較すると，図表9－3のようになった。特にCASE の未来を想定した出願が増加している。特許出願が急増している2社は，特別な特許戦略があるように思われた。農業機械メーカー主要3社については，図表9－4のようになった。農家向けサービスの出願（圃場の管理など）が目立った。このように，新事業／サービスへの進出に伴い，実際に特許出願を急増させている企業があることがわかる。

9－6　共同出願

ビジネス方法特許の場合は，共同出願（複数の会社による特許出願）は共同研究というよりも，共同事業の場合が多い。

古い調査であるが，著者は2002年（ビジネス方法特許のブームの頃），ビジネス方法特許の共同出願の分析を通して企業間の共創の取り組みを調査した［12］。結果としては，出願総数ではIT 企業からの出願が圧倒的に多いため，IT 企業と他分類との間のコラボレーションは多かった。また，IT 専門企業同士の間の共同出願はやはり多かった。意外に，IT 以外の製造業の企業の共同出願が多く，商業・サービス業との共同出願や製造企業間の共同出願が目立った。製造業の企業は以前から特許に慣れていて，共同研究による共同出願も行っていた企業も少なくなかったため，特許に慣れていない商業・サービス業をリードして共同出願していると考えられる。

その後も，共同出願は多く見られる。2010年代以降は，オープンイノベーションや企業間のAPI 連携が盛んになったことから，新たなタイプの共同出願が見られるようになってきた。特に，IT ベンチャーと大手企業との共同出願が多く見られるようになった。その際，両者の力関係から知財の面で問題が生じる場合が少なくない（10－5を参照）。

9－7　ビジネス方法特許の例

この節では，eビジネスやDXに関連したビジネス方法特許の一例を紹介する。特許と実施しているビジネスとの関係について，各社自身がホームページ上やリリース等で発表しているものは，「発表あり」と付記している。それ以外は，各社のサービスとの関係を著者が推測しているが，実際のサービスに利用されているかは確認していないため，参考程度にしていただきたい。なお，著者（幡鎌）のWebページの中のリンク集や事例集には，これらの特許以外に，合わせて数百のビジネス方法特許を載せている。

(1) B to C

・アマゾン「商品権限（ITEMAUTHORITY）を管理する方法およびシステム」（特許第4597122号）

SDP（2－3を参照のこと）を実現するために，在庫内の製品を製品カタログ内の製品に自動的に一致させるか，類似度を計算して手動で一致させることを支援する仕組みの発明と思われる。

・アマゾン「メッセージベースの購入のためのシステム及び方法」（特許第5400132号，5711337号）

メール等を使ってアマゾンから商品を購入する際の仕組みの発明と思われる。

・ハンズ「商品毎の二次元コードを利用するショッピングカートシステム」（特許第5601645号）

ショッピングカートサービス「e-shopsカートS」の機能の中の「バスケットQR」の仕組みの特許（発表あり）。

・ジグザグ「ECの海外への提供を支援するための方法，そのためのプログラム，及びサーバ」（特許第6132379号）

リダイレクト越境ECの仕組みに関する発明と思われる。

・ヤフー株式会社「配信装置，配信方法および配信プログラム」（特許第6009485号）

Yahoo！ショッピングの出店者向けの広告商品「PRオプション」に関

する特許（発表あり）。

・ZOZO「サイズ測定装置，管理サーバ，ユーザ端末及びサイズ測定システム」（特許第6904731号）

専門的な採寸技術のないユーザでも簡単に取り扱え，容易に採寸可能なサイズ測定装置等の発明。2017年出願であるため，採寸用ウェア「ZOZO-SUIT」（初代）に関する発明と思われる。

・メイキップ「サイズ推奨システム」（特許第6613286号）

ユーザの身体情報の測定や入力無しでも推奨サイズを算出し，決定できる，サイズ推奨システム。アパレルEC向けサイズレコメンドエンジンunisizeの仕組みの特許（発表あり）。

(2) ネット広告・eマーケティング

・ヤフー株式会社「情報提供方法，情報提供システム」（特許第4716889号）

ユーザが入力した検索キーワードを記憶し，記憶された検索キーワードが使用される傾向から広告情報を提供する仕組みの特許。ヤフージャパンの行動ターゲティング広告（4－4を参照のこと）の仕組みに関する発明と思われる。

・楽天「アフィリエイト分配装置，アフィリエイト分配システム，アフィリエイト分配方法，アフィリエイト分配プログラムおよびコンピュータ読み取り可能な記録媒体」（特許第4741034号）

コンテンツ管理者とコンテンツを紹介する紹介ページ管理者との間で，成果報酬を分配する仕組みの特許。楽天動画チャンネル「ウィンウィン（Win-Win）リンク」で，動画を掲載したブログから商品が購入された場合，動画の投稿者と，それをブログに掲載した人の両方に報酬が与えられるが，それを特許化したと思われる。

・楽天「情報提供装置，情報提供方法，情報提供プログラム，及びそのプログラムを記憶するコンピュータ読取可能な記録媒体」（特許第5400962号）

楽天アフィリエイト「友達にメールを送って共有」で推薦メールを送る仕組みの発明と思われる。

・楽天「ポイントシステム，ポイントシステムの制御方法，ポイント管理装置，プログラム，及び情報記憶媒体」（特許第5525117号，5562500号，5566551号，5566552号）

楽天スーパーポイントを実店舗でも貯めたり利用ができるように，実店舗では携帯電話上にバーコードを表示して会員証を読み込ませる仕組みなどの発明と思われる。

・博報堂，バリューコマース「実店舗アフィリエイトシステムのコンピューティングの方法」（特許第5355198号）

リアル店舗におけるマストバイキャンペーンの応募実績に応じた成果報酬「O2O マストバイ・アフィリエイト」機能の特許（発表あり）。

・デジタル・アドバタイジング・コンソーシアム「プログラム，情報処理方法及び情報処理装置」（特許第6591571号）

屋外・交通広告効果測定に関する特許。利用者が所在した施設の情報と利用者の位置情報や移動情報などから，広告の効果測定を行う仕組み（発表あり）。

・リデル株式会社「電子商取引システム及びその商品販売方法並びにプログラム」（特許第6795856号）

リデルが開設している FOR SURE（インフルエンサーたちが実際に買った商品をその場で買える）というサイトに関する特許（発表あり）。

(3) 小売業

・ファーストリテイリング「コーディネート支援サーバ及びコーディネート支援システム」（特許第6909544号）

画像検索に基づくコーディネート支援の発明であるため，ユニクロ・GU のスマホアプリ StyleHint に関する発明と思われる。

・三菱商事＆ローソン「返品・返却システム，返品・返却サーバ及び返品・返却装置」（特許第6751112号）

ローソンで2019年に開始されたレンタル商品・EC 商品の返却・返品サービス　スマリ（SMARI）に関する発明（テレビ番組内で発表）。

(4) B to B

・シーエムネット「入札システム」(特許第3568944号)

入札システムでの，落札金額の把握モデルに関し，応札金額及び落札金額を電子商取引サイト運営者に対して知られることなく入札を実行できる入札システムの仕組みの発明。森ビルとソフトバンクECによる建設に係わるオープンマーケットCMnet(すでに終了)に関する発明と思われる。

・農業技術研究機構「識別子付与による農産物流通における農産物の個体情報入手システム」(特許第3355366号)

SEICA(すでに終了)という農産物トレーサビリティの情報インフラに関する特許(発表あり)。

・エムオーツーリスト「旅行者所在地情報通知サーバー及び旅行者所在地情報通知システム」(特許第4553543号)

BTM(8－4を参照)に関する特許で，旅行者所在地情報を旅行者の家族等が閲覧する場合のパスワードの管理も含む構成になっている。同社のBTMサービスの中の危機管理支援システム「いどころ検索」に関する特許(発表あり)。

(5) 物流(B to C物流)

・日本通運「出荷貨物の一括集配代行支援システム」(特許第3411257号)

インターネットなどによりエンドユーザーから直接入力された注文データが，物流会社のサーバを通して，出荷元の最寄りの集荷拠点へ自動的に集荷指示を出し，発送伝票の発行を行うなど集荷から配達までを一括して代行する支援システムの特許(発表あり)。

・佐川急便＆JCB「宅配便のカード決済システム」(特許第3792650号)・「宅配便のカード決済システム及び宅配便のカード決済方法」(特許第4163660号)

代引き宅配便をカード決済により行う「eコレクト」に関する発明と思われる。佐川急便(SGホールディングス)単独の特許として，「宅配のカード決済システム」(特許第4659705号)も成立。

・楽天，日本郵政公社，ドコモ「サーバ装置，配送管理方法及びプログラム」（特許第4782623号）

楽天オークションでの楽天あんしん取引という匿名エスクローサービスに関しての3社による共同出願と思われる。

・アマゾン「商人に在庫充足サービスを提供するためのコンピュータ実施登録」（特許第5227810号，5628941号）

マーチャント（出品者）に在庫のフルフィルメントサービスを提供する際の仕組みの発明。複数のマーチャントの商品をまとめて顧客に出荷する仕組みなど。

(6) 物流（物流DX）

・寺田倉庫「保管依頼品寄託方法及び寄託システム」（特許第5578581号）

minikuraという保管サービスの仕組みの特許（発表あり）。

・オープンロジ「倉庫管理方法及び倉庫管理システム」（特許第6249579号）

この特許は，入庫にかかる荷物がどの事業主のどの入庫依頼に関するものであるかの検品を効率化する仕組みの発明。物流プラットフォームサービス「オープンロジ」に関する特許（発表あり）。

・ネスレ日本「注文管理システム，注文管理方法，および注文管理プログラム」（特許第6815551号）

佐川急便と共同で2018年に開始した新しい宅配サービスMACHI ECO便に関する発明と思われる。

・アスクル「輸配送管理システム」（特許第6669190号）

新たな小口配送モデルの実証実験（倉庫 → 中間拠点 → 最寄拠点）の仕組みに関する発明と思われる。

(7) 金融（ネット企業）

・スクエア「環境情報を含む動的領収書作成のためのシステム及び方法」（特許第5710627号）

GPS情報を利用して動的に領収書を作成する仕組みの発明。店頭の物理的位置を記録して使用し，取引を検証する仕組みを含む。スクエアの決済サービスに関する発明と思われる。

・マネーフォワード「会計処理システム，会計処理方法及び会計処理プログラム」（特許第6511477号）

機械学習を用いて生成された勘定科目の提案アルゴリズムに基づいて仕訳を行う仕組みの発明。マネーフォワードクラウドの仕組みに関する発明と思われる。

・カブドットコム証券（現auカブコム証券）「売買注文自動発注装置及び売買注文の自動発注方法」（特許第3875206号）

逆指値機能を効率的にシステム化するための仕組みを特許化（発表あり）。

・カブドットコム証券（現auカブコム証券）「発注条件を自動設定する売買注文処理システム及び売買注文の処理方法」（特許第4076512号）

株自動発注での「±指値」（プラマイさしね）の処理方法に関する特許（発表あり）。

・カブドットコム証券（現auカブコム証券）「訂正条件を自動設定する売買注文処理システム及び売買注文の処理方法」（特許第3754009号）

株自動発注での「W指値」の処理方法に関する特許（発表あり）。

・BASE「電子商取引における販売店に資金提供を行うためのコンピュータシステム，方法，およびプログラム」（特許第6650990号）

トランザクション・レンディングに関する発明で，特にリピート率を含む情報に基づいて予測することが特徴。BASEのYELL BANKに関する発明と思われる。

・楽天（特許出願時はイーバンク銀行）「電子決済システム，電子決済方法及びプログラム」（特許第4982661号）

メールアドレスと名前だけわかっている相手に送金できる仕組み。楽天銀行のメール送金サービス（かんたん振込「メルマネ」）の仕組みに関する発明と思われる。

＊ FinTech関連の特許を紹介する書籍［13］が2017年に出版された。

(8) 金融DX

・GMOあおぞらネット銀行「購入者と販売者との間における決済を代行する処理装置」（特許第6574235号）

購入者と販売者との間での代金の決済の代行を，APIを活用して実現する仕組み。BaaS（6－8参照）に関する発明と思われる。

・みずほ銀行「口座管理システム，口座管理方法及び口座管理プログラム」（特許第6325701号）

タイムライン画面を利用して，複数人で口座情報を効率的に共有し，的確な資産管理を行うための口座管理の仕組みの発明。みずほ銀行の「ペア口座アプリ～Pair～」に関する発明と思われる。

・みずほ銀行＆大日本印刷「口座開設支援方法，口座開設支援プログラム及び口座開設支援サーバ」（特許第5922194号）

みずほ銀行「スマートフォン　かんたん口座開設アプリ」の仕組みに関する発明と思われる。

・アクセンチュア＆伊予銀行「住宅ローン借入支援方法」（特許第6838122号）

伊予銀行の住宅ローンサービスHOMEの住宅ローンのシュミレーションサービスに関する特許（発表あり）。

・損害保険ジャパン日本興亜「車載システム，スマートデバイス，スマートデバイスの制御方法およびスマートデバイスの制御プログラム」（特許第6568693号）

同社は，同社の自動車保険に加入する個人顧客向けのテレマティクスサービスとして，ドライブレコーダーを活用した個人向け安全運転支援サービスDRIVING！を提供している。この発明は，そのサービスの中の「事故時通報機能」の仕組みと思われる。

・三井住友海上火災保険「保険商品提示装置およびプログラム」（特許第6868075号）

代理店営業支援システムMS1 Brainに関する発明と思われる。

・第一生命保険「情報処理装置，プログラム，及び情報処理装置の動作方法」（特許第6880290号）

保障設計予測モデルからAIが顧客の意向に基づいて保障プランを提示する「AI保障設計レコメンドシステム」に関する発明と思われる（特許出願の発表あり）。

・増田経済研究所「増田足チャートの生成表示装置」（特許第4331229号）

増田足チャートという株式チャートをコンピュータで生成・表示する仕組みに関する発明（発表あり）。

・アルトア「情報処理装置及びプログラム」（特許第6423031号，特許第6704973号）

オンラインレンディング「アルトア　オンライン融資サービス」に関する発明と思われる。アルトアは弥生の子会社で，オリックスも出資。

(9) 製造業・建設業関連

・ミスミ「自動見積方法及びコンピュータ」（特許第6415492号，特許第6783280号）

少ない試行回数で容易に見積結果をユーザの希望価格または希望納期の範囲内に近づけることができる自動見積方法を提供する発明。3Dモデルを認識する仕組みが書かれているため，ミスミのオンデマンド製造サービスmeviyに関する発明と思われる。

・カブク「価格見積もりシステム，価格見積もり方法及びプログラム」（特許第6831676号）

3次元データに基づき，仮想空間に配置された製品を所定の視点から見た外観を示す2次元画像を生成し，それと既存製品画像との類似度に基づき既存製品画像を選択し，それに関連付けられた価格情報のデータを出力する，というような仕組みの発明。カブクのオンデマンド製造プラットフォームの即時見積サービスに関する発明と思われる。

・小松製作所「施工管理システム」（特許第6567940号），「施工管理システム及び施工管理方法」（特許第6839078号）

スマートコンストラクションに関する発明と思われる。

・大和ハウス「土地仲介システム，土地仲介方法，及び土地仲介プログラ

ム」（特許第4625191号）

土地需要条件に合致する土地供給情報を選別する土地仲介システムに関する特許。土地オーナーとテナント企業を仲介するLOC事業の仕組みに関する発明と思われる。

(10) ビジネスモデル関連（4章で紹介したサービス）

・エアークローゼット「スタイリング提供システム」（特許第6085017号）

スタイリングをユーザに提案する上で，嗜好の分析を行うだけでなく，ユーザの今後挑戦したいという意思を分析する仕組みの発明。エアークローゼットのパーソナルスタイリングサービスに関する特許（発表あり）。

・三菱UFJ信託銀行＆エヌ・ティ・ティ・データ「パーソナルデータ信託システム，及びパーソナルデータ信託プログラム」（特許第6942674号）

三菱UFJ信託銀行による情報銀行サービスDprimeに関する発明と思われる。

・クレディセゾン「スコアリング装置，スコアリング方法，及びプログラム」（特許第6906003号）

会員の取引状況や個性に応じた特典を提供できるスコアリングの仕組みの発明。信用スコアのセゾンクラッセに関する発明と思われる。

・LINE株式会社「情報処理方法，情報処理装置，及びプログラム」（特許第6944277号）

ソーシャル・ネットワーキング・サービスにおけるユーザの情報に基づいて，ユーザの決済についての信用度を算出する仕組み。信用度に応じた特典の付与も。LINEスコアに関する発明と思われる。

・シーパーツ「中古車部品のオークションシステムとそのプログラム」（特許6797444）

車両1台から発生する各部品をそれぞれ最高値で入札しているバイヤーへ販売することで，1台あたりの部品売上金額を最大限得ることができる，という自動車リユース部品専門のオークションサイトGAPRASに関する特許（発表あり）。

(11) その他

・グーグル「デジタルコンテンツ投稿の換金化」(特許第5592546号)

YouTubeで動画投稿者の収益化(マネタイズ)を拒否する場合の仕組みの発明と思われる。動画のオリジナリティを自動的に判定。

・三三株式会社(現Sansan)「名刺情報出力装置, 名刺情報出力方法, およびプログラム」(特許第5263759号)

ウェブページに載った情報(プレスリリース, ニュースリリース, 人事異動の情報)を更新情報として取得して, 管理する名刺情報を自動更新する仕組みの発明。法人向けクラウド名刺管理サービスの顧客管理機能に関する発明と思われる。

・フェイスブック「ソーシャルネットワークのユーザについてのニュース配信を動的に提供するシステムおよび方法」(特許第4866463号)

ニュースフィードの仕組みに関する発明と思われる。他に, SNSでの広告表示に関する特許などが多数成立。

参考文献

[1] 産業構造審議会知的財産政策部会法制小委員会(第2回)配布資料「三極におけるソフトウェア関連発明保護の動向」, 2001年6月.
https://www.jpo.go.jp/resources/shingikai/sangyo-kouzou/shousai/housei-shoi/document/02-shiryou/1306-044_02.pdf

[2] 特許庁のサイト「ビジネス関連発明の最近の動向について」, 2021年8月.
https://www.jpo.go.jp/system/patent/gaiyo/sesaku/biz_pat.html

[3] 日本経済新聞2018.9.26「ビジネスモデル特許, 再脚光 出願件数回復, 5年で1.5倍に AIやIoTで新サービス」.

[4] 幡鎌博『発明のコモンズ』, 創成社, 2010年.

[5] 河野英仁「米国最高裁判決に基づく特許保護適格性の判断手法～Alice最高裁判決後の事例とUSPTOガイドラインの分析～」, 日本国際知的財産保護協会月報「A.I.P.P.I.」, Vol.60, No.5, 2015年.

[6] 幡鎌博「日米におけるビジネス方法特許の現状」, 日本知財学会 第10回年次学術研究

発表会 予稿集，2012年12月．

［7］日本ライセンス協会 2017年11月度 関東月例研究会「楽天の知財戦略」（2017年11月21日開催）楽天からの配布資料．

［8］国際第1委員会「Google 社の知的財産戦略について」，知財管理（日本知的財産協会），Vol.62，No.8，2012年．

［9］特許庁 IP BASE「一歩先行く国内外ベンチャー企業の知的財産戦略事例集　株式会社 One Tap BUY　～金融業界で特許を活用し，日本唯一の企業へ～」，2018年．https://ipbase.go.jp/learn/example/page02.php

［10］ソフトウェア委員会第2小委員会「デジタル・トランスフォーメーション（DX）と知的財産」，知財管理（日本知的財産協会），Vol.70，No.10，2020年．

［11］幡鎌博「経営デザインシートとビジネスモデル発想・設計の方法論との効果的な組み合わせ方法に関する考察」，日本知財学会 第17回年次学術研究発表会，2021年．

［12］幡鎌博「ビジネス方法特許創出における企業間知識共有―特許共同出願の分析より―」，経営情報学会2002年度秋期全国研究発表大会予稿集，pp.284-287．

［13］河野英仁『FinTech 特許入門 ～ FinTech・ブロックチェーン技術を特許で武装せよ～』，経済産業調査会，2017年．

第10章
イノベーションの視点から見たｅビジネス・DX

この章では，イノベーションの視点からｅビジネス・DX に関して考える。ｅビジネスの大きな流れを理解・予測するためには，イノベーションの観点から考えることが必要である。なお，一般的なイノベーション経営のテキストとしては，一橋大学イノベーション研究センターによる書籍［1］をすすめたい。

この章では，まず，イノベーションの分析方法を学ぶ。その後，ｅビジネスのイノベーションの特徴，組織戦略について学ぶ。さらに，イノベーションを促進するための手法としての共創戦略と，DX でのオープンイノベーションについて学ぶ。

10－1　イノベーションの分析手法

イノベーションの普及のしかたは，ロジャーズ［2］のＳ字カーブが知られる。まず，革新的採用者（イノベータ）から新製品／サービスを採用し，その後，初期少数採用者が採用。その後で，やっと多数派が採用する。革新的採用者や初期少数採用者が採用しただけでは，多数派へ普及するかはわからない。ムーア［3］は，そこに深く大きな溝（キャズム）があると指摘している。

IT・ネット業界では，新技術の期待度がハイプ・サイクル（ハイプ曲線）と呼ばれるような曲線で進むことがよくある。ハイプ・サイクルは，米国の調査会社のガートナーが提唱した用語であり，通常の採用の進み方のＳ字カーブでなく，図表10－1に示すように途中に幻滅期が入るのが特徴である。幻滅期は，過剰な期待が冷めた際にブームが去ったかのように感じられるために生じる。有用な技術であれば，啓蒙を続けることで着実に普及が進むため，ハイプ・サイクルのように展開する。

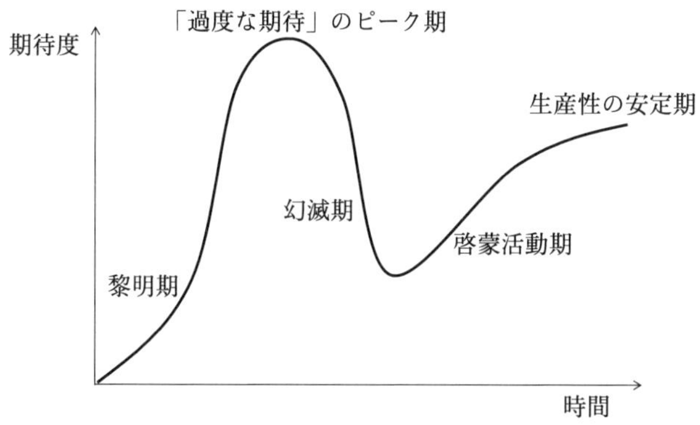

図表10－1　ハイプ・サイクル（ガートナーのサイトより）

クリステンセンとレイナー［4］は，企業が確立した市場の既存顧客のための持続的イノベーションを続けることの危険性を指摘し，破壊的イノベーションの重要性を説いている。彼らは，破壊的イノベーションを，さらに「ローエンド型破壊」と「新市場型破壊」に分けている。ローエンド型破壊は市場の最下層の顧客に受け入れてもらうための破壊であり，新市場型破壊は従来顧客でなかった層をターゲットにする破壊である。

10－2　ｅビジネスのイノベーションの特徴

ｅビジネスでのイノベーションは，一般に次のような特徴を持つ。

・インクリメント型でなく非連続な進化。
・破壊的イノベーションによる市場創造（これまでの満足度を劇的に向上したり，これまでの非利用者層を開拓)。その意味で，ネット企業は「ディスラプター（破壊者)」と呼ばれることがある。
・初めから無料サービス・価格破壊（無料のクラウドサービス，ニュース，証券・銀行など)。
・ネットへの参入は容易だが，生き残りのためのブランド化／差別化が必要。

・企業間連携やメディア／システムの組み合わせが多い（オムニチャネル／クロスチャネル，ビジネス方法特許の共同出願など）。

これまでの普及は，まず高価格のものを革新的採用者が採用し，それが低価格化や標準化することで他の層が採用していった。しかし，ネットでは最初から価格破壊／無料サービスであり，従来とは異なる新市場を創造する場合が多い。

e ビジネスでのイノベーションは，さまざまなタイプがある。ネットのインタラクション性から，利用者を巻き込んだタイプのものが多い。クチコミサイトなどのソーシャルメディアの利用は，利用者数がある程度以上になると，「ネットワーク外部性」から普及が急速に進む。

ネット広告のイノベーションは，新市場型の破壊的イノベーションである。従来顧客でなかった広告主や広告メディアを開拓したためである。アフィリエイトで，自分の Web ページやブログを持つ多くの利用者が，気軽に広告を出稿できるようになった。特に，Google の AdSense 技術などを利用することで，出稿する広告を選択する負担が大きく軽減された。また，検索連動型広告は，入札で広告料を決めるため，特殊な単語の広告料はとても安くなり，従来広告を出さなかった企業が広告主になることができるようになることで新市場を創り出した。

10－3　Amazon のイノベーション

まず，e ビジネス企業のイノベーションの取り組み例として，Amazon を取り上げる。

Amazon 創業者のベゾス氏は，2016年の株主向けレターで，自社を発明マシン（invention machine）にしたいと述べるなど，イノベーションを継続させるための取り組みに熱心である。

図表10－2は，ベゾス氏が2001年に描いた Virtuous Cycle に，アマゾンジャパン社長のジェフ・ハヤシダ氏が「イノベーション」を追加した図である［5］。この図から，Amazon が顧客体験を向上させるためのイノベーションを重視する企業であることがわかる。

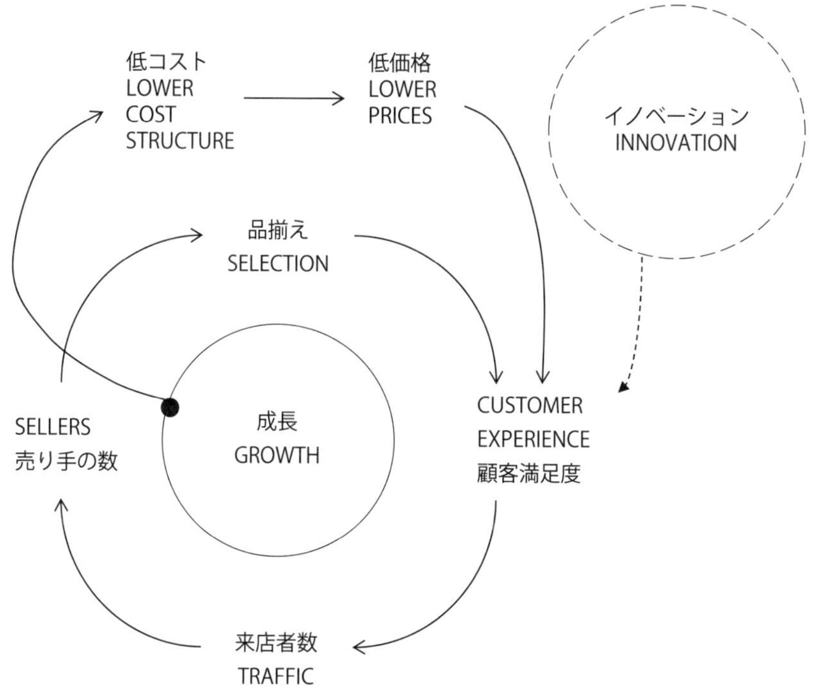

図表10－2　Virtuous Cycle に「イノベーション」を追加した図（[5] より）

Amazon のプラットフォーム戦略も特徴的である（4－7を参照）。多くのプラットフォームを提供することで，自社を中心とするエコシステムを構築して，プラットフォームを利用する企業や利用者とともにイノベーションを推し進めている。

また，Amazon は，物流の自動化技術を競うロボット大会「Amazon Robotics Challenge（Amazon ロボティクスチャレンジ）」（2015・2016年は Amazon Picking Challenge という名称）を2017年に開催し，広く産学から参加があった。Amazon は，このような大会を開催するなどオープンイノベーションにも熱心である。

元アマゾンジャパンの谷［6］は，Amazon が今後も事業成長を起こし続けるために作り出した仕組みを「アマゾン・イノベーション・メカニズム」と呼

び，その体系を解説している。アマゾンのイノベーション量産の方程式は，

［ベンチャー起業家の環境］×［大企業のスケール］－［大企業の落とし穴］
＝［最高のイノベーション創出環境］

としている。この書籍の中で谷は，上記の方程式を実現するための Amazon の仕組みを，24個の「仕組み・プラクティス」に分解して解説している。

上記のように，Amazon はさまざまな形で広くイノベーションに取り組んでいる企業である。そのため，Amazon のイノベーション創造能力は，流通総額，物流センターの規模や数，AWS のクラウドコンピューティングのシェア，というような指標だけでは測れない強力な武器となっている。Amazon から学ぶべきことは多い。

10－4　e ビジネスでの組織戦略

イノベーションを促進するための，組織面の取り組みも重要である。グーグルと楽天の例から考える。

(1) グーグル

グーグルのシュミット他［7］によると，グーグルでは採用時に，「何を知っているか」ではなく，「これから何を学ぶか」を重視している。変化対応能力のための地頭を持ち，学習し続ける「ラーニング・アニマル」を採用する方針をとっている。また，「昨日までの先端的プロダクトが明日には陳腐化する時代に，スペシャリスト採用にこだわると裏目に出る可能性が高い。」「優秀なゼネラリストには偏りがなく，多様なソリューションを見比べて最も有効なものを選択することができる。」という理由で，ゼネラリストを重視する方針である。

3M の15% ルールのように，グーグルにも20% ルールがあり，社員は20% の時間は現在の仕事以外に使うことを強く奨励されている。このようなルールにより，グーグルの各従業員（特に研究開発担当者）が重要と感じた技術分野に積極的に対応できることで，新たな事業分野を機動的に開拓できるのである。

同時に20%ルールを使って新しい試みに挑戦する経験を通じて社員が学ぶことも成果として考えている［7］。

「グーグル流経営10のルール」［8］の中には，「個室は与えない」「連携を取りやすい工夫を」「創造的活動を奨励する」といったルールがあり，各研究者の活動や研究者間の交流による創造性を高める仕組みを入れている。

このように，ラーニング・アニマルを採用する方針，20%ルール，創造性支援，情報共有，そして社員がさまざまなプロジェクトに参加することで，多様で素早いビジネス展開を可能にして，イノベーションを次々と生み出そうとしている。

(2) 楽　天

楽天の「プロジェクト６」とは，６人以下の少人数で新規事業の企画，立案を手掛けるチームである。これまでに，スマホ決済サービスの「スマートペイ」や個人間で衣料品や雑貨などを売買するフリーマーケットアプリ「ラクマ」などがこのプロジェクト６から生まれている。なぜ６人なのか。そこには２つの意味が込められている。１つは，「できるだけ少人数の方がいいサービスが生まれる。役割分担を考えると，６人が最適だから」。そして２つ目は楽天が掲げている「Back to venture（ベンチャー回帰）」の精神に近い（６人は楽天市場の立ち上げと同じ人数）［9］。そのように少人数で新サービスのプロジェクトを立ち上げることで，イノベーションの創出を狙っている。

10－5　ｅビジネス・DXでの共創戦略

ｅビジネスやDXでは，利用者やベンチャー企業などと共に創り上げる戦略が重要となる。

(1) 利用者の反応を見て方向調整

以前よりIT業界では，まずベータ版を提供するなどして，利用者の反応を探りながらサービスの改善を行うような方法は行われていた。近年では，最初の開発時から利用者を巻き込む方法や，成長段階で利用者の反応を見て素早く方向を調整する方法なども取られている。

eビジネスでは，利用者からのフィードバックを反映することで，要求されるサービスを提供してゆくことが成長のために必要である。単純に持続的イノベーションを続けるのではなく，利用者の反応を見て素早く方向を調整する「グロースハック」と呼ばれる方法で成長を模索する企業が少なくない。

グロースハックとは，サービスの成長段階で，サービスを成長させるための小さな改善を継続的に行うことである。必要に応じてA/Bテスト等を使い利用者の反応の検証を繰り返すことで，利用者層を広めることができる。

グロースハックの手法はまずは米国で注目されたが，国内でもフェイスブックジャパンの事例［10］や，nanapi・Sumally・ランサーズ・Zaim・Stores.jp・食べログ・Rettyなどの事例［11］が知られている。

グロースハックの手法は，新規のサービスを試行錯誤的に拡大させるために適した手法と考えられる。また，グロースハック等で利用者を増加させた後に，本格的なビジネスモデルを考え始めるベンチャー企業も少なくない。

グロースハックの特徴は，以下の通り。

・成長させるために意味があることをすべてやる。
・機能追加や新規プロモーションは1つずつ行い，データで検証後に次へ。
・試行錯誤とその修正のサイクルを全員で速く繰り返す。
・A／Bテスト（利用者をランダムに分類し，複数のデザインのパターン等を出し分けて成果を比較）を活用。

また，ヤフージャパンは，Yahoo内のサービスの見直しのサイクルを速くすることでサービスを集中的に発展させた。Yahoo番付（毎月順位を発表。番付入れ替えは年2回）で，150以上あるサービスを収益・ページビュー等の定量的な情報を基に階層化して格付けした［12］。そして，評価した上で，力を入れるサービスを決定し，中止するサービスもある。

このように，利用者の反応を探りながらサービスを発展させてゆく方法が採られている。図表10－3に，グロースハックとヤフージャパンのサービスの発展方法を示す。

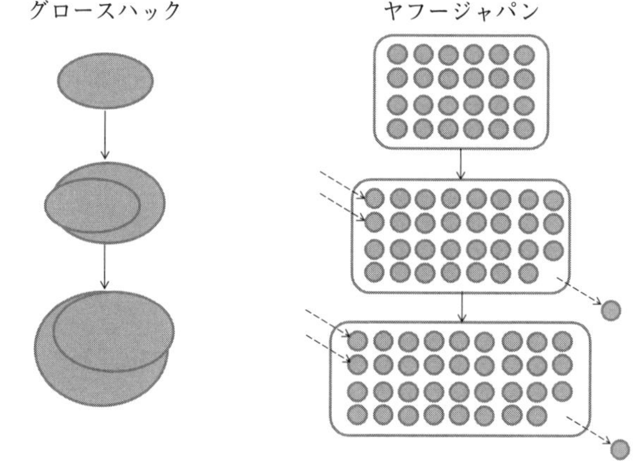

図表10－3　利用者の反応を探りながらサービスを発展させてゆく方法

(2) リードユーザの重視

従来より，利用者が製品やサービスの開発に協力して共創する場合があり，生産者（Producer）と消費者（Consumer）とを組み合わせた造語のProsumerと呼ばれるような役割のユーザが共創に加わる。なお，自社コミュニティサイトを活用した共創については3－5を参照のこと。

共創によるイノベーション創出を理解する上で，リードユーザと呼ばれるような先進的な利用者の役割を知る必要がある［13］［14］。

商品やサービスに関する利用者の知識の交換の場を設けることが，イノベーションを促進させると考えられている。具体的には，いち早くβサービスとして利用者にサービスを提供することが，ネットの世界では広く行われている。

プラハラードとラマスワミ［15］は，ネットの世界などでは企業と消費者の関わりが深くなったため，市場が「フォーラム」としての性格を持つようになってきたと指摘している。

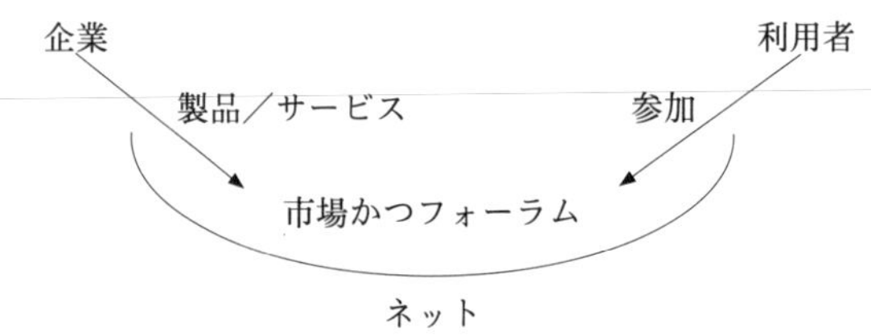

図表10－4　「フォーラム」としてのネット

グーグルは，「世に出してから手直しする」アプローチをとることが多い［6］。プロダクトをつくり，出荷し，市場の反応を見てから，改善策を考え実践し，再び出荷，というプロセスを速く繰り返す方法である。グーグルは，クラウド上でアプリケーションを積極的に提供している。その理由として，米Googleの Kevin Gough シニアプロダクトマーケティングマネージャー（エンタープライズビジネスを担当）は，次のように述べている［16］。

> *ライセンスが多く売れるのは良いことだが，使ってもらえなければあまり意味がない。本来の目的を達成することはできないからだ。というのも，多くのエンドユーザーに実際に使ってもらえれば，それだけ多くのフィードバックが得られることになり，イノベーションが循環する。これが重要だ。Google は，世界中で使ってもらえるよう，製品の技術を公開している。Google だけがイノベーションできるわけではない。（公開により，世界の多くの人々の意見，英知を集めることができる）ここがまたきわめて重要な点だ。*

このように，グーグルは，利用者を巻き込んでイノベーションを循環させることで，より競争力を高めることを狙っているのである。

(3)　商品開発

利用者を巻き込んだイノベーションの創造（利用者がアイデア・デザインやサービスの創出に関わる）が広く行われている。例えば，Cuusoo（旧空想生活）は，利用者の声を集めて製品化につなげるサイトである。また，参加型 T シャツデザイン＆販売サイト（利用者からTシャツのデザインを投稿してもらうサイト）などもある。そのように多くの利用者からアイデアをもらう手法はクラウドストーミングとも呼ばれ，アイデアの創出・アイデアの評価・才能の発掘・会話のきっかけ・良好な関係の構築，の5つの面の成果が期待できる［17］。

一般企業が自社コミュニティを作り利用者と共創する方法と事例については，3－5を参照のこと。

10－6　オープンイノベーション

オープンイノベーションとは，外部のアイデアを活用してイノベーションを創出する手法である。eビジネスやDXにおいて，必要性が高くなっている。

(1) ネット業界でのベンチャー企業や専門知識を持った個人との共創

ネット業界ではコンテスト形式でベンチャー企業や大学などから具体的なアイデアを募り，共同で事業化する試みが増えている。

また，コンテストでなく，連携のための組織をもうける企業もある。例えば，次のような組織である。

・アスクル　ネクストイノベーションセンター
・マネーフォワード　FinTech研究所

目白大学の中村［18］は，シリコンバレーでは，ベンチャー企業は大企業にとって高リスク開発を実行してくれる重要なパートナーとしてとらえられている，と指摘している。そのような考え方が日本にも浸透してきた。

他に，ある程度専門知識を持った個人に一時的に仕事に加わってもらう手法もあり，イノベーション創出につながっている。例えば，クラウドソーシングで専門性の高い業務を委託することで，個人の集合でイノベーションを導くこともできる［19］。ハッカソンの参加者を募って，共同でアイデアを出し合って短期間でソフトウェアを作りあげる企画も行われている。

さらには，社内会議をユーストリームで公に公開して，利用者から意見をもらっている企業もある。

⑵ DXでのオープンイノベーション

従来のオープンイノベーションとしては，製造業などが，ナインシグマ・イノセンティブ・リンカーズのような仲介企業を通して，技術提供企業とのマッチングが図られることが多かった。

近年は，ネット企業のようにベンチャー企業からアイデアを募るアクセラレータープログラムを開催したり，オープンイノベーションラボやコワーキングスペースでの交流により他の企業からアイデアをもらう，というような新たなオープンイノベーションが見られるようになった。その企業が属する業界の知識だけでなく，デジタル化された未来を想像するための幅広い知識の入手が望まれる。理想的には，多くの企業とエコシステムを構築し，さらにその関係を継続して情報入手や検討を続けることが重要であろう。

日経コンピュータは国内企業のオープンイノベーションの問題を指摘している［20］。

まず，2020年5月に発行された「オープンイノベーション白書　第三版」［21］によれば，日本企業のオープンイノベーション実施率は47％であり，欧米企業（78％）より30ポイント以上低い。また，日本企業のオープンイノベーション活動に従事する人員数も欧米より少ない。その数値を見ると，オープンイノベーションへの取り組みの水準はまだ低い。

また，力関係から知的財産権などでスタートアップが不利となる問題も指摘されている。公正取引委員会が2020年11月に公表した「スタートアップの取引慣行に関する実態調査」［22］のスタートアップ企業に対するアンケートでは，約17％のスタートアップが，「連携事業者または出資者から納得できない行為を受けたことがある」と回答。さらに同回答者のうちの約79％は「少なくとも一部は，納得できない行為を受け入れた」と回答。

その公正取引委員会の調査を踏まえ，2021年3月に公正取引委員会と経済産業省は「スタートアップとの事業連携に関する指針」を公表した［23］。その指針では，まず，オープンイノベーション促進の基本的な考え方として，「スタートアップと連携事業者の連携を通じ，知財等から生み出される事業価値の総和を最大化すること」をあげている。そして，NDA（秘密保持契約），PoC

（技術検証）契約，共同研究契約，ライセンス契約，に関して指針を公表した。さらに，その指針にひも付くかたちで，特許庁と経済産業省は「モデル契約書ver 1.0（新素材編・AI編）」を公開した。そのようにして，スタートアップと連携事業者の双方が，公平で継続的な関係でオープンイノベーションが実現できるよう，促進が図られている。

健全なオープンイノベーションが保障される環境が作られることで，DXでさらなるイノベーションが進むことが望まれる。

参考文献

[1] 一橋大学イノベーション研究センター『イノベーション・マネジメント入門〈第2版〉』，日本経済新聞出版社，2017年.

[2] エベレット・ロジャーズ『イノベーションの普及』，翔泳社，2007年（E. M. Rogers "Diffusion of Innovations" Fifth Edition, FreePress, 2003.）.

[3] ジェフリー・ムーア『キャズム』，翔泳社，2002年.

[4] クレイトン・クリステンセン，マイケル・レイナー『イノベーションへの解』，翔泳社，2003年.

[5] 佐藤将之『アマゾンのすごいルール』，宝島社，2018年.

[6] 谷敏行『Amazon Mechanism（アマゾン・メカニズム）イノベーション量産の方程式』，日経BP，2021年.

[7] エリック・シュミット，ジョナサン・ローゼンバーグ，アラン・イーグル『How Google Works　私たちの働き方とマネジメント』，日本経済新聞出版社，2014年.

[8] ニューズウィーク日本版2005/12/28・2006/1/4合併号「グーグル流経営10のルール」(Schmidt, E. & Varian).

[9] 日経ビジネス2015年3月30日号「正念場の楽天経済圏」.

[10] 森岡康一『グロースの時代』，KADOKAWA，2014年.

[11] 月刊事業構想2014年1月号「大特集　グロースハッカー　成長請負人のロジック」，事業構想大学院大学，2014年.

[12] 蛯谷敏『爆速経営　新生ヤフーの500日』，日経BP社，2013年.

[13] エリック・フォン・ヒッペル『イノベーションの源泉 ― 真のイノベーターはだれか』，ダイヤモンド社，1991年.

[14] 小川進『ユーザーイノベーション　消費者から始まるものづくりの未来』，東洋経済新報社，2013年.

[15] C. K. プラハラード，ベンカト・ラマスワミ『価値共創の未来へ』，ランダムハウス講談社，2004年.

[16] CNET Japan 2007.6.15「Google はなぜ SaaS や Gears を手がけるのか」.
https://japan.cnet.com/article/20350986/

[17] ショーン・エイブラハムソン他『クラウドストーミング　組織外の力をフルに活用したアイディアのつくり方』，阪急コミュニケーションズ，2014年.

[18] 中村裕一郎『アライアンス・イノベーション　大企業とベンチャー企業の提携：理論と実際』，白桃書房，2013年.

[19] 月刊事業構想2013年５月号「特集　クラウドソーシング 2.0」，事業構想大学院大学，2013年.

[20] 日経コンピュータ2021年12月９日号「すれ違うオープンイノベーション」.

[21] 新エネルギー・産業技術総合開発機構（NEDO）「オープンイノベーション白書　第三版」，2020年.
https://www.nedo.go.jp/library/open_innovation_hakusyo.html

[22] 公正取引委員会「スタートアップの取引慣行に関する実態調査」，2020年.
https://www.jftc.go.jp/houdou/pressrelease/2020/nov/201127pressrelease.html

[23] 公正取引委員会・経済産業省「スタートアップとの事業連携に関する指針」，2021年.
https://www.meti.go.jp/press/2020/03/20210329004/20210329004.html

索　引

A－Z

ア

タ

ナ

ハ

マ

ヤ

ラ

《著者紹介》

幡鎌　博（はたかま・ひろし）

1982年　京都大学理学部卒業
1982年　富士通株式会社入社
1995年　筑波大学大学院経営・政策科学研究科経営システム科学専攻（修士課程）修了
2000年　筑波大学大学院経営・政策科学研究科企業科学専攻（博士課程）修了　博士（システムズ・マネジメント）
2003年　文教大学情報学部助教授
2007年　同　情報学部准教授兼大学院情報学研究科准教授
2011年　同　情報学部教授
2014年　同　経営学部教授
2020年　デジタル・ビジネスモデル研究所 代表
2022年度は複数の大学で非常勤講師を務める予定

主要著書

『経営と情報』（共著，創成社，2005年）
『発明のコモンズ』（単著，創成社，2010年）
『ITマネジメント・エッセンス』（共著，産業能率大学，通信研修テキスト，2018年）
『DXのためのビジネスモデル設計方法』（単著，インプレスR&D，2020年）など

（検印省略）

2022年 2 月25日　初版発行　　　　略称－eビジネス

eビジネス・DXの教科書
―デジタル経営の今を学ぶ―

著　者　幡鎌　博
発行者　塚田尚寛

発行所　東京都文京区春日2－13－1　株式会社　創成社

電　話 03（3868）3867　　F A X 03（5802）6802
出版部 03（3868）3857　　F A X 03（5802）6801
http://www.books-sosei.com　振　替 00150-9-191261

定価はカバーに表示してあります。

ISBN978-4-7944-2598-0 C3034
Printed in Japan

組版：スリーエス　印刷・製本：鴨

落丁・乱丁本はお取り替えいたします。